철학자의 우주산책

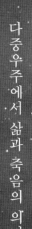

다중우주에서 삶과 죽음의 의미를 묻다

철학자의
우주산책

P 필로소픽

| 목 차 |

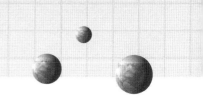

들어가는 말

위대한 과학자 아인슈타인은 살아생전에 각계각층의 사람들로부터 많은 편지를 받았다. 그중 상당수는 '인생의 의미를 밝혀 달라'는 내용이었다. 아이들의 편지에도 따뜻하게 답장을 했던 아인슈타인이었지만, 이 문제에 대해서만은 단 한 마디의 조언도 할 수 없었다고 한다.[1]

우리는 살아가면서 삶의 의미를 찾는다. 의미는 우리에게 소중하고 깊은 만족감을 주며 목표를 부여해 준다. 우리 인간은 우주 속에 존재하므로, 우주 안에서 의미를 찾을 수밖에 없다. 그런데 오늘날 많은 사람들이 우주에 대해 느끼는 감정은 큰 공허감과 자신의 하찮음이다. SF소설 《은하수를 여행하는 히치하이커를 위한 안내서》에는 심리적 고문 기계가 등장한다. 당신이 그 안에 들어가면 방대한 우주지도가 눈앞에 나타난다. 그러면 당신은 자신이 얼마나 미미한 존재인지를 뼛속 깊이 느껴[2] 미쳐 버리거나 죽게 된다. 뉴욕의 헤이든 천체투영관에서 실제로 '우주로의 패스포트'라는 프로그램을 상영했다. 관람객들은 천장 스크린을 통해 우주의 끝으로 가는 여정을 간접 체험한다. 이 프로그램에 대해 한 심리학 교수는 '자신의 하찮음과 무력함을 가장 극적으로 느끼게 해 주는 작품'이라고 평했다.[3]

우주는 우리를 가장 크게 둘러싼 것이다. 우주에 대한 느낌은 그 안의 모든 것들에 대한 느낌 속에 스며들 수밖에 없다. 우주를 공허하게 느끼면서 인류의 역사와 문명, 개인의 삶과 성취에 대해 완전한 충만감을 느끼기는 어렵다. 국내의 한 유명 물리학자가 우주에 관한 대

중 강연을 마쳤을 때 어떤 학부모가 연락을 해 왔다. 초등학생 딸이 강연을 듣고 우주가 너무 무의미하게만 느껴져 차라리 죽고 싶은 심정이라고 말했다는 것이다. 현대인의 마음속 깊이 허무감이 깔려 있는 것도 우주를 거대하고 공허한 것으로 보기 때문이다.

우주를 공허하게 보는 이런 우주관은 우주에 대한 특정한 사실적 이해에 기반한다. 그 사실적 이해는 또한 현대의 주도적 세계관인 유물론(물리주의)의 기반 중 하나이기도 하다. 여기서 주목할 점은 현재 우주과학 분야에서는 하루가 멀다 하고 새로운 발견과 지식들이 쏟아져 나오고 있다는 것이다. 그만큼 우주에 대한 사실적 이해가 계속 확장되고 변화하고 있다. 그럼에도 공허한 우주라는 우주관과 유물론이라는 세계관은 근대 이후 지금까지 내용이나 위상의 변함없이 이어져오고 있다. 이것은 우주에 대한 사실적 이해가 바뀌었음에도, 이러한 변화에 따른 우주관과 세계관의 의미가 미처 검토되거나 음미되지 못해서인 것으로 보인다. 마치 고고학에서 대규모 발굴로 유물이 쏟아져 나오는 상황에서는 미처 그 유물들에 대한 심도 있는 연구를 하지 못하는 것과 비슷하다.

오늘날의 우주에 대한 새로운 사실적 이해와 근대부터 이어져 내려온 주도적인 우주관 및 세계관 사이에는 부조화가 있다고 생각한다. 따라서 이 책에서는 우주에 대한 새로운 이해에 부합하는 새로운 우주관과 세계관을 탐색하였다. 그럼으로써 오늘날 우리가 삶의 의미를 어떻게 새롭게 볼 수 있는지를 밝혔다.

이를 위해 이 책에서는 먼저 현대 우주과학이 밝힌 핵심 내용들을 살피고 이를 바탕으로 우주의 전체 모습과 근본 특성을 드러내었다. 이 책의 과학적 내용만을 발췌해 읽어도 현대 과학이 이해한 우주의 개략적 모습이 그려지도록 노력하였다. 필자는 과학자가 아니므로 우주에 대한 과학적 이해는 과학계에서 보편적으로 인정하는 이론과 자료들에 전적으로 의존하였다. 그런 근거함이 신뢰할 만한지 독자가 검토할 수 있도록 과학적 내용을 언급할 때는 참고 문헌을 더 철저하게 밝혔다.

과학이 이해한 우주의 모습을 드러낸 이후에는 그에 따라 이끌어 낼 수 있는 새로운 우주관과 세계관, 삶의 의미에 대해 살펴보았다. 이때는 필자가 전공한 철학에서의 지식과 훈련이 많은 도움이 되었다. 유물론과 유신론 간의 논쟁, 두뇌와 의식의 관계, 앎의 기원과 한계, 윤리의 근본, 죽음과 고통의 문제 등은 철학에서 자주 논의되는 주제들로 이 책에서도 중요하게 다루어진다. 이 주제들은 필자가 철학 전공자로서 오래전부터 숙고해 오던 것들이다.

필자가 우주과학에 관심을 갖게 된 것은 애초에 철학을 공부했던 이유의 연장선에서이다. 세계와 삶에 대한 근본적 통찰을 위해 철학을 전공하였고 종교 공부도 곁들여 왔다. 그러다 과학의 성과가 이런 통찰에 필수적이라는 사실을 깨달았다. 철학과 종교가 오래 묵은 분야라 기존의 아이디어들을 반복하는 데 비해 우주과학 분야에서는 새로운 발견과 지식, 시각이 활화산처럼 뿜어져 나온다. 이 뿜어져 나온 것들이 어떤 새로운 산을 이루어 어떤 새로운 전망을 가능하게 할지 모를 일이다. 그러니 이 시대의 구도자는 우주과학 공부를 열심히 할 일이다. 필자를 포함해 우리 모두는 그런 구도자의 피를 크든 작든 나눠 갖고 있다.

이 책의 1~3장은 우주관을 다룬다. 인류의 우주관은 고중세의 '신령한 우주'에서 근대의 '공허한 우주'로 바뀌었다(1장). 현대의 우주는 과학이 밝힌 부분을 본다면 '초월적 우주'라고 할 만하며(2장), 그 가려진 부분을 보아도 마찬가지이다(3장).

4~5장은 세계관을 검토한다. 오늘날 주도적 세계관이 된 유물론(물리주의)은 극도로 희박한 나의 탄생의 확률 문제를 잘 해명하지 못해 설득력이 약하다(4장). 유신론은 현대에서 흔히 평가하는 것보다는 설득력이 있지만 역시 한계가 있다. 그러니 세계관에 있어서 타당한 입장은 불가지론이다(5장).

6~7장은 인간 인식의 한계를 다룬다. 인식의 주체인 인간과 인식의 대상인 우주 모두에서 발견되는 무지의 원인들을 살펴볼 때 우리 인간의 무지는 근본적으로 극복하기 힘든 것이다(6장). 그러니 우리는 아직 모르는 존재와 나와 다른 의견에 대해 열린 태도를 가질 필요가 있다(7장).

8장은 인간의 죽음에 대해 다룬다. 현대인들이 '죽음 이후는 무'라는 결론을 이끌어 낸 추론에 대해서는 다양한 반박이 가능한데, 다중우주론 역시 죽음 이후의 나의 지속이나 재탄생을 함축한다(8장).

9~10장에서는 앞의 논의들에 근거할 때 찾을 수 있는 인생의 의미를 살핀다. 유물론에 입각하면 우주의 객관적 의미는 없으며 각자는 개인적, 주관적 의미를 추구할 수 있다(9장). 불가지론에 입각하면 절대적 의미의 추구도 가능하며 당장 확인되는 개인적, 주관적인 의미에 집중할 수도 있다. 이런 의미 추구는 죽음도 완전히 중단시키지 못할 것이다(10장).

이렇게 이 책은 오늘날 과학이 밝힌 우주를 철학적으로 탐구하고 이를 통해 우주가 열어 보인 새로운 의미와 가능성을 가늠해 본다.

1장

우주관의 변천

우주의 사실적 차원에 대한 이해는 우주관과 세계관을 규정한다. 여기서 우주관이란 '우주의 본성이나 원리에 대한 가치평가적 관점'을,[1] 세계관은 '우주와 인간을 아우르는 전체 존재의 기원이나 본성, 가치나 의의에 대한 통일적인 관점'을 뜻한다. 우주에 대한 사실적 이해는 시대에 따라 크게 달라지므로 우주관과 세계관 역시 시대에 따라 변화한다. 물론 거꾸로 우주관과 세계관의 변화가 시대 변화를 촉발하기도 한다. 시대에 따라 우주의 사실적 차원에 대한 이해와 우주관은 어떻게 변천해 왔을까.

01 고중세의 신령한 우주

고중세의 우주 이해에서 핵심을 이루는 것은 천동설(지구중심설)이다. 천동설은 지구가 우주의 중심이며 고정되어 있는 지구의 둘레를 달, 태양, 행성, 별이 회전한다고 본다. 고대 바빌로니아, 중국, 인도, 마야 등의 천문학에서 모두 천동설을 주장했다.[2] 유럽에서도 2세기에 그리스의 프톨레마이오스가 체계화한 이후 중세까지 천동설은 확고한 진리로 간주되었다.

이렇게 오랜 시간 천동설이 득세한 것은 천동설이 사람들의 일상적인 감각 경험과 잘 맞았기 때문이다. 해와 별들은 늘 우리 주위에서 떠오르고 지며 지구가 우주의 중심에 자리한다는 믿음을 굳혀 주었다.[3] 과거에는 이런 일상 경험이 사람들이 할 수 있었던 관찰의 전부였다. 천동설은 이 경험과 잘 부합했기 때문에 당시로서는 결코 비과학적이라고 하기 어려웠다.

천동설은 인간 중심의 우주관으로 나아가기 쉬웠다. 사람들은 공간을 사용할 때 흔히 중요한 것을 중심에 둔다. 이런 태도에서 볼 때 우주의 중심인 지구에서 가장 특별한 존재인 인간은 우주에서도 가장 중요한 존재가 된다. 우주는 이 중요한 존재에 맞춰져 있을 것이다. 그렇다면 인간이 가치와 정신의 차원을 가지고 있듯이 우주 역시 그러할 것이다.

예를 들어 동양의 음양오행론이 그렇게 본다. 우주에서 음양오행에 해당하는 것은 달과 태양, 다섯 행성이다. 이것들이 물리학의 인과법칙과는 다른 '신비적인 공명'으로[4] 사회나 개인의 원리로도 작동하였다. 음양오행론에서 우주는 인간의 운명에 직접 영향을 미칠 수 있는 것으로 여겨졌다. 그래서 탄생 시의 행성 위치 등을 보고 개인의 운명을 점치는 점성술이나 사주팔자가 등장하게 되었다. 이렇게 우주는 인간과 연결되어 있는 존재로서 인간에게 일체감을 준다. 인간은 동질적이면서 가장 큰 것인 우주와의 일체감에서 상당한 희열을 느꼈을 것이다.

그렇다고 고중세의 인간 중심의 우주관이 인간을 우주보다 우월한 존재로 보는 것은 아니다. 우주 중심에 있다는 것은 인간의 특별함의 징표일 뿐 탁월함의 징표는 아니다. 인간 대신 우주가 이상적이고 완전한 세계로 간주되었다. 우주의 거대함과 한결같음, 인간의 시선에서 높은 곳에 위치한다는 점이 이런 생각을 하게 했을 것이다. 그래서 우주는 하느님이나, 신, 상제 같은 신성하고 완전한 존재 자체이거나 그런 존재의 거처로 생각되었다. 고중세의 우주는 한마디로 '신령한 우주'였다.

우주가 신성하고 완전하다면 우주와의 합치는 인간을 고양할 수 있다. 세계의 국기들 중 거의 절반에 별, 태양, 남십자성, 천체 상징물, 초승달 등이 들어 있다.[5] 이것은 우주와의 연결이 국가에 영원성과 정당성을 부여한다고 생각했기 때문이다. 우주는 또한 인간이 나아갈 바를 제시하였다. 예를 들어 유교에서는 우주가 개인이 추구해야 할 목표나 이상을 천명으로 부여한다고 보았다. 개인은 천명을 파악하고 이행함으로써 자기를 실현하고 향상할 수 있었다.

이렇듯 고중세에 우주는 신령했고 인간은 그 우주에서 특별하고 중요한 존재였다. 인류는 우주와의 동질성에서 일체감을 느끼고 그 완전함에서 고양에 대한 열망을 느낄 수 있었다. 그때의 마음을 게오르크 루카치는 다음과 같이 표현했다.

별이 빛나는 창공을 보고, 갈 수가 있고 또 가야만 하는 길의 지도를 읽을 수 있던 시대는 얼마나 행복했던가?
그리고 별빛이 그 길을 훤히 밝혀 주던 시대는 얼마나 행복했던가?
이런 시대에서 모든 것은 새로우면서 친숙하며, 또 모험으로 가득 차 있으면서도 결국은 자신의 것이 되는 것이다.
그리고 세계는 무한히 광대하지만 마치 자기 집에 있는 듯이 아늑한데, 왜냐하면 영혼 속에서 타오르고 있는 불꽃은 별들이 발하고 있는 빛과 본질적으로 동일하기 때문이다.[6]

02 근대의 공허한 우주

▎ 우주의 공허함

근대에 접어들면서 우주에 대한 이해는 크게 달라진다. 먼저 코페르니쿠스의 지동설(태양중심설)이 천동설을 대체하였다. 지구가 아닌 태양이 우주의 중심으로 지구와 다른 천체들은 태양 주위를 돈다는 것이다. 이런 변화는 인간을 우주에서 특별한 존재로 본 이전 시대의 인간관에 타격을 가했다. 이 인간관은 무엇보다 '인간은 우주 중심에 위치한다'는 믿음에 의존했는데 지동설은 인간이 사는 지구를 우주의 중심에서 밀어냄으로써 이 믿음을 무너뜨렸다.

지동설은 우주를 신령스럽게 본 이전 시대의 우주관에도 타격을 가했다. 고중세 때 우주를 정신적이며 완전하다고 믿을 수 있었던 중요한 토대는 바로 인간의 특별함에 대한 믿음이었다. 인간이 우주에서 특별한 존재라면 우주는 이런 특별함에 부응할 수 있어야 한다. 그러기 위해 우주는 정신성을 갖추고 또 완전해야 한다. 이것은 어린아이를 바위나 나무, 사슴이 돌볼 수는 없는 것과 같다. 아이를 잘 돌보고 성장시킬 수 있는 것은 인간 어른뿐이다. 이렇게 인간의 특별함에서 우주의 정신성과 완전성이 추론되었다. 그런데 코페르니쿠스 이후 인간의 특별함이 부정되면서, 우주 또한 정신적이고 완전할 필요가 없게 되었다.

근대에 접어들면서 고도화된 우주 관측과 탐구 역시 우주의 몰락에 기여했다. 천동설 시대에는 우주가 정신성을 가질 뿐 아니라 그 물질적 측면에서도 지구상의 물질과 달리 순수하고 완전하다고 보았다. 가령 아리스토텔레스는 천상계의 물체들은 표면이 매끈하고 정확한 원운동을 하며, 지상의 물질과는 달리 에테르로 이루어져 있다고 보았다. 하지만 갈릴레이는 최초의 망원경 관측으로 천체의 표면들도 지구처럼 울퉁불퉁하다는 것을 발견했다. 케플러는 태양을 도는 행성들의 궤도가 원형이 아닌 타원임을 알아냈다. 뉴턴은 우주의 천체들 역시 지구의 물체들과 동일한 자연법칙에 따라 맹목적으로 운동하고 있음을 밝혔다. 이렇게 근대인이 발견한 우주는 지구와 다를 바 없는 물질로 이루어진 천체들이 텅 빈 공간에 흩어져서 끝없이 맹목적인 운동을 하는 곳이다. 그런 우주는 더 이상 정신성과 완전성을 갖고 있지 않다. 인간은 우주에서 어떤 목표나 의미도 찾을 수 없으며 그런 점에서 우주는 텅 비어 있는 '공허한 우주'이다.

우주관의 이런 변화는 사람들에게 정서적으로 큰 충격을 주었다. 예전의 우주는 인류에게 집이나 고향 같은 곳이었다. 그러다 이제 인간은, 어떤 표현에 따르면, '집의 정원에서 뛰놀다가 갑자기 사막 한가운데 버려진 아이'와 같이 되었다. 친숙하고 신뢰하던 대상이 전혀 다른 모습을 드러낼 때 인간은 공포를 느낀다. 코페르니쿠스 혁명 때 많은 사람들은 우주에서 바로 이런 공포를 느꼈다. 케플러는 "이 무한한 우주에서 길을 잃고 헤맨다는 생각만 해도 섬뜩한 소름이 돋는다"라고 했고 파스칼은 "무한한 공간의 영원한 침묵에 나는 전율한다"라고 토로했다.

처음의 충격과 공포 다음에는 허무감이 밀려왔다. 텅 빈 공간에 물질 덩어리인 천체들이 맹목적으로 운동할 뿐 더 이상 어떠한 목표나 가치, 의미도 발견하기 힘든 낯설어진 우주를 떠올릴 때 인간의 마음을 파고드는 것은 이 허무감이었다. 이런 경향을 니체는 '근대 과학의 허무주의적 귀결'이라고 부르며, "코페르니쿠스 이래로 인간의 운명은 무를 향한 내리막길을 줄곧 걷고 있다"라고 탄식한 바 있다.[7]

▌인간의 하찮음 또는 우월함

우주관은 인간의 자기 자신에 대한 느낌도 규정한다. 인간은 예나 지금이나 우주에 비하면 아주 작은 존재이다. 이 상대적 작음을 어떻게 느끼는가는 큰 것과의 관계에 따라 달라진다. 비교 대상인 큰 것과 유대감을 느낄 때 겸허감이 생긴다. 이 겸허감은 설렘이나 기대가 바탕에 깔린 감정이다. 비교 대상인 큰 것에 의해 자기도 더 성장할 수 있기 때문이다. 고중세의 우주는 인간에게 겸허감을 불러일으켰다. 크고 신성하고 완전한 우주가 인간을 특별한 존재로 삼고 인도하기 때문이다.

반면 큰 것이 낯설거나 대립적일 때 자기 자신이 초라하고 하찮게 느껴진다. 근대의 거대하고 낯선 우주에 비할 때 인간은 보잘것없다. '지구의 수만 배 크기의 별들, 무시무시한 중력의 블랙홀, 무수한 별과 블랙홀이 모인 은하계의 우주적 스케일'이 인간으로 하여금 '우주적 초라함'을 느끼게 한다.[8] 우주가 더 넓은 것으로 밝혀질수록 인간은 점점 더 왜소해지는 것이다.

이런 자신의 하찮음에 대한 느낌은 고통이 섞인 불쾌한 것이다. 그렇다고 이전 시대처럼 우주와 다시 유대감을 느낄 수도 없다. 이런 상황에 대한 근대인의 두드러진 대처 방식 중 하나는 우주와 비교해 비하감 대신 우월감을 가지려 한 것이다. 이때 우월감의 근거로 삼은 것은 인간의 정신이다. 고중세의 우주가 갖고 있던 완전함과 정신성을 근대의 우주는 상실했다. 반면 인간은 여전히 정신을 갖고 있다. 인간은 우주에 비해 그 크기나 무게 등에서 비할 바가 못 되나 맹목적인 우주와 달리 자기와 우주를 인식한다. 바로 이 인식함이 인간을 고귀한 존재로 만든다. 파스칼에 따르면 "우주가 그를 박살낸다 해도 인간은 그를 죽이는 것보다 더 고귀할 것이다. 인간은 자기가 죽는다는 것을, 그리고 우주가 자기보다 우월하다는 것을 알기 때문이다. 우주는 아무것도 모른다."[9]

근대의 공허한 우주는 거대하고 맹목적이다. 인간이 자신을 우주의 거대함과 비교하면 자신이 초라하게 느껴질 것이고 맹목성과 비교하면 자기의 정신성에서 우월감을 느낄 수 있다. 이 중 우월감이 고통은 덜하고 쾌감은 더 큰 감정이다. 하지만 우주에 맞서 우월감을 느끼는 것은 인간이 우주의 공허 속에 놓인 고독한 존재이고 우주를 통해 자기를 고양시킬 수 있는 길은 없음을 인정하는 것이다. 우주에 대한 우월감은 근대의 우주에서 느끼는 허무감과 자기비하감 중 후자만을 해결할 뿐 전자는 그대로 남긴다. 텅 빈 공간과 맹목적인 물질로 이루어진 우주에서 인간의 정신만이 빛난다면 인간은 우주에서 아주 고독한 존재일 수밖에 없다.

03 현대의 초월적 우주

현대에 들어서 우주과학은 눈부시게 발전하였다. 우주에 관한 지식은 폭발적으로 늘었고 이전의 잘못된 지식이 대폭 수정되었다. 이런 차이만큼 현대 인류의 우주에 대한 이해는 근대인의 이해와 큰 차이가 난다. 예를 들어 코페르니쿠스 시대 때는 우주 반지름의 하한선을 10^{12}미터로 보았는데 현재는 10^{27}미터로 추정한다.[10] 우주 반지름이 천억도 천조도 아닌 천경(10^{15}) 배가 더 커진 것이다.

천체의 수나 종류도 훨씬 많아졌다. 코페르니쿠스 당시의 사람들은 태양, 지구, 달, 오행성과 맨눈에 보이는 6000개 정도의 항성만을 알고 있었다.[11] 근대 후반에 이르러서도 우주에는 우리의 은하수 은하만

이 존재하는 줄 알았다. 하지만 지금은 천억 개 이상의 외계 은하와 $7×10^{22}$개의 항성이 있다는 것을 알고 있다. 우리은하에만 수십억 개의 행성이 있고 목성에만 79개 이상의 위성이 있다는 것을 알고 있다. 중성자별, 블랙홀, 암흑물질, 암흑에너지 같은 전혀 몰랐던 존재들이 있다는 것도 밝혀냈다. 빅뱅, 우주 팽창, 별의 일생, 중력렌즈 등 전혀 몰랐던 사건과 현상들도 알게 되었다. 여기에 더해 이런 우주가 무수히 있는 다중우주의 가능성이 크다는 것도 알게 되었다.

이렇게 근대의 우주와 현대의 우주는 상당히 다르다. 그런데도 우주관은 별다른 변화가 없다. 근대인들에게 우주가 공허했듯이 많은 현대인들도 우주를 그렇게 바라본다. 우주와 그 속의 자기에 대한 느낌도 유사하다. 근대인들처럼 현대인도 우주에서 주로 허무감을 느낀다. 가령 현대에서 처음으로 그 존재 가능성을 알게 된 다중우주에 대해서도 단지 허무의 크기만을 키운 '허무주의의 종결자'로 여길 뿐이다.[12] 또한 많은 현대인이 근대인처럼 우주 속의 자기에 대해서 하찮음을 느낀다. '청명하게 별이 빛나는 밤은 우리 지구의 절망적인 초라함에 대한 명증한 증거'로 우리를 우울하게 만들 뿐이다.[13] 반대로 역시 근대인처럼 우주에 비교해 우월감을 느끼는 사람도 있다. 이때 인간을 우월하게 만드는 것은 역시 정신이다. 가령 호킹은 "우리는 아주 평균적인 별의 작은 행성에 살고 있는 고등 원숭이종에 지나지 않는다. 하지만 우리는 우주를 이해할 수 있다. 그 때문에 우리는 아주 특별한 존재이다"라고 말했다.[14]

현대의 우주관이 근대와 별반 다르지 않은 것은 현대인이 새롭게 알게 된 우주의 많은 사실들을 우주관을 변화시킬 정도로 근본적인 것으로 보지 않았기 때문이다. 가령 현대의 많은 천문학적 발견들은 코페르니쿠스 혁명의 연장선상에서 단지 인간이 우주의 중심에 있지 않다는 것을 재확인해 주는 사건 정도로 해석된다. 태양계 이외의 항성계 발견은 '우주의 중심은 이제 우리 태양도 아니다'라는 것을 보여주는 사건이 된다. 외계 은하의 발견은 '우리은하조차 우주의 중심이 아님'을 보여 주며 다중우주의 존재 가능성도 '우리의 우주는 수많은 우주들 중 하나에 불과하다는 것을 보여주는 코페르니쿠스 혁명의 결정판'으로 이해한다.[15]

하지만 필자가 보기에 현대 과학이 밝힌 우주의 모습은 근대의 인류가 알던 우주와 근본적으로 다르다. 따라서 현대 과학에 근거할 때 근대의 '공허한 우주'는 더 이상 적합한 우주관이 될 수 없다. 대신 현대의 우주에 맞는 적합한 우주관을 새로 찾아내야 한다. 필자는 그것을 '초월적인 우주'로 보고 있다. 그 뜻과 그렇게 볼 수 있는 이유를 다음 장에서 살펴보자.

2장

우주의 드러난 모습

현대 과학이 밝힌 바에 따를 때 우주는 어떤 모습일까. 마치 초승달에 밝게 보이는 눈썹 부분과 보이지 않는 부분이 있듯이 우주에는 과학이 잘 밝혀낸 부분과 그러지 못한 가려진 부분이 있다. 이 두 부분을 모두 고려해야 우주 전체의 모습을 잘 포착할 수 있다. 이 장에서는 이 중 우주의 드러난 부분을 살펴보고 다음 장에서는 가려진 부분을 살펴볼 것이다.

01 거대함

▌시간과 공간

우주의 가장 기본적인 모습은 펼쳐진 시간과 공간 속에 물질과 에너지가 존재하는 형상이다. 현대우주론에 따르면 우주는 약 138억 년 전에 빅뱅으로 탄생하였다. 이 시간은 100년을 채 살지 못하는 우리 인간들에게는 너무 장구해 실감하기 힘들다. 그래서 빅뱅부터 지금까지의 우주 역사 138억 년을 1년으로 환산해 본 것이 우주달력이다. 칼 세이건은 '인간은 하찮기 그지없는 존재'임을 자각시키고자 저서와 TV로 우주달력을 널리 알렸다.[1] 우주달력으로 치면 현생 인류는 마지막 날인 12월 31일 밤 11시 52분에 출현하였다. 신석기 혁명부터 인류의 모든 찬란한 문명이 이루어진 시간은 마지막 1분에 불과하다. 개별 인간들은 평균 0.15초를 사는데 그야말로 눈 한 번 깜박이는 데 걸리는 시간이다. 우주달력으로 볼 때 우리 인간은 하루살이는 커녕 '일초살이'에도 미치지 못하는 존재이다.

우주 공간의 광대함도 실감할 수 있는 방법이 있지 않을까? 넓은 지역을 축척을 사용하여 한 장의 작은 종이에 표현하는 것이 지도이다. 이와 비슷하게 우주지도를 구상해 보자. 관측 가능한 우주는 그 반지름이 465억 광년으로 빛이 465억 년을 가야 할 거리이다. 138억 년 전에 이루어진 빅뱅 후 우주는 빛의 속도보다 더 빨리 팽창했다. 그래서 우주의 반지름이 138억 광년보다 훨씬 커지게 되었다.

465억 광년이 얼마나 먼 거리인지는 잘 실감나지 않는다. 우리에게 친숙한 것은 지구에서의 거리이다. 따라서 우주의 반지름 465억 광년을 지구 둘레 길이로 줄인 축척의 우주지도를 상상해 보자. 465억 광년은 킬로미터로 환산했을 때 4.4×10^{23}km이고 지구 둘레는 40,075km이다. 인류가 우주에서 나아간 거리는 이 지도로 얼마나 될까? 인류가 직접 가장 멀리 간 곳은 달이다. 지구 중심에서 달 중심까지의 거리는 평균 384,400km이다. 이것을 우주지도에서 나타내면 그 거리는 $384,400 \times \{40,075/(4.4 \times 10^{23})\}$km가 된다. 계산해 보면 약 0.0000000035mm이다. 모래의 직경이 0.02~2mm이고 그중 가는 모래는 0.02~0.2mm이나[2] 인간이 우주에서 가 본 거리는 지구의 둘레에서 가는 모래 한 알의 500만분의 1을 간 것에도 못 미친다.

인류가 인공물체를 통해 간접적으로 간 거리는 훨씬 멀다. 가장 멀리 간 인공물체는 1977년에 발사한 보이저 1호이다. 천문단위(AU)는 천문학에서 쓰이는 거리 단위로 1AU는 태양에서 지구까지의 평균거리이다. 2020년 12월 현재 보이저 1호는 지구로부터 152AU 떨어져 있다.[3] 킬로미터로 환산하면 1AU가 149,697,870.7km이므로 약 22,739,200,000km이다. 인간이 인공물을 통해 간접적으로 우주에 간 거리는 최대로 잡아도 이 거리를 넘지 못한다. 이 거리는 우주지도로는 22,739,200,000×{40,075/(4.4×10^{23})}km이다. 계산해 보면 약 0.0002mm로 가는 모래의 100분의 1만큼 간 정도이다. 우주의 반지름을 지구 둘레 길이가 되게 줄인 축척의 우주지도로 보면 인간은 물론이고 무인 우주선도 지구 둘레의 모래 한 알을 벗어나지 못했다. 우주의 시간에 비할 때 우리 인생은 매우 짧은데 우주의 공간에 비할 때 인간이 누린 공간은 그보다도 작다는 것을 알 수 있다.

▌물질과 에너지

우주의 거대한 시공간 안에 있는 물질과 에너지의 양도 막대하다. 지구상의 생명체는 그 생존을 거의 전적으로 태양에 의존하고 있다. 여름날의 땡볕은 태양 에너지의 막대함을 느끼게 한다. 그런데 지구에 쏟아지는 에너지는 태양이 방출하는 총에너지의 20억분의 1에 불과하다.[4] 이로써 태양에너지가 얼마나 큰가 짐작할 수 있는데 우주에는 태양 정도의 에너지를 방출하는 항성이 매우 많이 있다.

우주에는 2000억 개의 은하가 있고 은하당 3500억 개의 별이 있다. 계산하면 별의 총개수는 7×10^{22}개다.[5] 이것이 얼마나 많은 숫자인가 실감하려면 모래사장에 가 보자. 모래 한 알을 들어 우리 태양이라 가정해 보면 두 손으로 모래를 퍼서 모으기를 5만 번 했을 때 쌓인 모래 더미가 우리은하의 별들에 해당한다.[6] 우주에 있는 모든 별들의 개수는 지구에 있는 모든 모래알 수에 7을 곱하면 된다.[7] 이렇게 많은 별의 개수에 지구에 도달하는 태양에너지의 20억 배를 곱해야 우주에 있는 항성들이 방출하는 총에너지와 어느 정도 비슷한 양이 된다.

여기에 물질 형태로 된 에너지도 있다. 상대성 이론에 따르면 $E = mc^2$로, 에너지와 물질은 본질적으로 같다. 박하사탕 무게인 5g 질량이 모두 에너지로 바뀌면 50W 전구를 30만 년 켜고 박하사탕 서른 개이면 한 나라에서 하루 쓸 전기량과 맞먹는다. 그러니 지구 전체 모래알의 7배에 달하는 수의 항성들, 이 항성들을 도는 수많은 행성들, 행성을 도는 위성들, 성간물질들의 질량 전체가 에너지로 변한다 하면 그 양은 어마어마할 것이다.

더 나아가 우주 공간은 진공에너지로 가득 차 있다. 진공에서는 순간적으로 가상입자들이 생성되고 소멸하는데 이것들로 진공이 갖게 된 에너지가 진공에너지이다. 진공에너지의 이론값은 양자론에 입각해 이론적으로 계산해 낸 1cm³당 10^{112}에르그이다.[8] 에르그^{erg}는 에너지의 한 단위로서 1에르그가 10^{-7}줄(J)이다. 1cm³의 에너지가 이 정도이니 우주 공간 전체의 진공에너지의 양은 엄청나다. 이렇게 우주는 그 시간과 공간, 에너지의 양 모두가 어마어마하게 크다.

02 극단적 다양성

┃ 온도 등 물리량

우주에 있는 물리량과 물리현상에는 지구에서 발견되는 것보다 훨씬 극단적인 것들이 많다. 이때의 극단은 물리량의 양방향으로 모두 나타나 그 사이의 폭도 넓어진다. 그만큼 우주에서는 지구에서보다 훨씬 다양한 물리량과 물리현상이 나타난다.

가령 기온의 경우, 우리 인간은 지구의 열대 지방과 한대 지방의 온도 차가 크다고 생각하지만 전체 우주와 비교하면 그 차이는 미미하다. 지구에서 가장 낮은 기온은 1983년 7월 남극에서 측정한 -89.2℃이고 가장 높은 기온은 1922년 9월 이라크 바스라에서 기록한 58.8℃다. 우주의 경우 지구에서 센타우루스자리 방향으로 5000광년 떨어져 있는 부메랑성운의 온도는 -272℃로 절대영도보다 겨우 1℃가량 높다. 반면 소마젤란은하에 있는 AB7이란 별의 온도는 12만℃이다.[9] 지구에서 표면온도의 최고와 최저 차이가 148℃인 데 비해 우주에서는 12만℃가 넘는다. 우주에서는 이 양극단 사이의 다양한 온도대가 나타날 것이고 각 온도대의 독특한 현상들이 다양하게 펼쳐질 것이다. 비유하자면 지구가 온탕들만 있는 목욕탕이라면 우주는 온탕 이외에도 냉탕, 열탕이 두루 갖추어져 있는 곳이다. 이 경우 지구 온탕에서의 경험만 가지고 우주에서 나타나는 현상들을 다 짐작하기는 무리이다.

또한 우주에서는 온도 외에도 밀도, 밝기 등의 다른 물리량이 지구와 비교할 수 없이 극단적으로 나타난다. 퀘이사의 밝기는 태양의 1조 배이다. 퀘이사와 태양의 밝기 차이는 대낮의 찬란한 태양의 겉보기 밝기와 밤하늘에 뜬 3등성의 밝기 차이와 같다. 그리고 퀘이사의 중심에 있을 것으로 추정되는 블랙홀은 태양의 수십억 배에 달하는 질량을 갖고 있다.[10]

중력붕괴와 블랙홀의 형성

우주에서는 지구에서보다 훨씬 극단적인 물리현상도 일어난다. 블랙홀의 형성 과정이 이를 잘 보여 준다. 블랙홀은 중력에 의해 만들어지는데 중력은 자연에 존재하는 네 가지 기본 힘 중 하나이다. 지구에서 중력의 위력을 잘 느낄 수 있는 곳으로 폭포가 있다. 높은 곳에서 떨어지는 세찬 물줄기와 물보라, 굉음은 우리 몸을 흔들어 댄다. 하지만 거칠 것 없어 보이는 폭포는 곧 지표면에 가로막힌다. 폭포의 중력으로는 지표면의 저항력을 뚫고 지구 안으로 쏟아져 내리지 못한다.

우주에서는 중력붕괴 현상에서 중력의 위력이 잘 드러난다. 중력붕괴란 천체가 자체 중력 때문에 그 중심 방향으로 수축되어 가는 것이다. 중력붕괴는 중력이 그에 맞서는 힘과 평형을 이룰 때까지 계속된다. 중력붕괴가 실제로 어디까지 진행되는가는 천체의 질량에 따라 달라진다. 중력의 세기는 질량에 비례하기 때문이다.

행성과 항성은 기체와 먼지로 된 구름 덩어리가 중력붕괴로 뭉치고 수축하여 탄생한다. 이 중 최초 질량이 태양의 0.075배가 되지 않는 덩어리들은 중력이 세지 않아 중력붕괴가 기체 팽창력 등에 가로막혀 멈춘다. 최초 질량이 태양의 0.075배가 넘는 항성들은 중력붕괴가 더 진행되어 핵융합 반응을 일으키는데 이 반응이 중력붕괴를 멈추게 한다. 그러다 핵융합의 재료가 소진되면 다시 중력붕괴가 진행된다. 일부 항성이 이런 과정에서 폭발 등으로 질량의 일부를 우주로 날려 보내는 경우도 있다.

핵융합 중단 후 다시 중력붕괴가 진행될 때 남은 질량이 태양의 1.4배 이내인 항성은 전자 축퇴압이 중력붕괴를 멈추게 한다. 이렇게 중력과 전자 축퇴압이 평형을 이루고 있는 항성이 백색왜성이다. 이와 달리 남은 질량이 태양의 1.4~3배인 천체는 중력이 전자 축퇴압을 이겨 내어 중력붕괴가 계속되는데 이것을 중성자 축퇴압이 막아낸다. 그래서 탄생한 것이 중성자별이다. 반면 남은 질량이 태양의 3배가 넘는 천체는 중성자 축퇴압을 포함하여 어떤 힘도 중력붕괴를 막아내지 못한다. 그래서 중력붕괴가 가능한 한 끝까지 이루어지는데 그 결과 탄생한 것이 바로 블랙홀(항성 블랙홀)이다.[11] 블랙홀은 폭포로 비유하자면 폭포수뿐만이 아니라 폭포가 걸린 절벽도, 그 절벽이 있는 산도, 산을 지탱하던 땅도 다 같이 한 점이 될 때까지 쏟아져 내린 것이다.

블랙홀은 이렇게 매우 극단적인 과정을 거쳐 형성된 존재이다. 지구에서의 자연현상은 폭포가 지표면에 가로막히고, 야구공이 공기의 저항을 받는 것처럼 여러 자연법칙과 힘들이 함께 작용하여 이루어진다. 그 과정에서 힘들은 서로 상쇄되고 자연법칙 간에는 절충이 일어난다. 그 결과 지구의 자연은 항상성을 유지하거나 온건하고 완만하게 변화한다. 이에 반해 블랙홀의 탄생 과정에서는 중력만이 절대적인 힘으로 작용하며 중력법칙만이 철저하게 관철된다.

비유하자면 지구는 온건주의자이고 블랙홀은 극단주의자라 할 만하다. 온건주의자는 여러 이념들을 절충하고 반대자와도 타협하면서 점진적으로 자기 목표를 달성하려 한다. 반면 극단주의자는 자기의 이념만을 절대시하여 끝까지 관철시키려 한다. 그 이념 실현을 위해서라면 '인정사정 볼 것 없다'는 태도로 끝까지 밀어붙인다. 우주에는 온건주의자들뿐만 아니라 블랙홀과 같은 이런 극단주의자들도 많다. 그래서 우주에서 발생하는 물리현상은 지구에서보다 훨씬 다양하다.

03 기묘함

우리가 상식적으로 생각하는 것과는 다른 이상하고 믿기 힘든 것을 '기묘하다'고 표현한다. 현대과학은 자연에서 이전에는 상상도 하지 못한 기묘한 물체나 현상들을 많이 발견하였다.

▌시간, 공간, 물질, 에너지의 연계(상대성 이론)

근대의 뉴턴 물리학에 따르면 시간, 공간, 물질, 에너지는 각각 독립된 것들로 서로를 규정하지 않는다. 우리의 일상적 감각에 비추어 보아도 그러하다. 하지만 현대의 상대성 이론은 이 모두가 서로 연계되어 있음을 밝혔다.

시간과 공간의 연계

시간과 공간은 완전히 별개라는 상식적 생각을 잘 개념화한 것이 뉴턴의 '절대시간'과 '절대공간'이다. 뉴턴은 시간이 누구의 관점에서든 어떤 공간에서든 똑같이 흐른다고 보았다. 또한 공간은 어떤 시간이나 어떤 물질의 존재에도 영향을 받지 않는다고 생각하였다.

이에 대해 아인슈타인은 특수 상대성 이론에서 공간의 3차원과 시간의 1차원이 서로 결합되어 4차원의 시공간^{spacetime}을 이루고 있음을 밝혔다. 그 연계의 방식과 관련해 아인슈타인은 '모든 물체는 시공간 속에서 항상 빛의 속도로 이동한다'라고 선언한다. 즉 다음과 같이 보는 것이다.

우리는 흔히 물체의 이동이라고 하면 공간 속에서의 이동만을 떠올린
다. 하지만 물체가 시간의 흐름 속에 있는 것 역시 이동이라고 생각할
수 있다. 공간 a 지점에 정지해 있는 물체라 하더라도 그동안 시간이
8시에서 12시로 흘렀다면 'a 지점 8시'에서 'a 지점 12시'로 이동한
것으로 보는 것이다. 그런데 이런 시간상의 이동을 인정하더라도 우
리는 '공간상에서 물체의 이동속도는 달라질 수 있지만 시간상의 이
동속도는 그렇지 않다'고 생각할 것이다. 모든 물체에 있어 시간은 언
제나 일정하게 흐르므로 '시간 속에서 정의된 물체의 이동속도'라는
것은 언제나 같다고 볼 것이다.

하지만 상대성 이론에 따르면 공간 속에서의 이동속도와 시간 속에
서의 이동속도의 합인 빛의 속도가 일정하므로 두 덧셈항의 한쪽이
커지면 다른 한쪽은 작아지게 된다. 가령 한 곳에 정지해 있는 물체는
'공간 속에서의 이동속도'가 0이므로 남은 '시간 속에서의 이동속도'
가 빛의 속도와 같아진다. 반면 움직이는 물체는 '공간 속에서의 이동
속도'가 0보다 크므로 그만큼 '시간 속에서의 이동속도'는 빛의 속도
보다 느려지게 된다. 그래서 정지 상태에 있는 우리가 보기에 움직이
고 있는 시계는 정지해 있는 우리의 시계보다 느리게 간다. 더 나아가
'공간 속에서의 물체의 이동속도'가 빛의 속도와 같아지면 '시간 속에
서의 이동속도'는 0이 되어 우리가 보기에 그 물체의 시간은 멈추게
된다.

에너지와 물질의 동일성

우주에서 시공간을 무대에 비유한다면 이 무대에서 연기를 펼치는 배우에 해당하는 것이 물질과 에너지이다. 우리의 일상적 감각에 비추어보면 물질의 양은 보존되지 않는다. 양초에 불을 붙이면 양초를 이루었던 물질은 점점 없어져 가는 것으로 보인다. 하지만 과학은 양초가 사라지는 만큼 이산화탄소와 물이 생성됨을 밝혔다. 이렇듯 물질은 사라지지 않고 그 형태만 변화하는 것으로 물질의 총질량은 계속 같은 값을 유지한다는 것이 '질량 보존의 법칙'이다. 에너지 역시 우리의 일상 감각으로는 보존되지 않는다. 날아가는 돌이 벽에 부딪혀 정지했다면 돌이 갖고 있었던 운동에너지는 사라져 버린 것으로 보인다. 하지만 실은 그 운동에너지가 열에너지로 형태만 바꾸었을 뿐이다. 이렇게 에너지가 한 물체에서 다른 물체로 옮겨 가거나 형태를 바꿀 수는 있으나 그 총량은 항상 일정하다는 것이 '에너지 보존의 법칙'이다.

아인슈타인 이전까지는 질량 보존의 법칙과 에너지 보존의 법칙이 따로따로 있었다. 질량과 에너지는 서로 다른 것이어서 변환될 수 없다고 보았기 때문이다. 이에 대해 아인슈타인은 질량과 에너지는 동등하며 서로 변환될 수 있다는 것을 밝혀 그 관계를 방정식 $E = mc^2$ 으로 나타내었다. 이로써 별개였던 두 보존 법칙은 '질량-에너지 보존 법칙'이라는 한 법칙으로 통합되었다.

아인슈타인은 이 질량과 에너지의 등가성을 특수 상대성 이론에서 이끌어 내었다. 물체에 에너지를 가하면 이 에너지는 물체의 운동속도를 높인다. 그런데 특수 상대성 이론에 의하면 물체의 속도는 빛의 속도를 넘어서지 못한다. 따라서 물체에 가해지는 에너지가 계속 커질 때 그 에너지는 물체의 속도를 더 이상 높이지 못하고 대신 질량을 증가시키게 된다. 이렇게 에너지의 증가가 질량의 증가를 가져온다는 것에서 에너지와 질량이 본래 같은 것임이 추론된다.

시공간과 물질-에너지의 연계

특수 상대성 이론은 시간과 공간은 연계되어 시공간의 형태로 존재하고 물질과 에너지는 서로 동등함을 밝혔다. 우리가 간신히 이 점을 이해하게 되었다고 해도 이때의 시공간과 물질-에너지 역시 서로 연계되어 있다고 믿기는 힘들다. 연극 무대와 배우는 독립된 것이어서 배우의 연기에 따라 연극 무대가 변화하거나, 연극 무대를 달리 꾸민다고 배우의 모습이 달라지는 것과 같은 일은 발생하지 않기 때문이다.

하지만 아인슈타인은 일반 상대성 이론에서 이 둘이 연계되어 있음을 보였다. 물질-에너지의 질량이 주변 시공간을 뒤틀고 휘어지게 한다는 것이다. 이렇게 두 상대성 이론은 우리의 직관상 별개인 시간, 공간, 물질, 에너지가 모두 연계되어 있음을 보여 준다. 우주에서는 이것들 간의 연계가 더 분명히 드러나는데 지구에 비해 시간, 공간, 물질, 에너지의 값이 매우 큰 경우가 있기 때문이다. 먼 천체에서 오는 빛이 중간의 거대한 천체에 의해 휘어져 보이는 중력 렌즈 현상이나 영화 〈인터스텔라〉에서 블랙홀에 다녀 온 우주 비행사에 비해 남아 있던 사람이 훨씬 더 나이 들어 있는 기묘한 사건도 그래서 생긴 것이다.

▎입자의 기이한 운동(양자역학)

중성자, 양성자, 전자처럼 원자보다 작은 단위의 입자를 아원자 입자나 소립자라고 한다. 이런 작은 입자들의 움직임은 거시 물체들의 운동 방식과는 매우 다르다. "입자들은 어떤 때는 작고 단단한 덩어리처럼 행동하지만 또 어떤 때는 흐릿한 구름 같다. … 시간을 거슬러 여행을 할 수도 있고, 물리법칙을 슬쩍 위반할 수도 있고, 갑자기 나타났다 사라지기도 하고 완전히 다른 입자로 변하기도 한다."[13] 그래서 거시 물체들의 운동에 적합한 뉴턴역학으로는 잘 설명할 수 없어 양자역학이 탄생하였다.

우리의 직관은 뉴턴역학처럼 거시 물체를 대상으로 형성되었다. 따라서 양자역학이 나타내는 입자의 운동은 우리에게 매우 기묘하게 보인다. 입자 운동의 기묘함을 보여 주는 대표적인 실험이 이중 슬릿 실험이다. 우리의 기존 상식은 입자와 파동은 분명히 구별된다는 것이다. 그런데 이중 슬릿 실험에서 입자들은 입자와 파동의 성질을 모두 보인다. 이중으로 된 틈새(슬릿)에 전자들을 쏜 다음 틈새 뒤편의 스크린을 확인해 보면 찍힌 전자의 점들이 간섭무늬를 이루어 파동의 특성을 드러낸다. 반면 두 개의 틈새 중 어디로 전자가 지나가는지 탐지하기 위한 장치를 더 달면 그 장치에는 전자가 어느 하나의 틈새로만 지나가는 것으로 관측된다. 또 뒤편 스크린에 찍힌 전자의 점들도 두 개의 틈새에 맞게 두 줄 형태의 무늬만 나타내어 입자로서의 특징만 보인다.

이런 현상이 거시세계에서도 나타난다면 [그림 2-1]의 스키 자국처럼 이해하기 힘들 것이다. 실제 거시세계에서는 스키어가 나무를 어떻게 지나쳐 오는지부터 관찰하면 나무의 왼쪽이나 오른쪽의 어느 한쪽으로만 지나오고 스키 자국도 한쪽으로만 날 것이다.

이중 슬릿 실험에서 보는 것과 같은 입자들의 기묘한 운동은 슈뢰딩거 방정식을 사용하면 확률적으로 정확하게 예측할 수 있다. 그 정확성은 양자역학이 '인간이 만든 그 어떤 과학 이론보다 정확하고 완벽하다'는 평가를 듣게 할 정도이다. 하지만 이 방정식이 다루는 파동함

[그림 2-1] 입자처럼 행동하는 스키어 상상화

수라는 것이 실제 세계에서 무엇을 나타내는가가 명확하지 않다. 그래서 해석이 분분한데 그중 주류가 되어 온 것은 코펜하겐 해석이다.

코펜하겐 해석에 따르면 전자 등 아원자 입자는 관측이 행해지기 전에는 여러 고유 상태가 중첩된 상태로 존재하다 측정이 시행되는 순간 하나의 고유 상태로 붕괴한다. 가령 입자는 관측 전에는 A에 있는 상태와 B에 있는 상태가 중첩된 상태로 있다가 측정이 행해지는 순간 A나 B 중 어느 한 곳에만 있는 것으로 나타난다. 하지만 이런 붕괴가 왜 일어나는지와 어떻게 일어나는지에 대해 코펜하겐 해석은 설득력 있게 설명하지 못한다.

이 외에도 아원자 입자가 여러 다른 기묘한 특성을 가졌음을 양자역학은 보여준다. 가령 얽힌 관계에 있는 두 입자는 아무리 멀리 떨어져 있어도 한 입자의 위치나 속도가 결정되면 다른 입자의 위치나 속도도 동시에 결정되는 양자 얽힘 현상이 있다.[14] 아인슈타인은 '유령의 세계에서나 일어날 수 있는 원격작용'이라며 이런 현상의 존재를 끝까지 인정하지 않았다.[15] 공간의 한 지점의 사건이 다른 지점의 사건에 영향을 미치려면 당연히 시간이 소요되어야 한다는 직관에 반하기 때문이다. 하지만 이후 존 벨이 1964년 논문에서 제안하고 알랭 아스페가 1982년 행한 실험 등에 의해 양자 얽힘 현상이 실제 존재한다는 것이 입증되었다.[16] 이렇게 아원자 입자들의 운동 방식은 이해하기 힘든 기묘한 것이다. 이런 입자들이 모여 우주의 여러 물체들을 형성한다. 물론 거시 물체를 이루는 아원자 입자들의 기이함은 서로 상쇄되어 거시 물체는 대개 상식에 부합하는 운동을 한다. 하지만 아주 가끔씩은 아원자 입자의 기이한 운동이 상쇄되지 않고 거시 세계에도 나타나는 경우가 있다.

닐스 보어는 "양자역학을 접하고 놀라지 않는 사람은 양자역학을 제대로 이해하지 못한 사람이다"라고 말했다. 양자역학의 대상이 되는 입자들은 물질을 이루고 우주를 이룬다. 그러니 이 말은 그대로 다음과 같이 바꿔 써도 될 것이다. "우주를 접하고 놀라지 않는 사람은 우주를 제대로 이해하지 못한 사람이다."

▌ 블랙홀과 빅뱅의 특이점

현대 과학은 과거 인류가 상상도 못했던 기묘하고 놀라운 것들을 우주에서 계속 발견하고 있다. 그 대표적인 것이 블랙홀이다. 앞에서 본 대로 극단적인 중력붕괴의 과정을 거쳐 형성된 블랙홀은 기능이나 작용에서도 다른 천체들과 크게 다르다. 빛조차 빠져나오지 못해 우주에서 가장 어두운 블랙홀은 역설적이게도 우주에서 가장 밝은 빛의 원인이 된다. 퀘이사는 태양보다 1조 배 밝은데 중심에 큰 블랙홀이 있기 때문이다. 블랙홀의 강한 중력 때문에 주위 물질들이 광속에 가까운 속도로 소용돌이치면서 블랙홀로 흡수되어 마찰로 엄청나게 뜨

거워져 격렬하게 빛나는 것이다.[17]

'가장 밝은 것에 둘러싸인 가장 어두운 것'이라는 블랙홀의 이런 모습은 놀랍기는 하지만 그 원리를 이해하자면 이해할 수 있다. 그런데 블랙홀에는 이해하기 힘든 부분도 있다. 가령 블랙홀의 구조는 다른 천체들과 크게 차이가 난다. 지구나 태양은 물론이고 백색왜성이나 중성자별 등 다른 천체들은 모두 물질로 된 덩어리이다. 하지만 블랙홀은 그렇지 않다.

블랙홀은 특이점과 사건의 지평선으로 이루어졌다. 특이점은 블랙홀의 중심에 있는 모든 질량이 몰려 있는 곳이다. 사건의 지평선은 빛을 포함하여 어떤 것도 밖으로 탈출할 수 없는 경계선으로, 특이점을 구처럼 둘러싸고 있다. 이 구의 반지름을 '슈바르츠실트 반지름'이라 하는데 블랙홀의 크기는 이것으로 나타낸다.[18] 그런데 블랙홀의 특이점과 사건의 지평선 사이는 텅 빈 공간이다. 그러므로 존 휠러가 블랙홀의 이름을 '검은 별dark star' 대신 '검은 구멍black hole'으로 고쳐 부른 것은 매우 적절했다.

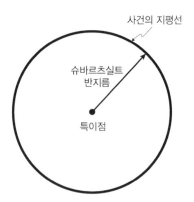

[그림 2-2] **블랙홀의 구조**

물질 덩어리 형태의 천체는 밀도가 아무리 커도 유한한 값을 가진다. 백색왜성의 밀도는 $1m^3$에 100kg~10t이고 중성자별의 밀도는 $1m^3$에 1억~10억t이다. 반면 블랙홀의 특이점은 그 밀도가 무한하다.[19]

무한은 큰 유한이 아니라 유한과 근본적으로 다른 것이다. 또한 일반 상대성 이론에 따를 때 특이점에서는 시공간이 무한대의 곡률로 휘어져서 구멍이 뚫리고[20] 시간이 끝난다고 생각할 수도 있다.[21] 이렇듯 유한한 값들로 표시할 수 있는 통상적인 우주에 무한이나 시간의 끝이라는, 근본적으로 다른 블랙홀의 특이점이 나타난 것이다.

비유해서 '$1/n$(n은 정수)' 형태의 숫자들로 이루어진 세상을 생각해 보자. 1/5, 1/23, -1/7, 1/100이 이 세상에서 산다 했을 때 n이 0이 아닌 한 어떤 $1/n$이 추가되더라도 이 세상에는 근본적인 차이가 나타나지 않는다. 하지만 1/0이 추가된다면 다르다. 1/0은 수학적으로 그 대상을 정의하기 힘든 수학적 특이점이다. 1을 0으로 나눈 결과값은 얼마인지, 음수인지 양수인지 말할 수 없기 때문이다.[22] 이런 1/0이 추가됨으로써 그 세상은 갑자기 '통상적인 세계', '이해할 수 있는 세계'에서 '알 수 없는 세계'가 되어 버린다. 블랙홀의 특이점은 우리 우주에 있어서 바로 1/0과 같은 존재로 보인다.

존 휠러는 블랙홀 안쪽에서는 새로운 물리적 현상이 나타날 것이고 그 현상은 우리가 지금껏 겪어 본 것과는 전혀 다를 것이라고 했다.[23] 그 현상이 무엇일지에 대해 의견이 분분하다. 가령 '무엇이든 블랙홀의 특이점을 건드리는 찰나 파괴되어 버린다'라는 입장이 있다.[24] 반면 '블랙홀의 내부를 통해 우리 우주가 다른 우주와 연결되어 있어서'[25] 블랙홀 안으로 떨어지는 물체들은 다른 우주로 여행할 수 있다[26]는 견해도 있다. 더 나아가 '새로운 우주가 블랙홀 내부에서 형성될 수 있다'는 견해도 있다.[27] 기존의 우주에서 만들어진 블랙홀의 특이

점이 양자 효과에 의해 다시 튀어 올라 팽창을 시작한다. 그러면 시간과 공간의 새로운 영역이 만들어지고 이것이 새로운 우주가 된다는 것이다.[28]

이 중 어떤 것이 옳은지 지금으로서는 알 수 없다. 블랙홀의 특이점에 대해 제대로 이해하려면 상대성 이론과 양자역학을 통합하는 이론이 필요하다. 블랙홀의 질량은 매우 커 상대성 이론의 대상이 되고 그 크기는 아원자 입자보다 작아 양자역학에서 다루는 대상이 되기 때문이다. 하지만 이 두 이론을 성공적으로 통합한 이론은 아직 나오지 않았다.[29]

우주에는 블랙홀 이외에 과거에 존재한 것으로 보이는 또 다른 특이점이 있다. "일반 상대성 이론에 따라 빅뱅이 일어났던 시점까지 우주의 시계를 거꾸로 되돌리면 무한대가 난무하는 '특이점'에 도달"한다.[30] 이것은 바로 빅뱅의 순간에 존재했을 특이점으로 이 역시 "지독한 미스터리"로 "이 지점으로 가면 물리량들이 툭하면 무한대로 발산하고 기존의 물리법칙들은 완전 먹통이 된다."[31] 이 빅뱅 때의 특이점을 이전 우주에서 형성된 블랙홀의 특이점으로 보는 사람도 있지만[32] 이것을 부정하는 사람도 많다. 어떻게 보든 빅뱅의 특이점은 현재로서는 이해할 수 없는 기묘한 것이다.

우리 우주는 빅뱅의 특이점이라는 바로 이 기묘한 것에서 시작되었다. 그리고 현재는 블랙홀의 특이점이라는 매우 많은 특이점들이 존재한다. 이런 특이점이 우주에 실재한다는 것은 우주의 물리현상이 단순히 지구의 확장판에 그치지 않음을 보여 준다. 특이점이 존재하는 우주와 존재하지 않는 우주는 산타클로스나 귀신이 존재하는 세상과 존재하지 않는 세상이 다른 것만큼이나 다를지도 모른다. 그래서 어떤 과학자는 지금의 우주론에 대해 "이론적인 면에서 보면 지금은 거의 재앙에 가까운 시기"로, "우리가 어떤 개념들을 생각하고 있는지 들여다보면 정말 미쳤다는 생각이 든다"[33]라고까지 표현한다.

04 탁월함

오늘날 과학과 기술은 눈부시게 발전하였다. 보통 사람들이 과거의 위대한 과학자들보다 더 많은 것을 알고, 황제도 귀족도 갖지 못했던 자동차, 컴퓨터, 휴대폰을 사용한다. 더욱이 앞으로도 과학과 기술은 계속 발전할 것 같다. 불과 50년 후의 미래만 생각해 보아도 과학과 기술이 얼마나 발전해 있을지 상상하기 어렵다.

　과학과 기술은 어떻게 이렇게 발전할 수 있을까? 그 한 원인은 우리 인간이다. 인간이 뛰어난 지적 능력과 큰 탐구 열정을 갖고 있기에 그런 발전을 이룰 수 있었다. 하지만 인간이 대단하다 해도 그 대상인 물질이 단순하고 보잘것없는 것이라면 과학과 기술의 발전은 제한되었을 것이다. 일류 피아니스트라도 장난감 피아노로는 깊은 감동을 주는 연주를 하기 힘들다. 〈산토끼 토끼야〉를 부르는데 폭포 앞 판소리꾼처럼 피를 토하며 연습할 열정은 생기지 않는다. 뛰어난 금 세공사라도 돌 위에는 섬세한 무늬를 새길 수 없다. 과학과 기술에 인간이 그렇게 열정을 쏟아붓고, 큰 성과를 거둘 수 있었던 것은 그만큼 그 대상인 물질이 복잡하고 그 가능성이 탁월한 '굉장한 것'이기 때문이다.

　우리에게 관측되는 우주는 이 물질로 이루어져 있다. 따라서 물질이 가능성 등에서 탁월하다면 우주 역시 그럴 것이다. 물질의 탁월함은 위에서처럼 과학과 기술의 눈부신 발전으로부터 미루어 짐작할 수 있다. 더 나아가 물질을 직접 살펴보아도 그 탁월성을 확인할 수 있다.

▌물질의 기본입자와 계층 구조

아이에게 여러 모형의 장난감들을 다 선물하고 싶다면 어떻게 하면 좋을까. 블록 장난감을 사 주면 된다. 아이는 블록들을 달리 결합하여 건물도 만들고, 자동차나 다리도 만들 것이다. 인류는 우주를 이루는 물질에 대해 비슷하게 생각해 왔다. '몇 개의 기본요소들이 결합하여 상위 계층의 여러 물질들을 만들어 낸다'라고 보는 관점이 고대부터 현대까지 형태를 달리하며 이어져 왔다. 서양의 고대와 중세에는 물, 불, 공기, 흙의 네 원소가 만물을 이룬다는 4원소설이 널리 받아들여졌다. 비슷하게 동양에서는 물, 불, 나무, 금, 흙의 오행이 상호작용하여 만물이 생성되고 소멸한다고 생각하였다. 오늘날의 과학은 이 계층의 단계를 더 여러 개로 본다.

1단계 계층 구조

과학에서는 우선 '화학적 방법으로 더 간단한 순물질로 분리할 수 없는 물질'[34]인 원소들이 결합하여 모든 물질들을 만들어 낸다고 보았다. 이 원소의 종류는 주기율표로 정리되었는데 그 수가 118종에 달한다.

원소들의 개수가 많은 만큼 그것들이 결합하며 만들어 낼 수 있는 물질의 종류도 매우 많다. 미국화학회의 CAS 등록번호는 유기화학 물질, 무기화학 물질, 고분자, 석유 추출물, 식물 추출물 등 모든 화학 물질에 부여하는 고유번호이다. 그에 따르면 2020년 12월 기준으로 등록된 유기화학 물질의 종류만 해도 1억 5800개에 이르며 날마다 새로운 물질이 약 15,000건 업데이트된다.[35]

이렇게 주기율표상의 원소는 '하위 계층의 요소들이 결합하여 훨씬 많은 수의 상위 계층 물질들을 만들어 낸다'는 관점에 잘 부합한다.

문제는 원소의 수 118종은 물질의 가장 밑바닥에 있는 기본입자의 수로 보기에는 너무 많다는 것이다. 사람들은 기본입자의 수가 몇 개 되지 않을 것이라고 생각해 왔다.

2단계 계층 구조

기본입자로 보기에는 주기율표의 원소 수가 너무 많다는 문제는 계층 구조가 한 단계 더 있다는 것이 발견되면서 해결되었다. 각 원소들은 각각 다른 종류의 원자들인데 모든 원자들은 전자, 양성자, 중성자로 이루어진다. 이것들이 몇 개씩 결합하느냐에 따라 원자의 종류가 달라진다. 따라서 물질의 기본입자는 이제 전자, 양성자, 중성자라는 3가지로 볼 수 있게 되었다. 이것들이 결합하여 합성입자인 원소들을 이루고 이 합성입자들이 다시 결합하여 수많은 물질을 이룬다. 이렇게 물질들을 3개의 기본입자와 2단계의 계층 구조(3개의 층위)로 이루어진 것으로 봄으로써 '계층 구조로 된 물질'이라는 관점을 잘 유지할 수 있게 되었다.

하지만 기본입자가 셋뿐인 이 '대단히 만족스러운 상태'[36]는 오래가지 않았다. 우주에서 지구로 쏟아지는 우주선宇宙線 연구와 입자가속기의 충돌실험 연구에서 양성자, 중성자, 전자로 환원되지 않는 새로운 입자들이 많이 발견되었기 때문이다. 가령 1935년에 파이온, 1947년 케이온, 1950년 델타 중입자, 1951년 람다 중입자 등이 발견되었다.

이런 입자들을 양성자, 중성자, 전자와 함께 모두 기본입자로 보기에는 그 수가 너무 많아졌다. 그래서 이런 입자들을 구성하는 더 하위의 기본입자가 있을 것이라는 견해가 등장했다. 이에 맞서 이 모두를 그대로 기본입자로 인정하자는 입장도 등장하였다.[37] 대신 '기본입자의 수는 몇 개에 불과할 것'이라는 생각을 포기하면 된다는 것이다.

3단계 계층 구조

전자, 양성자, 중성자로 환원되지 않은 입자들을 모두 기본입자로 보기에는 그 수가 너무 많다는 문제는 다시 한 단계 더 깊은 계층 구조가 발견되어 해결의 단초를 얻게 되었다. 기본입자인 줄 알았던 양성자는 위쿼크 2개, 아래쿼크 1개로 중성자는 위쿼크 1개, 아래쿼크 2개로 구성되었음이 밝혀졌다. 이제 양성자와 중성자는 합성입자로 위상이 바뀌고 대신 전자와 함께 위쿼크와 아래쿼크가 기본입자가 되었다.

그런데 이것들과 같은 층위에 있는 새로운 기본입자들이 계속 더 발견되었다. 먼저 쿼크에 맵시쿼크, 야릇한 쿼크, 꼭대기쿼크, 바닥쿼크가 더 있어 쿼크가 총 6종임이 밝혀졌다. 전자와 질량만 다를 뿐 다른 특성은 유사한 뮤온과 타우온도 확인되었다. 또 이 각각에 대응하는 전자 중성미자, 뮤온 중성미자, 타우 중성미자 3종도 기본입자로 추가되었다.

이 12종의 기본입자는 물질 구성과 관련된 기본입자이다. 이와 달리 힘을 매개하는 기본입자로 전자기력을 매개하는 광자, 강력을 매

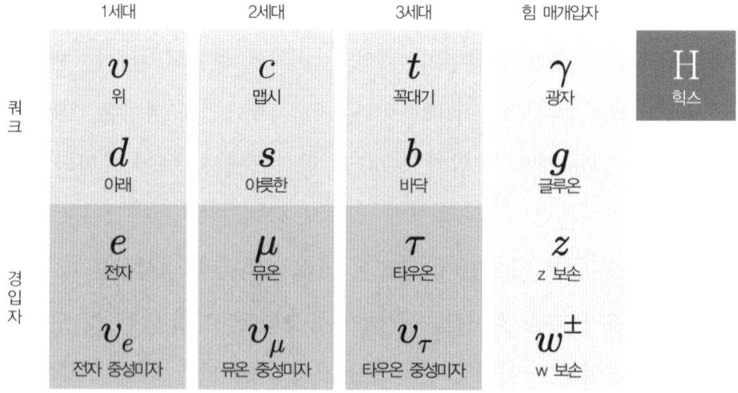

[그림 2-3] **입자물리학 표준모형의 기본입자들**

개하는 글루온, 약력을 매개하는 W 보손과 Z 보손 4종이 확인되었다. 여기에 힉스입자가 더해진다. 이 17종이 현재 입자물리학 표준모형에서 기본입자로 인정하는 것들이다.

그런데 기본입자의 반입자^{反粒子, antiparticle}들도 있다. 반입자는 어떤 입자에 대하여 질량과 맛깔, 스핀이 같고 전하만 반대인 입자이다. 모든 입자는 그 반입자를 가진다. 예를 들어 전자의 반입자는 양전자, 양성자의 반입자는 반양성자이다. 광자처럼 전기적으로 중성인 입자는 그 스스로가 반입자가 된다.[38] 기본입자들 중 물질 구성 기본입자 12개는 자기 자신이 아닌 반입자를 갖는다. 이 12개의 반입자도 더 이상 하위 입자로 구성되지 않았다는 점에서 원칙적으로 기본입자에 추가할 수 있다. 그러면 기본입자의 수는 총 29개가 된다.

기본입자의 수가 이렇게 많아지면 그것들이 결합하여 만들어 낼 수 있는 합성입자의 수도 급증한다. 우주선이나 가속기에서 발견한 새 입자들 중에는 뮤온이나 중성미자와 같은 기본입자도 있었지만 많은 수가 이런 합성입자임이 밝혀졌다. 양성자와 중성자처럼 쿼크 3개가 결합한 합성입자를 중입자(바리온)라고 하는데 델타, 람다, 시그마, 크사이, 오메가로 종류가 분류되는 많은 중입자들이 발견되었다. 2020년 현재 발견된 중입자의 개수는 약 180개이다.[39]

중간자(메손)는 쿼크 한 개와 반쿼크 한 개로 이루어진 합성입자이다. 예를 들어 파이온은 위쿼크와 반위쿼크, 또는 아래쿼크와 반아래쿼크로 이루어진 중간자임이 밝혀졌다. 이 외에 케이온, 로중간자, 에타중간자, 쿼코늄 등의 중간자가 발견되었다. 현재까지 발견되거나 예견된 중간자는 약 140개에 달한다.[40]

2개나 3개가 아닌 더 많은 수의 쿼크나 반쿼크가 결합된 입자도 있을 것이다. 테트라쿼크는 두 개의 쿼크와 두 개의 반쿼크가 묶인 총 4개의

기본입자로 이루어진 합성입자이다. 오래전부터 예견되었다가 2013
년에 그 존재가 확인되었다.[41] 펜타쿼크는 5개의 쿼크가 결합된 것으
로 역시 오래전 예견되었으며 2015년에 발견되었다.[42]

쿼크 이외의 기본입자가 결합된 것으로는 별난 원자exotic atom가 있
다. 원자핵에 전자가 결합된 보통 원자와 달리 뮤온이 결합된 뮤온 원
자나 타우온이 결합된 타우온 원자가 여기에 속한다. 전자 대신 강입
자가 결합된 강입자 원자나 중간자가 결합된 중간자 원자도 있다.[43]
오늄onium은 입자와 그 반입자가 결합된 것이다. 가장 간단한 오늄인
포지트로늄은 전자와 양전자가 같이 돌고 있다.[44] 뮤오늄은 반뮤온과
전자로 이루어진 입자이다. 뮤오늄의 원자기호는 Mu로 이 합성입자
가 더 나아가 염화뮤오늄MuCl이나 뮤오늄화 나트륨NaMu 따위의 분자
를 이룰 수 있음이 밝혀졌다.[45] 이처럼 생소한 합성입자들이 많이 존
재한다는 것은 물질세계가 우리의 짐작보다 훨씬 복잡하고 다채로울
것임을 알게 해 준다.

더 많은 계층 구조의 가능성

물질을 3단계의 계층 구조로 보는 것도 다시 기본입자의 수가 너무
많다는 문제에 봉착한다. 반입자를 제외해도 기본입자의 수가 17종에
달한다. 더욱이 이것을 좀 더 세분해야 한다는 주장도 있다. 가령 6개
의 쿼크는 엄격히 따지면 실제로는 36종이라는 것이다. 기본입자의
수가 이렇게 많다면 다시금 한 단계 더 깊은 계층 구조가 있을 가능
성을 고려해야 한다. 실제로 현재 기본입자로 간주되는 쿼크 등은 더
하위에 있는 앞선입자(프레온preon)가 결합된 것이라고 주장하는 사람
들이 있다. 그들에 따르면 이제 앞선입자를 기본입자로 보아야 하는
데 그 개수는 모델에 따라 2개에서 6개까지 달리 제시된다.

이런 견해가 옳다면 물질은 3단계가 아닌 4단계의 계층 구조를 갖되 기본입자의 개수는 2~6개로 적어진다. 그래서 '몇 개의 기본요소가 계층 구조로 결합된 물질'이라는 관점에 잘 부합한다. 반면 현재의 입자물리학 표준모형처럼 물질이 3단계 계층 구조를 갖고 있다면 기본입자의 개수는 많아진다. 그래서 앞의 관점은 '수십 개 이상의 기본 요소가 계층 구조로 결합된 물질'로 수정되어야 한다.

 이 중 어느 입장이 옳은지는 지금으로서는 알 수 없다. 자연이 단순하고 깔끔하길 바라는 사람이라면 계층 구조가 한 단계 더 있는 것을 선호하겠지만 실제로는 그렇지 않을 수도 있다. 분명한 것은 어느 입장이 옳든 우주에 존재할 수 있는 물질의 종류는 현재 우주에서 흔히 볼 수 있는 물질의 종류보다 훨씬 많을 것이라는 점이다. 현재 우주에 있는 보통물질들은 '전자, 중성자, 양성자'라는 3개의 입자와 2단계의 계층 구조만 있으면 대부분 만들어 낼 수 있다. 1단계로 이 3요소가 결합하여 118종 원소의 원자들을 만들면 2단계로 이 118종 원자들이 결합하여 수천만 종을 훌쩍 넘어서는 물질 종류를 만들어 낸다. 그런데도 실제로는 최소한 한 단계 이상의 계층 구조가 더 있고 기본입자의 수도 3개보다 훨씬 많을 수 있다는 점이 확인되었다. 이 나머지 계층 구조와 기본입자들도 모두 사용한다면 만들어 낼 수 있는 물질의 종류는 기하급수적으로 늘어날 것이다.

 이미 현재도 기본입자들로 양성자, 중성자, 원자와는 전혀 다른 합성입자들을 많이 만들어 낼 수 있다는 것이 확인되었다. 앞에서 본 델타, 람다 등의 180개 중입자, 파이온, 케이온 등의 140개 중간자, 타우온 원자, 뮤오늄 같은 별난 원자들이 그것이다. 이런 합성입자들 외에 아직 확인되지 않은 합성입자들이 많을 것이다. 그리고 이 새로운 종류의 합성입자들이 다시 결합하여 만들어 낼 수 있는 물질의 종류가 얼마나 많고 그것들이 어떤 특성을 보일지는 짐작도 하기 힘들다.

현재 우리 우주에서는 양성자, 중성자와 같은 층위에 있는 다른 합성입자들은 만들어지자마자 금방 붕괴되어 버린다. 따라서 이런 합성입자들이 결합하여 만드는 물질도 존재하기 힘들다. 하지만 이런 물질들은 과거의 우주나 미래의 우주에서는, 또는 다른 우주에서는 주된 물질의 역할을 할지도 모른다. 이런 낯선 물질로 이루어진 세상은 지금 우리가 보는 세상과는 많이 다를 것이다. 이렇게 물질의 가능한 종류가 매우 많은 만큼 우주는 넘쳐나는 가능성을 가졌다고 볼 수 있다.

▌파동·입자 이중성과 양자 터널 현상

물질을 이루는 입자들은 종류가 많을 뿐 아니라 양자역학이 밝힌 대로 운동 방식이 기묘하다. 주목할 것은 이 기묘함 역시 물질의 가능성을 크게 높여 준다는 것이다. 가령 이중 슬릿 실험이 보여 주듯이 전자는 때로는 입자처럼, 때로는 파동처럼 행동한다. 만약 전자의 행동 방식이 이렇게 기묘하지 않고 거시적 물체와 같이 어느 한 방식으로만 운동하면 어떻게 될까? 전자가 입자로만 운동한다면 슬릿(틈새)에 감지 장치를 달든 달지 않든 스크린에는 두 줄 형태의 무늬만 나타날 것이다. 이와 달리 전자가 파동으로만 운동한다면 슬릿에 감지 장치를 달든 달지 않든 스크린에는 간섭무늬만 나타날 것이다. 이것은 전자의 '능력'이 실제보다 크게 떨어지게 된다는 것을 의미한다. 스크린에 두 가지 무늬를 나타나게 할 수 있었던 전자가 이제 한 가지 모습만을 보일 수 있기 때문이다. 전자의 이 능력 저하는 우리에게 매우 심각한 결과를 초래한다. 전자의 이중성이 사라지면 전자는 원자핵 주변에 안정적으로 위치할 수 없을 것이며 공유결합으로 원자와 원자를 묶어 분자를 이루지도 못할 것이다. 그래서 우리가 보고 있는 것과 같은 거시 세계는 더 이상 존재하지 못할 것이다.

전자 같은 입자가 보이는 기묘함의 또 하나의 예로 '양자 터널 효과'가 있다. 고전 역학에 따르면 입자는 자신이 갖는 에너지보다 준위가 높은 에너지 장벽을 절대 넘을 수 없다. 하지만 실제로는 에너지가 충분하지 않은 입자가 장벽을 통과하는 경우가 있는데 이것이 터널 효과이다. 양자역학에 따르면 입자가 관측될 위치는 확률로 정해진다. 그런데 아주 작긴 하지만 에너지 장벽 너머에도 입자가 발견될 확률이 존재한다. 이런 특성이 양자 터널 효과를 발생시킨다.[46] 또는 입자가 아주 가끔씩 에너지를 빌려 장벽을 통과한 이후 짧은 시간 내에 다시 되돌려 주는 현상으로 이 효과를 설명하기도 한다.[47]

우리의 상식적 사고로는 잘 이해되지 않는 이런 양자 터널 효과를 입자가 보인다는 것은 그만큼 입자가 이루어 낼 수 있는 현상의 폭이 넓다는 것을 의미한다. 양자 터널 효과로 전자는 3미터짜리 철벽을 통과할 수 있다. 태양을 빛나게 만드는 핵융합 반응도 양자 터널 효과로 가능하다. 핵융합 반응이 일어나려면 수소원자들 사이의 간격이 충분히 가까워져야 하는데 양자 터널 효과가 일어나지 않는다면 양성자들이 서로 간의 전기적 반발력 때문에 결코 가까워질 수 없기 때문이다.[48]

양자 터널 효과에서 보듯이 입자가 고전물리학의 결정론적 방식이 아니라 양자역학의 확률적 방식으로 움직인다는 것은 일반적으로 입자의 가능성을 높인다. 입자가 결정론적으로 움직인다면 같은 조건에서는 늘 같은 현상만을 발생시키지만 확률적으로 움직인다면 같은 조건이어도 다양한 현상을 발생시킬 수 있다. 비유하자면 입자들의 확률적 운동 방식의 결과는 축구 경기 결과와 비슷하다. 축구 경기에서는 대개 강팀이 약팀을 이기지만 아주 가끔씩은 최약팀이 최강팀을 이기기도 한다. 이런 이변이 축구 경기를 보는 재미를 더하듯이 입자들의 확률적 운동 방식도 우주를 더 풍성하게 만든다.

이상에서 보았듯이 물질 입자의 계층 구조와 양자역학적 움직임으로 인해 물질은 매우 큰 가능성을 가진, 탁월한 것이 된다. 그러니 물질들이 이루고 있는 우주 역시 탁월한 것이 된다. 과학자와 기술자는 앞으로도 자기의 상대가 만만해질까 봐 걱정할 필요가 없다. 오히려 막 바이엘을 뗀 아이가 명품 그랜드 피아노 앞에 앉아 있는 것이 오늘날의 과학기술의 모습과 가까울 것이다.

05 드러난 우주의 초월성

현대에 들어서 과학의 발전으로 우주에 대한 인류의 지식은 폭발적으로 증가했다. 현대과학이 밝힌 바에 따르면 우주는 거대하고 극단적으로 다양하며 기묘하고 탁월하다. 이런 특성들을 한 번에 아우를 수 있는 말은 무엇일까? 근대에는 우주가 공허했다. 근대의 우주는 거대한 텅 빈 공간에 물질로 이루어진 천체들이 흩어져 맹목적이고 기계적인 운동을 계속하는 곳이다. 이런 우주는 끝없이 펼쳐진 사막처럼 가도 가도 똑같은 모습으로 연상된다. 놀랄 만하거나 중요한 어떤 것도 찾을 수 없으니 그 우주는 공허하다고 할 만하다.

근대인들이 우주를 이렇게 어디나 똑같은 황량한 모습으로 상상했던 것에는 물질에 대한 특정한 관점이 전제되어 있다. 신플라톤학파 등이 주장한 유출설에 따르면 물질은 신으로부터 가장 멀어진 존재이다. 완전하고 선한 신이 넘쳐흘러 단계적으로 여러 존재들을 만들어내는데 점점 신성을 잃고 가장 낮은 단계까지 추락했을 때 나온 것이 물질이다. 이런 관점의 영향을 받아 근대에는 물질을 당구공처럼 운동하는 단순하고 수동적인 존재로 보았다.

하지만 현대의 상대성 이론과 양자역학은 물질이 매우 역동적이고 기묘하며 탁월한 가능성을 가진 존재임을 드러냈다. 물질을 이루는 입자들은 단순하고 수동적이라기보다는 복잡하고 끊임없이 운동하는 존재이다. 이런 물질이 끝없이 흩어져 있는 우주는 더 이상 어디를 가든 똑같은 모습이 아니다. 우주는 핵융합 반응을 하는 항성에서부터 무한대의 밀도를 가진 블랙홀까지 지구에서는 불가능한 규모와 특성을 가진 다양한 자연현상이 발생하는 곳이다. 보이저 호가 태양계 행성들을 차례차례 스쳐가며 고해상도 사진을 보내올 때마다 지구의 과학자들은 놀라고 환호했다는 프로그램을 본 기억이 있다. 행성들이 모두 비슷비슷한 모습일 것이라고 짐작했던 것과는 달리 하나하나가 고유한 색깔과 형태를 가져 예상하지 못한 모습을 드러냈기 때문이다. 우주의 반지름이 지구 둘레만 하다고 했을 때, 아직 모래 한 알도 벗어나지 못한 인간이 상상할 수 없는 다양한 물리현상들이 그 너머의 거대한 공간 속에 펼쳐져 있을 것이다.

물질은 또한 잘 조직되면 생명체나 컴퓨터와 같이 고차원의 기능을 발휘할 수 있다. 이것은 물질이 본래 기묘하고 탁월한 가능성을 갖고 있기 때문이다. 따라서 이런 물질이 끝없이 흩어진 우주의 다른 곳에서도 고도로 조직화된 물질 형태가 나타날 가능성이 충분히 있다. 그 형태는 생명체나 컴퓨터와 비슷할 수도 있고 아주 다를 수도 있다.

그러니 우리는 근대인들처럼 우주를 어디로 가든 똑같은 모습의 황량한 곳이라고 생각할 수 없다. 지구에서보다 턱없이 크고 훨씬 다양한 자연현상들이 발생하는 곳, 기묘하고 탁월한 물질이 어떤 고도로 복잡한 존재를 빚어 놓았을지 모르는 우주를 '공허하다'라고 말하는 것은 적절하지 않다. 이것은 디즈니랜드 입구에 선 아이가 지겨울 것으로 지레짐작하고 심드렁해하는 것과 다를 바 없다.

거대하고 극단적으로 다양하며 기묘하고 탁월한 우주를 아우르는 말로 완전히 적합하지는 않겠지만 그중 적절한 것을 고르면 '초월적'이 될 것이다. '초월적'의 사전적 의미는 '어떤 제한을 뛰어넘거나 경험과 인식의 범위를 벗어나는'이다.[49] 현대과학이 밝힌 우주는 인류가 흔히 짐작해 온 크기나 다양성, 가능성의 정도를 훌쩍 뛰어넘는다. 그런 점에서 '어떤 제한을 뛰어넘어 초월적'이라고 할 만하다. 우주는 그 드러난 모습으로 판단할 때 '초월적 우주'인 것이다.

3장

우주의 가려진 모습

현대과학은 우주가 매우 거대하고 다양하며 기묘하고 탁월하여 초월
적인 것임을 보여 주었다. 그런데 현대과학을 통해 알 수 있는 우주에
대한 또 다른 중요한 점이 있다. 그것은 인류가 우주에 대해 잘못 알
고 있거나 모르고 있는 부분이 매우 크다는 것이다. 이런 가려진 부분
들까지 고려해야 우주의 전체적인 모습을 정확하게 파악할 수 있다.
우주에 대해 잘못 알고 있는 것과 아예 모르고 있는 것이 무엇인지
각각 살펴보자.

01 우리 우주에 대한 착각

▍천구착시

착각은 실제와는 다르게 외부 세계를 지각하는 것이다. 착시는 그중
시각적인 착각 현상으로, 가령 물에 넣은 막대기가 휘어 보이는 것이
다. 흔히 착시는 드물고 예외적이라고 생각하나 실제로는 우리가 하
늘을 올려다볼 때마다 일어난다. 우주에 대해 우리는 늘 착시를 범하
고 있다.

밤하늘의 별들을 맨눈이나 망원경으로 바라볼 때는 먼저 시간 차이가 무시된다. 우주의 별들은 지금 동시에 존재하는 것처럼 우리 눈에 보인다. 하지만 우리가 보는 것은 1광년 이상 떨어진 거리에 있는 1년 전의 별, 2광년 이상 떨어진 거리의 2년 전 별 … n광년 이상 떨어진 거리의 n년 전 별들이다. 이것은 우주의 팽창과 제한된 빛의 속도 때문이다. 1광년 이상 떨어진 별의 1년 전 빛이 지금 내 눈에 도달하고 2광년 이상 떨어진 별의 2년 전 빛이 지금 도달한 것이다. 그런데도 우리는 지금 빛이 도착하여 지금 보이는 것은 지금 그렇게 존재한다고 착각한다.

우리가 어떤 사물의 실제 모습이라고 생각하는 것은 그것을 이루는 모든 부분들이 동일한 시간대에 있는 모습이다. 가령 한 사람의 경우 그 사람의 어릴 때 모습, 젊을 때 모습, 늙을 때 모습이 있다고 생각한다. 이런 기준으로 본다면 우리가 눈으로 보는 우주는 우주의 실제 모습이라 할 수 없다. 눈으로 보는 우주는 사람으로 따지면 어렸을 때, 젊었을 때, 늙을 때의 모습이 뒤죽박죽으로 섞여 있는 것과 같기 때문이다.

눈으로 바라보는 우주에서는 시간뿐만 아니라 거리 차이 또한 무시

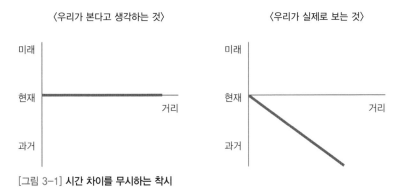

[그림 3-1] **시간 차이를 무시하는 착시**

된다. 해, 달, 별은 우리와의 거리 차이가 매우 큰데 모두 같은 거리에 있는 것처럼 우리 눈은 지각한다. 이런 착시를 잘 보여 주는 것이 '천구' 개념이다. 천체들 모두가 같은 거리에 있는 거대한 구에 붙어 있다고 생각한 것이다. 가령 아리스토텔레스는 평평한 땅 위를 거대한 유리 반구가 뒤덮고 있으며, 그 구에 촘촘하게 해와 달과 별이 박혀 있다고 생각했다.

그러면 우리의 맨눈은 어느 정도나 떨어져 있는 위치에 천구가 있다고 착각할까. 천구의 천체들 중 가장 가까운 것은 달인데 달까지의 거리는 약 38만 4400km이다. 우리 눈은 천구가 이보다 훨씬 가까이 있는 것으로 느낀다.

구름에 달 가듯이 가는 나그네 _박목월 《나그네》
열치매 나타난 달이 흰 구름 좇아 떠가는 것 아닌가? _향가 《찬기파랑가》

이 시구들에 나타나듯이 우리 눈에는 구름과 달이 같은 높이에 떠 있는 것으로 보인다. 그런데 구름 중에서 가장 높은 새털구름도 상공 10~12km쯤에 펼쳐져 있다. 그러니 우리 눈은 천구를 이 정도밖에 떨어져 있지 않은 것으로 지각한다고 말할 수도 있다.

사람이 맨눈으로 볼 수 있는 것 중 가장 멀리 떨어져 있는 것은 안드로메다 성운이다. 안드로메다는 지구로부터 약 260만 광년 떨어져 있는데[1] 우리 눈은 이 성운 역시 달과 같은 천구상에 있는 것으로 본다. 이렇게 우리 눈은 384,400km~24,598,080,000,000,000,000km[2]의 거리에 있는 여러 천체들이 서로 불과 수 킬로미터 떨어져 있어 거의 같은 거리에 있는 것으로 착각한다.

천체들까지의 거리에 대한 이런 착각은 그 크기에 대한 착각으로 이어진다. 땅 위에서 우리의 눈은 어떤 물체의 겉보기 크기와 그 물체까지의 거리를 지각하여 그 실제 크기를 파악한다. 그런데 우주의 천체들에 대해서는 거리 차이를 지각하지 못한다. 그래서 겉보기 크기가 같으면 실제 크기도 같다고 지각한다. 예를 들어 태양과 달의 실제 크기는 [그림 3-2]처럼 큰 차이가 있지만 우리 눈은 [그림 3-3]의 일월도 그림과 같이 같은 크기로 지각한다.

맨눈으로 우주를 볼 때 일어나는 이런 착시들을 종합하여 '천구착시'라고 해 보자. 천구착시는 다른 시간대와 다른 거리에 있는 천체들을 동시에 같은 거리에 있는 것으로 착각하는 것이며 천체들의 크기와 밝기의 차이도 실제와는 다르게 지각하는 것이다. 이런 천구착시 때문에 우리는 우주를 바라보더라도 그 실제 모습을 보지 못한다.

천구착시의 또 다른 문제점은 우주의 장엄함을 제대로 느끼지 못하게 한다는 점이다. 물론 지금도 우리는 우주를 바라보면서 깊은 장엄함을 느끼고는 한다. 사막이나 극지방에서 쏟아지는 듯한 별들과 마주한 사람들은 우주의 장엄함에 감명을 받는다. 하지만 그러한 때에도 사람들이 우주의 장엄함을 제대로 느꼈다고 보기는 힘들다.

[그림 3-2] **해와 달의 실제 크기 차이**

[그림 3-3] **일월도**

우리는 압도하는 듯한 거대한 크기나 높이, 깊이를 지각할 때 장엄함을 느낀다. 실제 크기와 높이, 거리가 대단해도 그것을 제대로 지각하지 못한다면 같은 느낌을 받을 수 없다. 가령 개미의 눈은 히말라야의 장엄함을 느끼지 못할 텐데 우주에 관한 한 우리도 개미와 다를 바 없다. 우리는 마치 상공 수 킬로미터에 지구를 둘러 싼 스크린이 있어 천체들이 여기에 비친 것을 실제 거기에 있는 것으로 착각을 한다. 따라서 우리가 우주를 보고 느끼는 장엄함의 정도는 수 킬로미터 떨어진 물체를 볼 때 느끼는 장엄함의 정도를 크게 벗어나지 않는다.

만약 우리가 천구 스크린에 비친 것이 아닌 실제의 크기와 거리로 천체들을 지각하고 느낄 수 있다고 해 보자. 그러면 달까지의 거리는 수 킬로미터가 아닌 38만 4000km 떨어진 것으로, 희미하게 보이는 안드로메다 성운도 24,598,080,000,000,000,000km 떨어진 것으로 지각하게 될 것이다. 이렇게 지각을 할 때 밤하늘에서 느낄 장엄함은 지금 느끼는 장엄함과는 근본적으로 다를 것이다. 이것은 히말라야가 8km 대 높이로 일으키는 장엄함의 느낌을 떠올려 보면 어느 정도 짐작할 수 있다.

우주를 있는 그대로 볼 수 있을 때의 느낌을 짐작하기 위해 특이한 시각을 가진 사람을 상상해 보자. 이 사람은 10m 거리까지는 정상적으로 본다. 그런데 그보다 더 떨어진 것들은 100m가 떨어졌든 1000m가 떨어졌든 모두 10m의 같은 거리에 있는 것으로 지각한다. 그렇게 바라보며 평생을 살아온 그가 어느 날 갑자기 우리처럼 거리를 지각할 수 있게 된다면 어떨까. 우리가 천구착시를 극복하고 더 먼 거리를 지각하게 되었을 때의 상황이 그와 비슷할 것이다. 그러니 우리가 지금의 눈과 신체로 우주를 바라볼 때 느끼는 장엄함의 정도로 우주를 평가하면 안 된다. 우주는 우리가 느끼는 것보다 훨씬 더 장엄하다.

❙ 텅 빈 우주 공간이라는 착각

오늘날 많은 사람들에게 우주의 인상을 결정짓는 것은 캄캄한 텅 빈 공간이다. 우주에는 수많은 항성, 행성, 위성 들이 있지만 이 천체들을 둘러싼 빈 공간이 훨씬 크다는 것을 알기 때문이다. 실제로 과학은 우주에서 빈 공간의 비율이 압도적으로 크다는 점을 밝혔다. 천체들은 서로 매우 멀리 떨어져 있는데 당장 우리 태양계를 보아도 그렇다. 해왕성을 포함하는 거대한 구로 태양계를 감싼다고 할 때, 태양과 행성, 위성을 모두를 합쳐도 구 전체 부피의 1조분의 1 남짓일 뿐이다.[3] 항성계와 항성계, 은하와 은하 사이는 더 크게 비어 있다. 그리고 수많은 은하들이 실 형태로 모여 있는 은하 필라멘트 사이에는 훨씬 더 큰 거시공동인 '보이드^{void}'가 놓여 있다.

이런 공간들을 모두 고려할 때 천체가 있는 곳은 우주에서 전형적인 장소라고 할 수 없다. 우주의 어느 한 곳을 무작위로 찍었을 때 그곳이 운 좋게 행성 바로 위나 근처일 확률은 10^{-33}에 불과하다. 대신 우주에서 일반적인 곳이라 할 만한 장소는 "저 광대하고 냉랭하고 어디로 가나 텅 비어 있으며 끝없는 밤으로 채워진 은하 사이의 공간"이다.[4]

이런 사실은 실제 우주의 축척 지도는 없고 개념도만 있는 것에서도 확인할 수 있다. 정확히 축척을 지켜 우주 지도를 만들면 천체들은 너무 작아 지도에 나타낼 수 없다. 몇 개의 천체가 있는 공간 정도만 담으려 해도 우주 축척 지도에는 빈 공간만이 나타날 것이다.

그런데 과학은 다른 점도 밝혔다. 텅 빈 것처럼 보이는 공간도 실제는 그렇지 않은 경우가 많다는 것이다. 지구 표면에서 가까운 허공은 텅 빈 것 같지만 질소 78%, 산소 21%, 아르곤 0.93% 등으로 구성된 공기로 가득 차 있다. 덕분에 우리는 숨을 쉬고 생명을 유지한다. 그런 처지에 눈에 보이는 것이 없다고 해서 대기권이 '텅 비어 있다'라고 말할 수는 없다.

지표에서 높이 약 1000km까지인 대기권을 지나 멀리 100여 광년까지의 우주 공간은 인간이 의도적으로 쏜 전파들로 가득하다. 무선통신, 방송 등을 위해 발사한 이 전파들은 음악이나 영상, 텍스트 정보들을 가득 담고 있다. 그것들은 정보 중에서도 전파 가치가 있다고 사람들이 특별히 고른 것이다. 가령 FM 방송이 틀어 준 아름다운 노래의 전파가 흐르는 우주 공간을 '텅 비었다'라고 말하기는 어렵다.

물론 우주에는 더 빈 곳도 있다. 행성과 행성 사이에는 $1m^3$에 1000만 개의 원자가, 별들 사이에는 100만 개의 원자가 있다. 은하와 은하 사이에는 1개 정도의 원자만 있다. 거시공동의 원자 수는 더 적을 것이다. 인간이 쏜 전파도 아직 닿지 않은 이런 공간은 정말 텅 비었다고 말할 수 있지 않을까.

하지만 은하들 사이든, 거시공동이든 우주의 모든 공간을 채우고 있는 것이 있다. 바로 빅뱅 38만 년 후에 우주의 모든 곳에서 방출된 우주배경복사이다. 당시 우주는 온도가 3000K로 내려가면서 플라즈마 상태로 우주를 채우고 있던 원자핵과 전자가 비로소 원자로 결합하게 된다. 이때 자유로워진 빛이 사방으로 나아갔는데 그 후 약 138억 년이 지나는 동안 우주 팽창으로 파장이 길어져 마이크로파 형태가 되어 오늘날의 우주를 균일하게 채우고 있다. 이 오래 묵은 우주배경복사를 고려한다면 우주의 어느 한 공간도 텅 빈 것이 아니다.

하지만 이 우주배경복사는 온도가 2.725K로, 섭씨로는 -270℃에 불과하다. 이런 극도로 희박한 '열기'를 들어 우주가 텅 비지 않았다고 말하는 것은 지나쳐 보일 수도 있다. 그런데 과학은 $1m^3$당 1개의 원자와 이 우주배경복사의 '열기'마저 다 사라져도 우주를 채우고 있는 것이 또 있음을 밝혔다. 거의 완벽히 진공인 공간에서도 수시로 입자와 반입자가 동시에 생성되었다가 순식간에 사라지길 반복한다는 것이다. 이것을 양자요동 현상이라 한다.

양자역학의 불확정성 원리에 따르면 공간에서 에너지 변화량과 시간 변화량의 곱은 항상 일정한 값 이상이어야 한다. 그러려면 공간의 에너지는 0이 될 수 없으며 관측 시간이 짧아질수록 큰 폭의 변동을 나타내야 한다. 그래서 미시적인 우주 공간에서는 짧은 시간 동안 에너지의 생성과 소멸이 끊임없이 반복된다. 그런데 특수 상대성 이론에 의하면 에너지와 질량은 동일하고 이 동일성은 양자적 수준에서는 더 직접적으로 드러난다. 미시적 공간에서는 에너지의 수시 변동이 수시로 입자가 생성되고 소멸하는 현상으로 나타나는 것이다. 우주의 깜깜한 빈 공간은 미시적으로 볼 때 이렇게 명멸하는 입자들과 그에 따른 전자기장, 강력, 약력의 요동으로 가득 찬 '혼돈과 광란의 도가니'이다.[5] 중력장 역시 정신없이 물결치는데 중력은 시공간의 곡률로 표현되므로 시공간 역시 요동치고 있다.

근대 이전의 인류는 우주의 광활한 공간에 대해 공허감을 느끼지 않았다. 그 공간은 텅 빈 것이 아니라 에테르나 신령스런 기운 같은 것으로 가득 차 있다고 생각하였기 때문이다. 하지만 근대에 들어서면 그 공간은 아무것도 찾을 수 없는 텅 빈 곳이 된다. 거기서 느끼는 막막함을 파스칼은 "무한한 공간의 영원한 침묵에 나는 전율한다"라고 토로한 바 있다.

하지만 현대과학은 다시 그 공간을 가득 채우고 있는 입자와 반입자의 '광란의 춤'[6]을 발견하였다. 그것을 볼 때 우주 대부분의 모습을 깜깜한 텅 빈 공간으로 생각하는 것은 착각일 수 있다.

02 우리 우주에 대한 무지

┃ 우주의 구성비

원자로 이루어져 우리의 감각 대상이 되는 세상 만물, 표준모형에 나와 있지만 원자와 무관한 기본 입자들, 열이나 위치에너지 등 질량과 등가인 에너지 등을 모두 합쳐 보통물질이라고 해 보자. 인류는 얼마 전까지만 해도 보통물질이 우주의 시공간에 존재하는 모든 것이라고 생각하였다. 그래서 저명한 물리학자 리처드 파인만은 지구 문명이 모조리 파괴되었을 때, 후세를 위해서 딱 한 마디만 남길 수 있다면 "모든 것은 원자로 이루어져 있다"라는 말을 남기겠다고 했다. 하지만 이후 우주가 이 보통물질 이외에 암흑물질과 암흑에너지로도 이루어져 있다는 주장이 대두하였다.

오늘날에는 대부분의 우주과학자들이 우주가 이 세 가지로 구성되어 있다고 믿는다. 그런데 우주 전체 에너지 중에서 이 셋이 차지하는 비율에 대해 과학책이나 과학기사들이 제시하고 있는 것은 제각각이다.

우주의 구성비는 우주과학에서 가장 기초가 되는 요소일 텐데 이렇게 차이가 나는 것은 놀랍고 의아한 일이다. 이런 차이는 그 사이에 우주의 구성비가 변화해서 그런 것은 아니다. 장구한 시간을 두고 보면 우주의 구성비는 변화한다. 우주 초기에는 암흑물질의 비율이 훨씬 컸으나 시간이 지날수록 암흑에너지가 압도해 간다.[7] 하지만 우주 구성비가 수시로 짧은 시간에 변화하지는 않으며 수백 년이나 수천 년 동안에는 일정하다.

그런데도 제시된 값이 차이 나게 된 원인은 근본적으로 측정의 어려움 때문일 것이다. 가령 빛의 속도를 알려면 한 줄기 빛의 속도만 잘 측정하면 된다. 반면 우주의 구성비를 알려면 우주 전체를 모두 세세하게 살펴야 한다. 이렇게 측정이 어려운 만큼 더 정확한 측정을 위한 노력이 계속되고, 그런 과정에서 여러 측정값이 나오게 된다. 여기에 인용 과정상의 실수 등이 더해진 경우도 있다.

과학자들은 우주 구성비의 정확한 측정을 위해 관측 장비를 개선해왔다. 미국항공우주국^{NASA}은 1989년 우주배경복사 관측 위성인 COBE 위성을 쏘아 올렸고, 2001년에는 WMAP 위성을 발사했다. 유럽우주국^{ESA}은 2009년에 더 향상된 플랑크 위성을 발사했다. 또한 과학자들은 이 위성들로 관측 데이터를 더 많이 축적하여 더 정확한 결론에 이르려 하였다.

이렇게 관측의 차이에 따라 우주의 구성비가 달리 파악되므로 우주의 구성비를 알려는 사람은 가장 믿을 만한 최신의 관측 자료를 찾아야 한다. WMAP 위성이 측정한 우주 구성비로는 관측의 3년 차 결과, 보통물질, 암흑물질, 암흑에너지 순으로 4%, 22%, 74%의 구성비가 발표되었고,[8] 5년 차 결과로 4.6%, 23%, 72%가,[9] 9년 차 결과로는 4.6%, 24%, 71.4% 제시되었다.[10] 그리고 플랑크 위성의 측정값으로는 2013년 4.9%, 26.8%, 68.3%가 발표되었다.[11] 이 중 WMAP 위성의 측정값 중에는 가장 많은 데이터에 기반한 9년 차 측정값이 가장 정확할 것이다. 그리고 이 측정값보다도 관측 성능이 크게 향상된 플랑크 위성의 측정값이 더 정확할 것이다. 그 값인 4.9%, 26.8%, 68.3%가 필자가 찾을 수 있었던 것 중에서는 가장 정확한 우주의 구성비이다.[12]

같은 음식이라도 재료의 비율이 달라지면 맛이 크게 차이난다. 우주 구성비도 조그마한 차이로 우주의 모습에 큰 차이를 가져올 수 있다. 단 현재의 과학으로는 구성비의 작은 차이가 우주의 구체적인 모습을 어떻게 달리 만드는지 파악하기 힘들다. 그렇더라도 우주의 구성비를 최대한 정확하게 아는 것은 과학의 소임에서 보면 당연하다. 다만 일반인이라면 우주 구성비와 관련된 이런 사정들을 알고 있는 한 그 구성비가 보통물질 5%, 암흑물질 25%, 암흑에너지 70% 정도라고 알고 있어도 무방할 것이다.

▌암흑물질

물질은 중력을 갖는다. 그런데 전자기파로 관측한 우주의 물질량은 우주에서 확인된 중력효과에 비해 훨씬 작다. 예를 들어 전자기파를 통해 관측한 만큼의 물질만 은하에 있다면 은하 중심을 공전하는 별들은 그것들을 묶어 둘 중력이 부족하여 은하를 벗어나게 될 것이다. 은하단에도 관측되는 물질만 존재한다면 묶여 있던 은하들이 은하단을 벗어나 뿔뿔이 흩어질 것이다. 하지만 그런 일은 벌어지지 않는다. 그 이유를 설명하려면 우주에 더 많은 중력이 작용한다고 보아야 하는데 이 추가적인 중력의 원천을 '암흑물질'이라고 부른다.

암흑물질$^{dark\ matter}$의 '암흑^{dark}'은 '빛을 방출하지 않음'의 뜻 이외에 '모름'의 뜻도 있다. '캄캄하게 몰랐다'고 표현할 때의 그 '캄캄함'이다. 그러니 암흑물질은 우리들이 아직 모르는 물질이다. 암흑물질과 암흑에너지는 20세기 우주론의 놀라운 발견 중 하나로 간주된다. 하지만 그 정체를 모른다는 것은 과학자들에게는 아킬레스건과도 같다.[13] 2000년 미국 《사이언스》는 21세기 과학이 풀어야 할 난제 중 첫 번째로 '우주는 무엇으로 이루어졌는가'를 꼽았다. 2012년 힉스 입자를 발견한 유럽입자물리연구소^{CERN}도 다음 연구 목표를 암흑물질의 정체를 밝히는 것으로 삼았다.[14]

하지만 우리가 아는 대상이라고 해서 다 아는 것은 아니듯이 모르는 대상이라고 다 모르는 것은 아니다. 더군다나 암흑물질에 대해서 과학은 지금까지 상당한 탐구 활동을 해 왔다. 암흑물질에 대해 현재 아는 것과 모르는 것을 잘 구분해 둘 필요가 있다. 그래야 앞으로의 탐구도 더 효과적으로 해 나갈 수 있을 것이다.

실재 여부

어떤 대상에 대한 앎 중에서 가장 기본이 되는 것은 '그것이 실제로 존재하는가'에 대한 앎일 것이다. 대개 이런 물음의 답은 금방 알 수 있지만 암흑물질의 경우에는 논란이 되었다. 전자기파를 통해 관측한 보통물질만으로도 우주의 중력이 모두 설명되니 암흑물질은 필요 없다는 이론이 제시되었기 때문이다. 이 이론에 따르면 매우 먼 거리의 질량 사이에서는 만유인력이 뉴턴 이론과는 다르게 작용한다. 따라서 그에 맞게 뉴턴 이론을 수정하면 중력효과를 설명하기 위해 암흑물질은 가정할 필요가 없게 된다는 것이다. 이런 이론을 '수정뉴턴역학'이라고 한다. 가령 1983년 모르드하이 밀그롬은 은하 외곽에서는 힘이 가속도가 아닌 가속도의 제곱에 비례하도록 뉴턴 법칙을 수정하였다. 그러면 전자기파로 관측한 보통물질만으로도 별을 은하에 묶어 두기에 충분한 중력이 나온다는 것이다.

그러나 수정뉴턴역학은 곧 한계를 드러내었다. 수정뉴턴역학에 따르면 중력 렌즈 현상은 보통물질이 있는 우주 공간에서만 발생할 수 있다. 하지만 실제로는 보통물질이 관측되지 않는 곳에서도 이 현상이 발견된다. 또한 최근에는 뉴턴역학을 수정 없이 적용해야만 그 안의 별들의 운동이 잘 설명되는, 암흑물질 없는 은하도 발견되었다. 이런 반례들이 있으므로 현재 대부분의 과학자들은 수정뉴턴역학 이론

을 거부하고 암흑물질이 실제로 존재한다고 인정한다.[15]

암흑물질이 실제로 있다면 그 정체를 규명해야 한다. '암흑물질은 무엇인가'라는 물음에 대한 답변을 크게 세 부류로 구분할 수 있을 것이다. 첫째는 암흑물질을 '드러나지 않은 보통물질'([그림 3-4] A)이라고 보는 입장이다. 둘째는 암흑물질을 '보통물질은 아니지만 표준모형에서 이론적으로 예측되는 것'([그림 3-4]의 B)으로 보는 입장이다. 셋째는 암흑물질을 '표준모형에 속하지도, 표준모형으로 예측되지도 않는 것'([그림 3-4]의 C)으로 보는 입장이다.

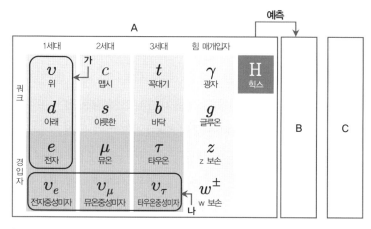

[그림 3-4] **암흑물질 정체에 대한 가정**

표준모형 내의 물질

암흑물질을 드러나지 않은 보통물질로 보는 첫째 견해는 이 보통물질을 구체적으로 무엇으로 보는가에 따라 다시 입장이 나뉜다.

먼저 암흑물질의 정체를 마초^{MACHO}로 보는 견해가 있다. '마초'는 '무거운 고밀도 헤일로 천체$^{Massive\ Compact\ Halo\ Object}$'의 줄임말이다. 헤일로는 은하를 넓게 공 모양으로 둘러싼 영역으로 은하의 암흑물질은 헤일로에 많이 분포한다. 마초 역시 헤일로에 많이 분포하는 어두운 천체들로 행성, 갈색왜성, 백색왜성, 중성자별, 블랙홀 등이 여기에 속한다. 이런 천체들은 우리가 흔히 보는 물질들처럼 전자, 양성자, 중성자로 이루어져 있다. 이 중 전자는 기본 입자이고, 양성자, 중성자는 합성입자로 위쿼크와 아래쿼크로 구성된다. 이 기본입자들은 '[그림 3-4] A의 가'에 해당한다.

핵반응으로 빛을 발하는 항성들과는 달리 마초는 빛을 잘 발생시키지도 반사하지도 않는다. 그래서 그 존재가 잘 관측되지 않아 우주의 중력 원천을 계산할 때 빠졌다는 것이다. 이렇게 마초가 바로 암흑물질이라는 주장의 타당성을 검증하기 위해 천문학자들은 대규모의 마초 프로젝트로 마초를 탐색했다. 하지만 이렇게 찾아낸 마초의 총질량은 우주의 중력효과를 설명하기 위해 필요한 암흑물질의 질량에 비하면 몇십 분의 일밖에 되지 않는다. 이런 결과로 마초는 암흑물질의 후보에서 제외되었다.[16]

암흑물질을 드러나지 않은 보통물질로 보는 견해 중 또 하나는 암흑물질의 정체를 중성미자로 보는 것이다. 중성미자는 표준모형의 기본입자로 3종이 있다. '[그림 3-4] A의 나'로 표시한 것이다. 중성미자는 전기적으로 중성이며 약력과 중력에만 반응하여 거의 모든 물질을 다 통과해 버린다. 거의 빛의 속도에 가깝게 날아다니며[17] 우주의 모든 원자에 들어 있는 쿼크와 전자를 다 합친 것보다도 개수가 더 많다.[18]

중성미자는 처음에는 꽤 유망한 암흑물질 후보처럼 보였다. 전기를 띠지 않고 다른 물질과 매우 약하게 상호작용하기 때문이다. 또한 그 수가 많은 만큼 어느 정도의 질량만 있다면 암흑물질의 질량을 충족시킬 것이라는 기대도 있었다. 하지만 이런 기대는 중성미자의 질량이 알려지며 허물어졌다. 중성미자의 질량은 양성자 질량의 10억 분의 1 정도거나 그보다 작아[19] 다 합쳐도 총질량이 암흑물질의 1/15 이하에 불과하다.[20] 더구나 중성미자의 속도는 너무 빨라 지금과 같은 우주구조의 형성을 잘 설명하지 못한다. 이런 한계들이 밝혀지면서 중성미자가 암흑물질일 것이라는 주장도 힘을 잃게 되었다.

표준모형에서 예측되는 물질

현재의 표준모형 입자 중에는 처음에는 이론적으로 예측만 되었다가 나중에 관측된 것들이 있다. 중성미자와 힉스 입자가 대표적이다. 이런 입자들은 과거에 그 당시 표준모형에 근거해 이론적으로 예측은 되지만 관측은 되지 않아 표준모형의 구성원으로 공식 인정을 받지 못했다. 그러다 관측되어 존재가 증명되었을 때 비로소 표준모형의 일원으로 편입되었고 표준모형도 확대되었다.

지금도 현재의 표준모형에서 이론적으로 예측은 되는데 발견은 안 된 입자들이 있다. 어떤 과학자들은 암흑물질이 바로 그런 입자일 것([그림 3-4]의 B에 위치)이라고 주장한다. 그들은 그 입자를 구체적으로 무엇으로 생각하는가에 따라 다시 입장이 나뉜다. 각 입장에서는 자신들이 생각하는 입자를 실제 관측하기 위해 많은 관측과 실험을 행하고 있다. 그런 입자를 실제 발견하게 되면 표준모형을 확대, 발전시키고 암흑물질의 정체에도 성큼 다가갈 수 있게 된다.

그런 입자로 가장 많은 기대를 모았던 것은 윔프[WIMP]이다. '윔프'는 '약하게 상호작용하는 무거운 입자[Weakly Interacting Massive Particles]'라는 뜻이다. 이런 특성을 가진 입자는 암흑물질로 안성맞춤일 것이다. 그런데 그런 입자가 표준모형이 예측하는 초대칭 입자 중에 있다는 것이 윔프 이론이다.

초대칭은 표준모형이 갖고 있는 '자연스러움 문제(계층문제)'를 해결하기 위해 도입되었다. 이 문제는 기본입자들의 실제 질량이 이론적으로 자연스럽게 예측되는 값보다 지나치게 작다는 점을 의문시한다. 그런데 초대칭 원리에 따르면 모든 입자는 스핀이 1/2만큼 다른 초대칭짝을 가진다([그림 3-5]).

이 초대칭짝 입자들은 상당히 무거운 질량을 가지고 있어서 자연스러움 문제를 해결해 준다. 웜프 이론은 이런 입자들이 암흑물질의 정체일 것이라고 보았는데 그중에서도 초중성입자(뉴트랄리노^{neutralino})가 물리학자들의 기대를 모았다.[21]

웜프 이론은 지난 수십 년 동안 물리학계와 천체 물리학계에서 암흑물질에 관한 지배적 패러다임이었다.[22] 그래서 대부분의 지하 실험이나 가속기, 우주선 실험들은 초중성 입자와 같은 웜프 암흑물질의 검출에 초점을 두고 진행되어 왔다.[23] 하지만 최고 성능의 대형강입자충돌기^{LHC}에서 예상과는 달리 초대칭 입자가 검출되지 않고 있는 등[24]

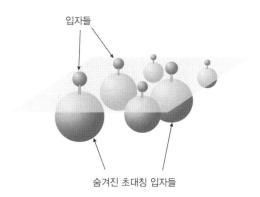

입자들

숨겨진 초대칭 입자들

[그림 3-5] **초대칭 입자**

윔프의 근본이 되는 초대칭 이론이 위협받고 있다. 이제 초대칭 이론이 옳기를 간절히 바란다는 학자가 "아무래도 지는 게임에 내기를 건 것 같다"라고 회의감을 드러내고 있다.[25] 윔프에 대한 실험 증거가 계속 나타나지 않아 한 마디로 현재는 "윔프 패러다임이 굉장히 약해지고 있는 상황"이다.[26]

표준 모형에서 예측되는 물질 중 암흑물질의 정체일 것이라고 기대되는 것에는 윔프 대신 액시온과 비활성 중성미자도 있다. 이 중 액시온은 '강한 상호작용의 CP문제'가 풀리도록 표준모형에서 예측한 입자이다. 액시온은 전하는 없으면서 질량이 엄청나게 크기 때문에 암흑물질의 강력한 후보로 거론된다. 액시온 역시 그 존재를 확인하려는 관측과 실험이 있어 왔다. 윔프에 비하면 액시온은 현재 그 검증이 상당할 정도로 진행되었다고 보기 힘들다. 하지만 액시온이 암흑물질일 것이라는 기대나 그 존재를 확인하려는 열의는 윔프 때에 비하면 상대적으로 덜한 것으로 보인다.

비활성 중성미자는 표준모형에 있는 전자·타우·뮤온 중성미자 이외에 새롭게 존재할 것이라고 예측된 중성미자이다. 이 중성미자는 다른 중성미자와 달리 약력에도 포착되지 않고 반응성이 약하면서 질량은 다른 중성미자들보다 훨씬 무거울 것으로 추정되어 암흑물질 후보로 떠올랐다. 지금까지의 실험은 기존에 비활성 중성미자가 존재할 것으로 기대했던 영역에서 그것을 발견하지 못했다.[27] 그만큼 비활성 중성미자가 발견될 것으로 기대할 수 있는 영역은 작아졌다. 이것은 비활성 중성미자가 암흑물질의 정체로 판명될 가능성도 낮아졌음을 의미한다.

표준모형 밖의 물질

암흑물질은 수정뉴턴이론의 주장과는 달리 실제로 존재한다. 하지만 마초나 중성미자처럼 표준모형 내에 있다고 보기 어렵다. 표준모형에서 이론적으로 예측되는 입자인지도 불분명하다. 가장 기대를 모았던 윔프는 상당한 노력에도 발견되지 않았다. 액시온과 비활성 중성미자는 탐색 중인데 지금까지 검출되지 않고 있다. 이런 점을 볼 때 암흑물질이 표준모형 내에 있지도 않고 그로부터 예측될 수도 없는 물질일 가능성([그림 3-4] C에 속할 가능성)이 커졌다. 정말 그렇다면 암흑물질의 정체를 밝히기 위해서는 표준모형을 넘어서는 새로운 물리학 이론이 등장해야 한다.

이것은 결코 쉽지 않을 것이다. 표준모형은 20세기에 들어서 인류가 성취한 물리학의 주요성과들을 집약한 '인류 지성사의 금자탑'이라는 평가를 듣는다.[28] 입자의 행동과 상호작용, 원자 형성 원리에서 태양의 연소 과정까지 모든 것을 설명하고 '우리가 지금까지 생각해 낼 수 있었던 실험들의 결과를 모두 예측해 내는 역사상 가장 성공적인 과학 이론'이라는 평가도 있다.[29] 몇 가지 단점이 있긴 하지만 표준모형은 당분간 이론물리학의 정설로 남아 있을 것이다.[30]

표준모형이 성공적인 만큼 이것을 넘어서는 이론을 만들기는 쉽지 않다. 그만큼 표준모형 너머에 있을 가능성이 큰 암흑물질의 정체 역시 밝히기 쉽지 않다. 암흑물질에 대한 그동안의 많은 탐구가 알아낸 핵심은 바로 이것이라 할 수 있다. '알기 어렵다'는 것이 암흑물질에 대해 우리가 아는 것이다.

▍암흑에너지

암흑에너지와 진공에너지

대다수의 우주과학자들에 따르면 우주는 가속 팽창하고 있다.[31] 이로부터 우주에는 그 가속의 원인인 암흑에너지가 존재할 것이라고 추론되었다. 암흑에너지의 정체에 대해서는 여러 견해들이 있지만 진공에너지일 것이라는 주장이 가장 큰 지지를 받고 있다. 진공은 순간적으로 생성되고 소멸하는 가상입자들로 가득 차 있는데 그것들의 에너지가 바로 진공에너지이다.

진공에너지가 정말 암흑에너지의 정체일까? 이것을 검증하는 한 방법은 암흑에너지 값(평균밀도)과 진공에너지의 값(평균밀도)을 각각 따로 구해서 그 수치가 일치하는지 보는 것이다. 두 에너지가 동일하다면 그 값들 역시 일치해야 한다.

암흑에너지의 값은 우주 관측을 통해 구할 수 있다. 관측으로 우주의 가속 팽창 속도를 알아내고 그로부터 암흑에너지의 필요량을 계산해 낼 수 있다. 또한 우주는 곡률이 0에 가까운 평탄한 우주로 관측되므로 그렇게 만드는 데 필요한 암흑에너지의 값을 계산할 수 있다. 실제로 우주과학자들이 서로 다른 시대의 우주 팽창 속도를 측정해서 우주의 가속 팽창에 필요한 암흑에너지를 계산해 보니 $1cm^3$당 10^{-8}에르그라는 결과가 나왔다.[32]

이 암흑에너지의 값은 관측에 근거하므로 관측값이다. 이에 대해 진공에너지의 값은 양자론에 입각해 이론적으로 계산해 낸 이론값이다. 진공에서는 전자, 양전자, 광자, 쿼크, 중성미자, 중력자 등등 수많은 가상입자들이 출몰했다 사라진다. 진공에너지는 이 모든 가상 입자들이 가진 에너지의 총합으로 구한다.[33] 그렇게 구해진 값은 $1cm^3$당

10^{112}에르그이다.[34]

　구해진 값을 비교해 보면 암흑에너지는 $1cm^3$당 10^{-8}에르그이고, 진공에너지는 10^{112}에르그이어서 일치하지 않는다. 차이가 나도 엄청나게 큰 차이가 난다. 진공에너지는 암흑에너지보다 10^{120}배 크고 암흑에너지는 진공에너지의 10^{-120}배에 불과하다.

　10^{120}배 차이는 어느 정도의 차이일까. 부피로 이 차이를 짐작해 보자. 암흑에너지 값을 부피 $1cm^3$의 구로 나타내면 진공에너지 값의 부피는 $10^{120}cm^3$가 된다. 우주 전체의 부피가 $3.57 \times 10^{86} cm^3$이므로[35] $10^{120}cm^3$의 부피는 우리 우주보다 대략 2.8×10^{33}배 크다. 암흑에너지의 관측값이 부피 $1cm^3$로 웬만한 구슬보다 작다고 했을 때 진공에너지의 이론값은 우리 우주보다 28×10^{32}의 배수만큼 큰 부피의 구가 된다. 그 차이는 가히 "물리학 역사상 최악"[36]이라 할 만하다.

불일치 해결 방법

각각 구한 암흑에너지의 관측값과 진공에너지의 이론값이 이렇게 크게 차이 나므로 암흑에너지의 정체를 진공에너지로 보는 것이 과연 옳은가라는 의문이 들 수밖에 없다. 우주과학자들 역시 이 큰 불일치를 '우주상수 문제'라 부르며[37] 해결해야 할 중대 문제로 인식하고 있다. 가능한 해결 방안을 생각해 보자.

① 두 에너지의 동일성 부정

먼저 암흑에너지의 정체가 진공에너지라는 관점 자체를 포기하는 방법이 있다. 두 에너지 값의 엄청난 차이를 보면 동일성을 당장 부정해야 마땅해 보인다. 하지만 이렇게 포기하려면 대안이 되는 이론이 있어야 한다. 암흑에너지의 정체를 진공에너지가 아닌 다른 것으로 보는 이론들에는 크게 세 가지가 있다.

첫 번째로, 우주의 가속 팽창부터 부정함으로써 그 원인이 되는 암흑에너지의 존재 필요성을 부정하는 이론들이 있다. 가령 1a형 초신성의 광도진화 효과를 인정하면 우주가 가속 팽창한다고 볼 수 없다는 이론이 그러하다.

애초에 우주의 가속 팽창에 대한 주장은 절대밝기가 일정하여 천문학의 표준촛불로 간주된 1a형 초신성들의 겉보기 밝기를 측정하여 그 거리를 추정한 것에 근거했다. 그런데 그 밝기가 실은 과거에는 어둡고 지금은 더 밝을 수도 있다는 광도진화 효과를 인정하면, 더 오래된 초신성의 겉보기 밝기가 이후 형성된 초신성에 비해 어두운 것은 더 먼 거리뿐 아니라 광도진화의 영향도 받는다. 그래서 이 영향까지 고려하면 더 오래된 초신성까지의 거리 추정치는 줄어들고 이 추정치에 근거해서는 우주의 가속 팽창을 주장할 수 없게 된다는 것이다.

두 번째로, 우주의 가속 팽창은 인정하되 암흑에너지가 그 원인은 아니라는 이론들이 있다. 가령 중력법칙을 '중력은 멀리 전해질수록 일반 상대성 이론의 예측보다 작아진다.'라고 수정하면 암흑에너지 없이도 우주의 가속 팽창 현상이 설명된다는 이론이 그러하다. 어떤 먼 거리의 은하가 더 빨리 멀어지는 것은 그때부터 암흑에너지가 밀치기 때문이 아니라 중력이 그 은하를 끌어당기는 정도가 먼 거리에서 더 약해졌기 때문이라는 것이다.

세 번째로, 가속 팽창 현상과 그 원인이 암흑에너지임을 인정하되 암흑에너지의 정체를 진공에너지가 아닌 다른 것으로 보는 이론들도 있다. 암흑에너지를 인플라톤과 비슷한 미지의 원소로 보는 '제5원소 모델'이 대표적이다. 초기 우주의 급팽창을 일으키고 사라진 인플라톤처럼 지금의 우주 가속 팽창의 원인도 진공에너지가 아니라 인플라톤과 비슷하게 척력을 행사하는 미지의 원소라는 것이다.

이런 경쟁 이론들이 있음에도 많은 우주과학자들은 '암흑에너지는 진공에너지'라는 견해를 여전히 선호한다. '여러 정황 증거로 볼 때 암흑 에너지는 진공에너지일 가능성이 크다'[38]거나 '여러 가지 면에서 진공에너지가 암흑에너지의 완벽한 후보'[39]라고 평가한다. 이 두 에너지는 부피가 늘어나는 것에 비례해서 에너지도 늘어나는 것과 같은 중요한 공통점이 있기 때문이다.

반면 경쟁 이론들은 이런 장점은 분명하게 갖고 있지 못하면서 고유한 취약점들은 갖고 있다. '지구는 우주에서 결코 특별하지 않다'는 원리에 어긋나거나 확고하게 정립되어 있는 일반 상대성 이론의 수정을 요구하는 것 등이 그러하다. 이런 점을 고려할 때 우주과학자들이 두 에너지 값의 매우 큰 불일치라는 난점에도 불구하고 암흑에너지의 정체를 진공에너지로 보는 입장을 고수하는 것이 불합리하다고 할 수는 없다. 하지만 대안 이론들 역시 아직 충분히 개발되고 검토되지 않았다. 따라서 이 대안들 중에서 정말 옳다고 판명되는 이론이 나올 가능성 역시 배제할 수는 없다.

② 암흑에너지의 관측값 수정

암흑에너지와 진공에너지 값의 큰 불일치 문제에 대해 두 값이 실제로는 일치한다는 것을 보이는 방법도 있다. 그 방법 중 하나는 암흑에너지의 관측값을 수정하여 진공에너지의 이론값과 일치시키는 것이다.[40] 이렇게 수정하면 암흑에너지의 크기는 지금보다 10^{120}배 커진다. 그러면 지금 우주는 우주 탄생 직후의 급팽창(인플레이션) 때와 비교해도 그보다 10^{20}배 정도 더 빠르게 팽창하고 있어야 한다. 암흑에너지의 현재 관측값으로 따졌을 때의 우주 팽창 가속률이 급팽창 때의 가속률보다 100자릿수 정도 작다[41]는 점을 볼 때 이렇게 계산할 수 있다. 하지만 아무리 관측을 해도 우주가 이렇게 빠른 속도로 팽창한다고 볼 증거는 발견되지 않고 있다.

더욱이 우주의 팽창 속도가 이렇게 빠르다면 우주의 모든 것은 빅뱅 후 1초도 안 되어 산산이 흩어져 별과 행성이나 우리 인간은 절대로 형성되지 못했을 것이다.[42] 하지만 현재 별과 행성도 관측되고 나의 존재도 관찰된다. 이로부터 암흑에너지의 실제 값이 진공에너지의 이론값만큼 클 리는 없다는 결론이 나온다. 그러므로 암흑에너지의 관측값을 수정하여 진공에너지의 이론값과 일치시키는 방법은 옳다고 보기 힘들다.

③ 진공에너지의 이론값 수정

두 에너지 값의 불일치를 해결하는 또 다른 방법은 진공에너지의 이론값을 수정하여 암흑에너지의 관측값과 일치시키는 것이다. 이런 수정은 진공에너지 이론값의 구성 요소 중에서 서로 상쇄되는 것들을 찾아 지워 나가는 방법으로 행할 수 있다. 그리고 이런 상쇄는 진공에너지 이론값을 도출할 때 기반이 된 이론을 수정해 나감으로써 가능하다. 하지만 그 기반이 된 이론은 '우리가 가진 최상의 입자 이론'[43]이란 평가를 듣고 있다. 그 이론은 가령 '가상입자의 효과를 고려한 원자의 에너지 준위'와 같은 다른 문제에서는 물리학 역사상 가장 정확한 계산을 가능하게 하는 것으로 인정받는다.[44] 이런 이론이므로 그 잘못을 찾아내어 수정한다는 것은 결코 쉬운 일이 아니다. 그만큼 진공에너지의 이론값을 상쇄하여 줄여 나가는 일도 쉬운 일이 아니다.

더욱이 이때 상쇄하여 줄여 나가야 할 크기가 막대하다. 현재 알려진 진공에너지 값을 10^{120}분의 1 크기로 줄여야 한다. 즉 "120자리에 달하는 괴물 같은 값을 상쇄시키고 121번째 자리에서 0이 아닌 어떤 값을 얻어내야" 한다. 이것은 극도의 정교함이 없이는 불가능한 일이다. 물리학 역사상 이렇게 큰 숫자들이 상쇄되면서 아주 작은 값이 남은 사례는 단 한 번도 없었다[45]는 것에서도 이 일의 어려움을 짐작할 수 있다. 이것은 낙타가 바늘구멍을 통과하는 일과는 비교가 안 된다. 그러니 진공에너지의 이론값을 수정하자는 이론도 설득력이 떨어지는 것은 마찬가지이다.

이상에서 암흑에너지의 정체를 진공에너지로 보는 입장이든 이것을 부정하는 입장이든 큰 난점을 갖고 있다는 것을 알 수 있다. 그렇다면 우리는 현재 암흑에너지의 정체에 대해 거의 아는 바가 없다고 말하는 것이 타당하다. 그리고 그 난점의 크기를 볼 때 앞으로도 그 정체를 증명하는 일이 결코 쉽지 않을 것임을 짐작할 수 있다. 어떤 길을 모색하든 '우주보다 2.8×10^{33}배 큰 부피의 구를 1cm^3의 구로 줄이는 것'과 같은 정도의 어려움을 넘어서야 한다.

03 다중우주에 대한 무지

▌다중우주의 존재 여부

옛날 사람들이 맨눈으로 볼 수 있는 공간만을 우주로 알았던 데 비해 오늘날에는 장비로 관측 가능한 공간 전체를 우주로 간주한다. 관측은 빛이 도달할 때 가능하다. 따라서 관측 가능한 우주는 '구형의 영역으로 그곳에서 출발한 빛이 빅뱅 이후의 시간 내에 우리에게 닿을 수 있는 공간'[46]으로 규정할 수 있다. 이 관측 가능한 우주를 '우리 우주'라고 해 보자.

사람들은 오랫동안 우리 우주가 존재하는 유일한 우주라고 생각해 왔다. 다중우주론은 이에 대해 우리 우주 이외에 다른 우주들도 존재한다고 주장한다. 다중우주론은 불과 몇십 년 전에 등장해서 지금은 우주과학자들의 많은 동의를 얻고 있다. 상대성 이론, 양자역학, 우주론, 통일장이론, 전산물리학 등 그동안 물리학을 크게 발전시켰던 기본이론들은 한결같이 다양한 다중우주를 예견하고 있다.[47] 이제 다중우주를 외면하기가 인정하기보다 더 어렵게 되었다.[48] "우리 우주가 훨씬 더 큰 거대우주에 파묻혀 있다는 사실은 거의 의심의 여지가 없어" 보인다.[49]

　하지만 다중우주는 직접 관측된 적이 없으며 앞으로도 관측되기 힘들 것이다. 이것은 다중우주가 반증 불가능하다는 것을 의미하는 것이므로 다중우주론을 하나의 과학 이론으로 받아들일 수 없다는 과학자들도 있다.[50] "다중우주를 용인하는 사람은 과학의 숭고한 이상, 무엇보다도 실험을 통한 검증 가능성의 요구를 접어 두어야만 한다"[51]는 것이다.

　이에 반해 테그마크 같은 과학자들은 다중우주가 반증 가능하다고 본다. 다중우주는 급팽창이론과 같은 특정 이론에서 예측된 것이다. 그 특정 이론은 다중우주 외에 다른 여러 물리현상들도 예측한다. 만약 그 예측된 것들 중에서 실험과 관찰로 반박 가능한 것이 있다면 그 특정 이론은 반증 가능한 것이 된다. 그리고 그 이론이 반증 가능한 것이라면 그로부터 예측된 다중우주 역시 반증 가능한 것으로 볼 수 있다. 오늘날 여러 다중우주론은 바로 이런 방식으로 반증 가능하다는 것이다.[52]

　이런 논리는 반박하기 쉽지 않다. 설혹 다중우주론을 과학의 범주 안에 포함시키길 거부하는 과학자조차 '다중우주가 존재한다'는 주장이 '다중우주는 존재하지 않는다'는 주장보다 오늘날의 여러 과학 이론들에 더 잘 부합할 수 있다는 점을 부인하기 힘들 것이다. 그들 간의 의견 차이는 다중우주의 존재 여부보다는 어떤 종류의 다중우주가 존재하는가에 놓여 있는 것으로 보인다. 따라서 순수 학문 활동으로서 과학을 하려는 것이 아니라 우주관과 세계관의 토대 마련을 위해 과학의 성과들에 주목하는 입장에서는 특히, 다중우주의 존재 가능성을 인정하는 것이 큰 무리는 아닐 것이다. 그러면 우리가 그려 볼 수 있는 전체 우주의 모습은, 우리 우주를 수많은 다중우주가 둘러싸고 있는 형상이 될 것이다.

▌다중우주의 모습에 대한 기존 시각

그렇다면 다중우주가 존재한다면 어떤 모습일까? 이 물음은 우주에 대한 아주 기본적인 물음인데도 인류의 지식이 상당히 축적된 오늘날에야 비로소 떠올릴 수 있게 되었다. 이 물음에 대한 본격적인 논의는 아직 시작되지 않았다. 현재까지는 우주과학자들이 '미세조정' 개념과 관련지어 막연하게 그 모습을 그려 본 정도이다.

미세조정이란 우리 우주의 물리상수들이 생명체의 존재를 가능하게 하는 좁은 범위로 고도로 미세하게 맞춰져 있다는 것이다. 예를 들어 우리 우주의 암흑에너지 밀도는 이론적으로는 $-10^{97} kg/m^3 \sim 10^{97} kg/m^3$ 사이의 값 중 어느 것도 될 수 있었다. 실제 관측된 값은 이 중에서 $(1.16 \pm 0.07) \times 10^{-123}$인데[53] 이 밀도가 10^{120}분의 1만 달라졌어도 생명이 발생하지 못했을 것이다. 이렇게 우리 우주의 암흑에너지 밀도는 생명을 향해 자릿수 120개가 넘는 정확도로 맞추어져 있다.[54]

많은 과학자들이 이런 미세조정을 우리 우주와 다른 우주 간의 핵심적 차이로 본다. 대부분의 다중우주들은 생명을 향해 미세조정되어 있지 않다.[55] 우리 우주를 포함한 아주 낮은 비율의 우주만이 생명체가 존재할 수 있는 조건을 가진다. 생명이 없다면 이에 기초한 의식, 문화, 문명의 발생도 불가능하다. 그러니 이런 기준에서 볼 때 대부분의 다중우주들은 우리 우주보다 못하며, 잘해야 우리 우주와 비슷한 소수의 우주들이 있을 뿐이라는 것이다.

▍다중우주의 종류

많은 우주과학자들처럼 다른 다중우주를 '미세조정이 안 되어 생명이 존재하기 힘든 곳'으로 우선 규정하는 것이 옳을까. 이 점을 판단하기 위해서는 우주의 물리적 상태를 결정하는 요소가 무엇인지부터 살필 필요가 있다. 물리적 상태는 화학적 상태나 생물학적 상태 등 자연의 다른 상위 상태들의 기반이 되기 때문이다.

물리적 상태는 물리법칙, 물리상수, 초기조건이라는 세 요소가 결정한다.[56] 이 중 물리법칙은 맥스웰의 전자기파 법칙, 슈뢰딩거의 파동방정식 같은 것으로 주로 수학방정식으로 표현된다. 물리상수는 이런 법칙들에 들어가 있는 상수로, 중력상수, 전자기상수 등이 있다. 초기조건은 어떤 기준 시점($t = 0$)에서 물체가 놓여 있는 상태를 나타낸다. 예를 들어 아인슈타인의 '질량에너지 등가의 법칙'을 살펴보자. 이 법칙은 $E = mc^2$이라는 방정식으로 표현된다. 그중 c는 진공에서의 광속을 나타내는 물리상수로 그 값은 299,792,458m/s로 측정되었다. m은 질량을 나타내는데 기준 시점에서의 m이 50g이었다면 이 값이 초기조건이 된다.

계산을 해 보면 이 세 요소는 대개 초기조건, 물리상수, 물리법칙의 순으로 물리상태를 좌우하는 정도가 커지는 것으로 보인다. $E = mc^2$ 에서도 초기조건인 질량(m)이 변할 때보다는 물리상수인 빛의 속도 (c)가 변할 때 E가 크게 변화한다. 그리고 법칙 자체가 $E = 100m$이 나 '$E = mc^3$' 등으로 바뀌면 더욱더 큰 폭으로 E가 변화한다.

다중우주들에서는 물리상태를 좌우하는 이 세 요소의 비중 차이가 더 분명하게 드러난다. 따라서 이 세 요소를 기준으로 다중우주의 종류를 나누어 본 다음 각각의 모습을 추리해 볼 것이다. 그 과정에서 왜 세 요소의 비중 차이가 그렇게 나타나는지도 해명될 것이다.

초기조건이 다른 다중우주

수평선 밖으로도 바다는 계속된다. 마찬가지로 관측 가능한 우리 우주 밖으로도 우주가 더 펼쳐져 있을 것이다. 이 우주를 브라이언 그린 은 '누벼이은 다중우주'로, 맥스 테그마크는 '1레벨 다중우주'로 불렀다. 테그마크에 따르면 이런 다중우주가 존재한다는 것은 논란의 여지가 없다.[57] 우주가 오직 한 개라는 사람도 대개 관측 가능한 영역 너머의 우주를 인정한다. 다만 그는 우리 우주를 관측 가능한 영역 너머까지 포함하는 것으로 규정한다.

우리 우주의 크기를 한 단위로 삼는다면 관측 가능한 우리 우주 너머에는 여러 단위의 다중우주들이 들어 차 있다고 생각할 수 있다. 그 개수는 최소 100개 이상이고[58] 많으면 무한개일 수도 있다. 이 다중 우주들은 우리 우주와 연속되어 있으며 동일한 빅뱅과 급팽창 과정을 겪었다. 따라서 물리법칙과 상수가 우리 우주와 같다.

하지만 우리 우주를 보면 동일한 물리법칙과 상수의 지배를 받는데 도 은하들이 밀집한 곳도 있고 텅 빈 곳도 있다. 이렇게 다른 것은 각 부분의 초기조건의 차이 때문이다. 급팽창 과정에서 양자요동이 무작

위적으로 달리 일어나서 우리 우주의 각 부분들의 모습을 달리 만든 것이다. 이 차이가 우주의 확장과 함께 커져서 현재와 같은 거시적인 차이를 만들었다. 이런 초기조건의 차이는 우리 우주 내부에서보다 우리 우주와 그 너머의 다중우주 간에 더 클 것이다. 더 큰 양자요동이 일어날 가능성은 공간이 넓어질수록 커지기 때문이다.

우리 우주와 물리법칙과 물리상수는 같지만 초기조건이 다르다고 여겨지는 또 다른 다중우주로 '휴 에버렛'이 주장한 '분기된 다중우주'가 있다. 이것은 브라이언 그린이 '양자 다중우주'로, 맥스 테그마크는 '3레벨 다중우주'로 불렀던 것이다. 양자역학의 코펜하겐 해석에 따르면 전자 등의 입자는 관측 전에는 여러 상태로 동시에 존재하는데 관측됨과 동시에 갑자기 그중 한 상태로 붕괴된다. 하지만 왜 동시에 존재하던 여러 상태 중 어떤 한 상태로만 붕괴가 일어나는지는 잘 설명되지 않았다. 이에 대해 에버렛은 측정이 이루어지는 순간 입자가 그중 한 상태로 붕괴되는 것이 아니라 우주가 여러 개로 분기하면서 입자의 여러 상태 역시 각각의 분기된 우주에서 각각 존재하게 된다고 주장한다. 그러니 조금이라도 가능성이 있었던 일이라면 그것이 실현된 다른 우주가 반드시 존재한다는 것이다.

이런 생각은 상식과 너무 동떨어진 것이다. 일반인은 물론이고 많은 물리학자들도 이 학설을 지적인 유희 정도로 치부하였다. 하지만 테그마크가 2010년 하버드 물리학과 강연에서 양자역학의 여러 해석 중에서 어떤 해석에 제일 마음이 끌리는지 투표를 해 보았을 때 35명 중 16명의 물리학자가 에버렛의 이 해석을 지지해 1위를 차지하였다. 반면 1997년의 조사에서는 48명 중 8명이 표를 주었었다.[59] 그만큼 에버렛의 해석에 대해 지금은 상당수의 물리학자들이 동조하고 있다.

분기된 다중우주들이 정말 존재한다면 그것들은 같은 우주에서 갈라졌기 때문에 자연법칙과 물리상수가 똑같다. 하지만 분기된 다중우주들마다 측정 전 입자의 여러 중첩된 상태들 중에서 각각 다른 상태가 실현되므로 분기된 시점을 기준으로 볼 때 초기조건은 다르다고 할 수 있다. 가령 내가 교차로에서 고개를 돌려 다가오는 차를 바라보는 것과 그냥 건너는 것 중에서 고개를 돌리는 선택을 하였다고 해 보자. 에버렛에 따르면 그 선택의 순간에 내가 고개를 돌리지 않고 그냥 교차로를 건너는 다중우주 역시 분기되어 존재한다. 이때 두 우주는 자연법칙과 물리상수가 똑같다. 다만 초기조건에 있어서 '내가 고개를 돌림'과 '돌리지 않음'이라는 작은 차이를 보인다.

물리상수가 다른 다중우주

인플레이션(급팽창) 이론은 우주가 탄생 후 10^{-35}초부터 10^{-32}초의 극히 짧은 시간 동안 10^{26}배 이상 지수함수적으로 팽창했다고 본다. 인플레이션 이론은 우주의 평탄성, 등방성 등을 잘 해명해서 크게 주목을 받았다. 지금은 초기 우주에 대한 이론 중에서 급팽창 시대를 다루지 않는 것은 극히 드물 정도이다.[60] 급팽창이 구체적으로 어떻게 이루어졌는가에 대해서 아주 많은 급팽창 모델이 제시되었는데 그중 거의 모두가 영원한 급팽창론에 다다랐다.[61] 전체 우주로 보면 우리 우주가 있는 영역에서는 급팽창이 끝나고 우주가 탄생했지만 전체 우주 중에는 급팽창이 계속되는 영역도 있다. 이런 영역은 급팽창을 계속하면서 커지는데 그 일부에서 다시 급팽창이 끝나 새로운 우주들이 탄생하길 계속한다는 것이다.

이렇게 탄생한 것이 '인플레이션 다중우주'이다. 이 용어는 브라이언 그린이 사용한 것으로 테그마크는 '2레벨 다중우주'라고 부른다. 이 다중우주들은 인플레이션이 계속되는 영역을 사이에 두고 서로 분리되어 있다. 같은 인플레이션에 기원을 두고 있으므로 물리법칙은 동일하다. 하지만 인플레이션의 종결 방식에 따라 힉스장 등의 장의 값은 얼마든지 다를 수 있다. 이것은 이 우주들의 물리상수가 달라진 다는 것을 의미한다.[62]

이렇게 물리법칙은 같지만 물리상수는 다른 다중우주는 몇 개나 가능할까. 물리법칙은 방정식으로 표현되는데 방정식은 해가 여럿일 수 있다. 이 각각의 해에 대응하는 다중우주들이 각각 있다면 그 다중우주들은 물리법칙은 같지만 물리학의 유효 법칙이나 상수는 다르게 된다.[63] 예를 들어 끈이론을 만족시키는 해는 10^{500}개 이상이라 한다. 이 것은 물리법칙은 같으면서 물리상수 등이 다른 우주들이 이 수만큼 가능하다는 것을 의미한다. 그런데 영원한 인플레이션은 이런 가능한 모든 종류의 공간을 실현한다. 끈이론이 맞다면 물리법칙은 같고 상 수 등이 다른 10^{500}개 이상의 다중우주가 실제로 존재한다는 것이다. 그리고 물리상수 등이 다른 그 각각의 다중우주는 다시 물리상수 등 은 같지만 초기조건은 다른 수많은 다중우주들로 이루어져 있다.[64]

물리법칙이 다른 다중우주

물리법칙은 수학의 방정식으로 표현된다. 그런데 수학적 구조와 방정 식은 종류가 매우 많다. 이런 여러 종류의 수학적 구조와 방정식에 대 응하는 다중우주들이 각각 존재한다면 그 다중우주들은 물리법칙부 터 다를 것이다. 가령 우리 우주가 가진 수학적 대칭성이 다른 대칭성 으로 교체된다면 양자역학이 더 이상 성립하지 않는 것과 같이 근본 법칙 자체가 상이해질 수 있다. 또한 추상적인 정십이면체라는 수학 적 구조에 대응하는 다중우주라면 시간이 존재하지 않아 어떤 사건도 발생하지 않을 것이다.[65]

그런데 여러 가능한 다중우주들 중 실제 존재하는 것은 어떤 것일까? 수학적 구조와 방정식만을 들여다보아서는 그중 어떤 것이 물리적 실재를 함축하는지 알 수 없다. 가령 우리 우주의 물리법칙을 살펴보아도 그런 물리법칙을 가진 우주라면 존재해야만 한다는 이유는 찾을 수 없다. 그래서 호킹은 "방정식에 불꽃을 불어넣고 방정식이 묘사할 우주를 만든 것은 무엇인가?"라는 유명한 질문을 던진다.[66]

이유는 없는데 특정한 수학적 구조와 방정식에 대응하는 우주만 존재한다면 그것은 우연 때문이라고 말해야 할 것이다. 이에 대해 테그마크처럼 "수학적 존재와 물리적 존재는 동등하며 따라서 수학적으로 존재하는 모든 구조는 물리학적으로도 존재한다"라고 보는 입장이 있다.[67] 이런 입장에서 본다면 수학적 구조와 방정식마다 대응하는 우주가 있을 것이므로, 물리법칙이 다른 무수히 많은 다중우주들이 존재하게 된다. 테그마크는 이런 다중우주들을 '4레벨 다중우주'라고 불렀다.

▌종류별 다중우주의 모습

초기조건이 다른 다중우주의 모습

여기서 다루는 우리 우주 너머의 다중우주들은 우리 우주와 물리법칙과 상수가 같고 초기조건만 다르다. 따라서 기본적으로는 우리 우주와 비슷한 특성을 보일 것이다.[68] 그 우주들도 우리 우주처럼 "은하, 별, 그리고 행성들로 바글바글"할 것이다.[69] 그러니 각 우주마다 생명체가 발생하고 존속할 환경을 갖춘 행성이 있어 우리 우주처럼 생명이 존재할 가능성이 크다.

초기조건만 다른 이런 다중우주가 전체 다중우주 중에서 차지하는 비율은 아주 낮을 수 있으나[70] 개수로는 100개에서 무한개에 이른다. 그만큼 우리 우주 말고도 생명의 존재 가능성이 높은 다중우주가 많이 존재한다. 그러니 '다중우주의 대부분은 생명이 없는 삭막한 곳이다.'라는 말이 비율적으로는 맞을지라도 이것이 '우리 우주처럼 생명체가 사는 우주는 있어 봐야 몇 개 없다.'는 의미는 아니라는 점에 주의해야 한다.

이 초기조건만 다른 다중우주들을 생명에 적합한 정도를 기준으로 구분하여 분포도로 나타내면 무작위로 이루어진 자연현상에서의 분포가 대개 그렇듯이 [그림 3-7]과 같은 정규분포를 이룰 것이다.

우리 우주는 이 분포도에서 어디쯤 존재할까? 그 위치에 대한 별다른 단서가 없으므로 우주들이 몰려 있는 가운데 구간들에 있을 가능성이 크다고 보아야 한다. 그렇다면 우리 우주보다 오른쪽에 위치해서 생명이 더 번창한 우주도 많이 존재할 것이다. 가령 거의 모든 항성계마다 생명체가 우글거리는 우주도 있을지 모른다.

우리들이 생명을 중시하는 것은 생명 자체의 소중함 때문이기도 하지만 생명이 의식, 문화, 문명과 같은 상위 가치들의 기반이 되기 때문이다. 이 상위 가치들이 얼마나 풍성하고 높이 발전하는가로 초기조건만 다른 다중우주들을 우리 우주와 비교해 볼 수도 있다. 이때도 우

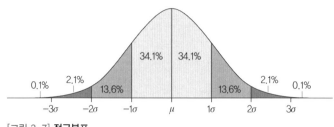

[그림 3-7] **정규분포**

리 우주는 위의 분포도에서 가운데(-1σ~1σ) 어디쯤 존재할 가능성이 크다. 생명체가 번창하는 우주일수록 더 고도의 상위 가치들이 나타날 가능성이 커지기 때문이다. 이것은 의식이나 문화, 문명에 있어서도 우리 우주보다 우월한 다중우주가 많이 있을 것이라는 점을 의미한다.

물리상수가 다른 다중우주의 모습

우주과학자들이 '우리 우주는 생명을 향해 미세조정되어 있다'라고 말할 때 주로 염두에 두는 것은 물리상수이다. 따라서 미세조정이 되지 않아 생명이 존재하기 힘든 우주로 우선 떠올리는 것도 우리 우주와 물리상수가 다른 우주이다. 물리상수 중 하나의 값만 달라도 생명이 불가능한데 그런 물리상수가 20~40개에 이른다는 것이다.

이에 대해 어떤 사람은 '하나만 달라도'가 아니라 '하나만 달라서' 생명이 불가능해지는 것이고 여러 상수들이 동시에 변한다면 오히려 생명이 탄생할 수 있다고 반박한다.[71] 이 반박은 다음과 같은 비유로 나타낼 수 있을 것이다. 한 인간이 몸무게, 근육, 골격 등은 그대로인채 키만 공룡만큼 커지면 곧 죽고 만다. 반면 키와 함께 몸무게, 근육, 골격도 적절하게 변화한다면 키가 공룡만 해져도 생명을 유지할 수 있다. 그러니 여러 개의 물리상수가 우리 우주와 다른 다중우주에서는 생명이나 의식, 문명, 문화가 발생할 수 있다는 것이다.

하지만 여러 개의 물리상수 값의 변화가 우연히 다시 생명을 탄생시킬 수 있는 값으로 모이기는 극히 어렵다. 따라서 물리상수가 20~40개에 이른다는 것은 물리상수들이 생명을 향해 미세조정된 다중우주를 그만큼 더 발견하기 힘들다는 것을 의미한다. 그렇다고 물리상수가 달라 생명이 존재할 수 없는 다중우주에 대해 '그러므로 우리 우주보다 못하다'라고 단정할 수는 없다. 우리 우주와 다른 값의 물리상수들이 작용할 때 발생할 수 있는 존재의 형태를 우리 인간은 충분히 상상하거나 추측할 수 없기 때문이다.

인간은 우리 우주 내의 물리현상에 대해서 초기조건만 조금 바뀌어도 상태가 어떻게 달라질지 잘 짐작하지 못한다. 그래서 수없이 관찰하고 실험해서 확인해야 한다. 그러니 수십 종의 물리상수들이 다양한 값으로 바뀌는 무수한 조합들에 대해 그 각각에서 무엇이 발생할지 더더욱 알 수 없다. 가령 끈이론이 옳다면 물리상수 등이 다른 10^{500}개의 다중우주가 존재할 수 있다. 그 하나하나의 우주가 갖고 있는 가능성의 종류와 크기를 우리는 거의 짐작하지 못한다.

어쩌면 물리상수들의 다른 조합은 생명체와는 다른, 우리가 상상도 못한 새로운 형태의 고차원 존재를 출현시킬 수도 있다. 우리 우주에서 경험할 수 있는 것과는 전혀 다른 새로운 가치가 창출되는 우주도 있을 것이다. 그런 우주들은 그 새로운 가치를 기준으로 본다면 분명 우리 우주보다 우수하다. 따라서 생명이나 그에 기반한 익숙한 가치들만을 기준으로 해서, 그것들을 향해 미세조정되어 있지 않다고 다른 물리상수를 가진 다중우주들을 평가 절하하는 것은 타당하지 못하다. 이것은 마치 고양이가 '생쥐가 사는가'만을 기준으로 집들을 평가하는 것과 비슷하다. 수많은 책과 예술품으로 가득 찬 집인데도 생쥐가 보이지 않는다고 '별것 없는 집'으로 평가하는 고양이가 있다면 우리는 그 고양이에게 동의하기 힘들 것이다.

물리법칙이 다른 다중우주의 모습

우리 우주와 초기조건이나 물리상수가 다른 다중우주들에 비할 때 물리법칙이 다른 다중우주는 그 존재를 뒷받침할 만한 이론적 근거가 부족하다고 평가받는다. 하지만 만약 그런 다중우주가 존재한다면 우리 우주와의 차이는 가장 클 것이다. 다중우주들은 먼저 같은 수학적 구조를 가진 것들로 종류를 나눌 수 있다. 같은 수학적 구조를 가진 다중우주들은 다시 물리상수가 같은 것들로 나눌 수 있다. 그리고 같은 물리상수를 갖는 다중우주들에서는 초기조건의 차이를 발견할 수 있다.[72] 이런 위계구조 때문에 다중우주는 초기조건보다는 물리상수, 물리상수보다는 물리법칙의 차이가 그 물리적 상태를 더 크게 변화시킨다.

물리상수가 다른 다중우주만 해도 그 모습을 우리는 예측하기 힘들었다. 그래서 그런 다중우주에 전혀 다른 형태의 고차원적 존재나 가치가 있을 가능성도 부정하기 힘들었다. 이런 사정이 물리법칙이 다른 다중우주에서는 더욱 증폭된다. 용은 낙타의 얼굴, 사슴의 뿔, 토끼의 눈을 합성하여 상상한 동물이다. 물리상수가 다른 다중우주를 이와 같이 실재하는 동물의 여러 부분을 합성한 동물에 비유한다면 물리법칙이 다른 다중우주는 실재하는 동물의 부분들을 합성한 것이 아니어서 상상도 할 수 없는 동물이라고 할 수 있다.

이상을 볼 때 '다중우주는 고작해야 우리 우주와 비슷하고 대부분은 못하다'라고 보는 시각은 설득력에 한계가 있다. 생명과 그에 기반한 가치에서도 우리 우주보다 우월한 우주가 많이 있을 수 있고 또 그런 기준만으로는 평가할 수 없는 우주도 있다. 다중우주는 그 하나하나가 우주이다. 익숙한 우리 우주에서도 끝없이 놀라운 것을 발견하고 있는 만큼 그 하나하나의 우주에서도 그럴 수 있을 것이다.

대부분 사막이고 아주 드물게 우리 우주처럼 생명이 사는 오아시스 우주가 있는 것처럼 다중우주를 그리는 것은 적절해 보이지 않는다. 그보다는 다음과 같은 비유가 더 적절할 것이다. 우리 우주가 한 송이

붉은 장미라면 초기조건이 다른 다중우주들은 크기나 모양이 조금씩 다른 붉은 장미들이다. 물리상수가 다른 다중우주들은 백장미, 흑장미, 노란 장미처럼 색깔과 품종이 다른 장미가 된다. 그리고 물리법칙이 다른 다중우주는 벚꽃, 튤립, 국화 등 장미가 아닌 다른 꽃들이 될 것이다. 우리가 붉은 장미에서만 살 수 있는 장미 벌레라고 해도 수없이 많은 종류의 꽃들이 만발한 꽃밭의 장관에 감탄할 수는 있다.

04 전체 우주의 초월성

▎우주의 가려진 영역의 초월성

우주에서 관측 가능한 모든 것들은 보통물질로 되어 있다. 이 보통물질로 이루어진 부분을 보면 우주는 거대하고 극단적으로 다양하며 기묘하고 탁월하여 초월적이라 할 만했다. 그런데 우주의 이 부분에 대해 우리가 착각을 하는 것도 있다. 우리는 천체들의 시간, 거리, 크기, 밝기를 잘못 지각하는 천구착시를 한다. 또한 전파, 배경복사, 양자요동 등으로 꽉 찬 우주 공간을 텅 빈 것으로 착각한다. 이런 오류를 벗어날 때 우주는 훨씬 더 장엄하고, 빈 곳 없이 꽉 찬 충만한 것임을 알게 된다. 우주의 초월성이 더 분명하게 나타나는 것이다.

　나아가 현대과학은 우리 우주의 대부분이 가려져 있음을 밝혔다. 우리 우주의 구성 요소 중 보통물질은 약 5%에 그치고 나머지 95%는 암흑물질과 암흑에너지로 이루어져 있다. 그중 암흑물질은 표준모형 밖의 물질일 가능성이 크다는 점만이 밝혀졌다. 암흑에너지의 정체가 진공에너지라는 사람들이 많으나 10^{120}배에 달하는 두 값의 차이를 극복하지 못하고 있다. 이렇게 우주의 95%에 대해 우리는 아는 바는 거의 없다. 그러니 우리 우주는 TV 프로그램에 나온 복면가수와 비슷하다. 복면가수의 가면 쓴 얼굴만 보고서는 누구인지 알 수 없는 것처럼 우리 우주의 정체도 알지 못한다.

그 정체를 모르는 것에는 우리가 모르는 가능성도 숨어 있을 것이다. 보통물질 중에서도 신물질을 발견하면 그것의 특성들과 가능성을 확인하는 데 시간이 걸린다. 암흑물질의 경우 중력을 갖는다는 것 말고는 보통물질과 전혀 다르다. 그러니 우리가 상상도 못하는 특성과 가능성을 갖고 있을지 모른다. 어쩌면 우리가 올려다보는 하늘에 보통물질보다 5배나 많은 암흑물질이 암흑산, 암흑강, 암흑빌딩을 이루며 암흑세상을 펼치고 있을지 모른다. 아니면 암흑물질로 된 신의 나라가 있는지도 모른다.

우주를 가속 팽창시키는 암흑에너지 역시 우리가 일상적으로 접하는 보통의 에너지와는 다르다. 우주의 70%를 차지하는 방대한 양이나 아직 그 정체를 밝히지 못한 만큼 우주 팽창 외에 어떤 일을 할 수 있는지도 알 수 없다. 어쩌면 보통 에너지는 할 수 없는 전혀 새로운 일을 할 수 있을 수도 있다. 가령 암흑에너지의 정체로 거론되는 진공에너지는 카시미르 효과를 나타내어 최첨단 마이크로기술과 나노기술에 큰 영향을 끼치고 있다.[73] 이런 점들을 볼 때 우리 우주에 보통물질 외에도 암흑물질과 암흑에너지가 있다는 것은 우주의 가능성을 더 탁월하게 만든다고 말할 수 있다.

우리 우주만도 이러한데 수많은 다중우주가 존재할 가능성이 커졌다. 실제로 다중우주가 존재한다면 전체 우주의 크기는 최소 백 배 이상 커지게 된다. 그리고 다중우주들은 서로 초기조건이나 물리상수가 다른 만큼 다중우주로 인한 물리현상의 다양성이나 가능성의 폭도 우리 우주만 있는 경우에 비해 훨씬 커지게 된다.

'초월적'이라는 말은 앞에서 언급했듯이 '어떤 제한을 뛰어넘거나 경험과 인식의 범위를 벗어남'을 뜻한다. 우리 우주는 그 드러난 부분을 볼 때 '제한을 뛰어 넘는다'는 점에서 초월적인 것이며, 암흑물질이나 암흑에너지, 다중우주와 같은 우주의 가려진 부분에서 이런 특성은 더 커진다.

더 나아가 우주의 가려진 부분은 '제한을 뛰어넘는다'는 점에서 우주를 초월적이게 할 뿐 아니라 '경험과 인식의 범위를 벗어난다'는 뜻에서도 초월적이게 만든다. 앞에서 암흑물질과 암흑에너지, 다중우주에 대해 이런저런 짐작을 해 보았지만 그것은 짐작일 뿐 확실하지 않고 짐작되는 범위도 넓지 않다. 그 가려진 부분이 정확히 어떤 모습일지는 현재 인류의 지적 능력으로는 알 수 없다. 그리고 앞으로 아무리 과학과 기술이 발달해도 그 가려진 부분의 많은 곳은 영원히 무지의 영역으로 남을 것이다. 이렇게 우주는 그 많은 부분이 우리 인간의 인식 범위를 벗어난 것이라는 점에서 초월적이다. '초월적'이라는 말의 두 의미 모두에서 '우주는 초월적'인 것이다.

고중세인에게 우주는 신령했다. 우주는 정신적이고 완전했으며 인간에게 사명과 목표를 부여했다. 반면 근대인에게 우주는 공허했다. 거대하고 캄캄한 빈 공간에 기계적으로 움직이는 맹목적인 물질 덩어리들만이 있는 곳이었다. 현대에 들어서도 근대의 우주관이 답습되어 많은 사람들이 우주를 공허하게 생각한다. 하지만 현대 우주과학이 밝힌 우주는 근대 과학이 파악한 우주와 비교할 때 '거대하다'는 정도만 비슷할 뿐 크게 다르다. 근대의 우주가 단순하고 맹목적이고 기계적인 반면 현대의 우주는 극도로 다양하고 기묘하고 탁월하다. 근대의 우주가 마치 시계장치처럼 명백하게 이해될 수 있는 것인 데 비해 현대의 우주는 대부분의 영역이 인간의 인식을 넘어서 있다. 이런 현대의 우주에 대해서는 근대의 우주와 다르게 '초월적'이라는 말이 훨씬 적절하다.

이 초월성은 고대 우주의 신령함과는 다르다. 신령함은 인간의 한계를 넘어서는 것의 특징이므로 이 역시 초월성의 한 종류이긴 하다. 하지만 현대의 우주는 그것을 초월적이게 만든 특징들이 어떤 정신이나 신적인 존재를 함축하지는 않는다. 현대 과학이 밝힌 우주에서 우주 전체를 아우르는 어떤 정신적인 존재나 의지, 목표를 확인할 수는 없다. 그 우주의 일부인 지구에서 생명과 의식이 발생했으나 이것이 우주 전체의 지향이나 목표를 나타내는 것은 아니다. 그러니 현대의 우주는 초월적이되 고중세인들이 생각했던 신령함과는 다른 방식으로 초월적이라고 할 수 있다.

▌초월적 우주에서의 신비감과 설렘

고중세인들은 우주를 신령하게 생각해서 경외감을 느꼈다. 이 우주에 비해 보잘것없지만 그 관심과 인도를 받는 자신에 대해서는 겸허심을 느꼈다. 반면 근대인에게 우주는 공허한 곳이어서 허무감을 느꼈다. 자기 자신에 대해서는 우주의 거대함에 비교해 하찮음을 느끼거나 우주의 맹목성과 비교해 우월감을 느꼈다.

오늘날에도 우주에 대해 허무감을 느낀다는 사람이 많다. 하지만 이것은 근대의 공허한 우주라는 우주관을 답습했기 때문이다. 그렇다면 현대 우주과학에 근거해서 우주를 초월적인 것으로 보는 우주관을 취하였을 때 우주에 대한 적절한 감정이 무엇일까? 우주는 거대하고 극단적으로 다양하며 기묘하고 탁월한데 그 대부분은 어둠 속에 잠겨 있다. 이런 대상에 대해 우리가 느낄 만한 적절한 감정은 경탄이고 신비감일 것이다. 신비감은 바로 '우리의 지적 한계에 대한 자각'과 '자연과 우주의 광대함과 복잡성을 접했을 때 그에 합당한 경외와 감탄'에 동반하는 감정이다.[74]

우주 속의 자기에 대한 감정으로 근대인이 느꼈던 비하심이나 우월감을 느끼는 것 역시 더 이상 적절하지 않을 것이다. 먼저 우월감을 느끼는 것이 적절하려면, 즉 인간의 우주 인식이 정말 인간을 우주보다 우월적인 존재가 되게 하려면, 적어도 인간이 우주에 대해 충분히 잘 인식하고 있어야 한다. 또한 우주는 인식이라는 특성에 있어서 인간보다 못하여야 한다. 하지만 초월적 우주에 대한 인간의 인식은 제한적인 수준에 그칠 뿐 완전함과는 거리가 멀다. 그리고 인간이 우주에 대해 충분히 파악하고 있지 못한 만큼 우주가 정말 인식의 측면에서 인간에게 뒤떨어지는지는 알 수 없다. 어쩌면 우주에는 '우주정신'이라 불릴 만한 것이 있을지 모르며 인간보다 지적으로 월등한 외계인이 존재할 수도 있다. 여기에 더하여 우주는 거대하고 극단적으로 다양하며 기묘하고 탁월하다. 이런 인간을 압도하는 여러 특성들 중에는 인식 못지않게 우주와 인간의 우월성 비교에서 고려해야 할 특성이 충분히 있을 수 있다.

이상을 볼 때 '인간은 우주를 인식하지만 우주는 그렇지 못하므로 인간이 더 우월하다'는 시각이 옳은지는 의심스럽다. 근대에 이런 우월감을 가질 수 있었던 것은 우주를 거대하지만 맹목적이고 단순한 물질 덩어리로 보았기 때문이다. 인간과 우주의 관계를 다윗과 골리앗의 관계와 비슷하게 본 것이다. 하지만 오늘날의 초월적 우주는 더 이상 그렇게 볼 수 없다.

우주 속의 자신에 대해 근대인이 느꼈던 또 하나의 감정은 비하심이다. 그들이 거대한 우주와 비교할 때 극히 작은 자신에 대해 하찮음을 느꼈던 것은 단지 우주가 그 크기에서 자기를 압도했기 때문만은 아니다. 여기에 더해 그 우주가 자신과 맞서 낯설고 어떤 유대감도 느끼기 힘든 것으로 경험되었기 때문이다.

초월적 우주에서 느끼는 신비감은 우주를 낯설고 대립적인 것만으로 인식하지 않게 해 준다. 대신 그 우주가 자신을 고양시키고 어떤 새로운 가능성을 열어 줄 수 있을 것 같은 기대감을 품게 한다. 우주가 초월적이라면 그 안의 인간 역시 일정한 모습으로 고착되는 것이 아니라 계속 새롭고 발전된 모습으로 변해 가는 자기 초월적 존재가 될 수 있다. 자기를 이런 존재로 인식하고 발전과 고양의 가능성을 보게 될 때 자기에게 느낄 만한 적절한 감정은 비하감 대신 설렘이다. 현대의 초월적 우주에 대해서는 신비감을 느끼고, 그 우주 속의 자기에 대해서는 설렘을 느끼는 것이 가장 적절해 보인다.

4장

나의 탄생과
유물론

앞의 논의에서 현대 과학이 밝혀낸 우주는 초월적인 우주임을 알게 되었다. 우주가 이런 곳이라면 올바른 세계관은 무엇일까. 여기서 세계관은 '우주와 인간을 아우르는 전체의 기원이나 본성, 가치에 대한 통일적인 관점'을 의미한다. 오늘날 과학자나 의학자, 철학자 등의 지식인 집단에서 주로 지지하는 세계관이 있다. 그것은 바로 '세계의 근본은 물질이고 물질에서 정신이 발생한다.'라고 보는 유물론(물리주의)이다. 다수의 학자와 사상가가 비록 증명은 할 수 없지만 유물론이 옳다고 확신한다. 가령 버트런드 러셀은 "인간의 기원, 성장, 희망, 공포, 사랑, 믿음은 원자들의 우연한 배열의 결과일 따름이라는 것 … 어떤 철학도 그것들을 반박하면서 존속하기를 희망할 수 없을 정도로 거의 확실하다"[1]라고 썼다.

하지만 유물론에 대한 이런 확신은 초월적 우주라는 우주관과 잘 부합해 보이지 않는다. 무엇보다 초월적 우주에 대해 우리가 모르는 것이 많다는 점을 생각해 볼 때 그러하다. 우주에 대해 모르는 것이 많은 상태임에도 분명한 세계관을 갖는 것이 가능한지는 의문이다. 실제로 유물론이 지식인들의 주류 세계관으로 정착한 것은 그들이 우주에 대해 잘 안다고 자신했던 19세기 말 즈음이다. 하지만 그 이후 과학의 엄청난 발전은 역설적이게도 사람들이 더 이상 우주에 대해 잘 알고 있다고 말하기 힘들게 만들었다. 이렇게 상황이 변했는데도 유물론에 대한 확신만은 그대로 유지되고 있다.

그러니 오늘날 주류 세계관이 되고 있는 유물론에 대해 과연 옳은지 검토해 볼 필요가 있다. 하지만 어떻게 유물론 같은 세계관의 진위를 판별할 수 있을까. 필자가 보기에 이런 판별에 도움이 될 만한 물음이 있다. 바로 '나는 어떻게 탄생하게 되었는가'이다. 나의 관점에서 보면 우주에서 가장 중요한 사건은 바로 나의 탄생이다. 내가 탄생하지 않았다면 우주의 존재조차도 나에게 알려지지 않았을 것이다. 이런 중요하고 근본적인 사건을 유물론이 잘 설명할 수 있는지를 살펴보면 유물론이 얼마나 설득력 있는 세계관인지 알 수 있다.

01 내가 태어날 확률

이 우주에서 내가 태어나지 않는 것은 충분히 가능한 일인데도 나는 태어났다. 그렇다면 내가 태어날 확률은 얼마나 되었을까? 다중우주들이 있을 가능성이 크지만 우선 우리 우주만이 있다고 가정하고 내가 태어날 확률을 과학적 관점에서 구해 보자. 여기서 과학적 관점을 취한다는 것은 실험과 관찰로 확인되는 자연적(객관적) 요소만으로 자연현상을 설명하는 것이다. 따라서 과학적 관점을 취하는 것은 현상을 설명하는 데 있어서 유물론과 같은 태도를 취하는 것이다. 그렇다고 과학적 관점을 취하는 사람이 모두 유물론자일 필요는 없다.

유물론자는 세계와 우주를 설명하는 데에 과학적 관점만이 유일하게 옳은 관점이라고 본다. 반면 과학 활동에서 과학적 관점을 취하더라도 그 관점과 양립 가능한 비자연적인 요소나 설명이 있다고 생각하는 사람이라면 비유물론자라 할 수 있다.

현대 과학에 따르면 빅뱅으로 우리 우주가 탄생하고, 이 우주에서 생명이 발생하여 인간종으로 진화하고, 인간종의 역사에서 나의 조상들이 태어나고 이어서 내가 태어났다. 이렇게 나의 탄생은 우주의 역사, 생명의 역사, 인간의 역사가 이어진 빅 히스토리의 결과이다. 따라서 우리 우주만 존재한다면 나의 탄생 확률은 다음처럼 각 단계에서의 확률들을 곱해 구할 수 있다.[2]

> 우리 우주만 있다면 내가 탄생할 확률 = 우리 우주에서 생명이 탄생할 확률 × 생명의 역사에서 인간종의 발생 확률 × 인간종의 역사에서 나의 발생 확률

이 식을 그대로 사용하면 계산을 해 나가기 어려운 지점을 만난다. 따라서 관련 연구들을 활용하여 더 쉽게 계산할 수 있게 하는 다음의 식을 사용할 것이다.

> 우리 우주만 있다면 내가 탄생할 확률 < 우리 우주가 생명 탄생이 가능한 우주로 발생할 확률 × 그런 우주일 때 인간종이 발생할 행성 수 × 한 행성의 인간종 역사에서 나의 발생 확률

이 식에서 부등호(<)가 등장한 것은 이 식의 우변이 내가 두 행성 이상에서 동시에 발생할 경우, 확률값을 중복 계산하게 되어 그 값이 좌변보다 커지기 때문이다. 나의 탄생 확률이 정확하게 얼마인지가 아니라 어느 값보다 작은지 정도를 밝혀도 유물론이 나의 탄생을 잘 해명하는지 판단할 수 있다. 따라서 부등호로 연결된 이 식을 사용해

도 무방하다. 그리고 계산 과정에서도 '그 확률이 적어도 어느 값보다는 작은지'를 밝히는 데 초점을 둘 것이다. 따라서 계산 과정에 등장하는 항목들의 값으로는 가장 타당성이 커 보이는 것을 취하되 타당성의 정도를 판단하기 힘든 경우에는 우변의 확률값을 크게 만들어주는 값을 취할 것이다.

▌우리 우주가 생명 탄생이 가능한 우주로 발생할 확률

우리 우주가 생명 탄생이 가능한 우주로 발생하려면 먼저 우리 우주가 발생도 해야 하고, 생명 탄생의 조건도 갖추어야 한다. 그래서 그 확률은 다음의 식으로 구할 수 있다.

> 우리 우주의 발생 확률 × 우리 우주가 생명 탄생의 조건을 갖출 확률

우리 우주의 발생 확률

우리 우주는 빅뱅으로 발생했다. 따라서 그 발생 확률을 알려면 빅뱅의 원인을 알아야 한다. 그에 대해선 의견이 분분하다. 무에서 빅뱅이 시작되었다는 주장이 있고 이전 우주가 붕괴된 자리에서 다시 빅뱅이 일어났다는 견해도 있다. 기존의 우주가 존속하는데 그 안에서 빅뱅이 일어났다는 입장도 있다.

　이 중 빅뱅이 무에서 일어났다는 입장에서는 우주 발생의 확률을 아주 낮게 보기도 한다. 무는 아무리 뒤섞어도 여전히 무이므로 가장 높은 엔트로피 상태이다. 이런 무에서 우주가 발생하면 엔트로피가 감소하므로 열역학 제2법칙에 어긋난다. 이 법칙의 위반은 극도로 낮은 확률로 가능한 것이므로 우리 우주의 탄생 확률 역시 극도로 낮았

다는 것이다.[3] 반면 우주를 생성과 붕괴의 끝없는 반복으로 보는 입장에서는 이전 우주의 붕괴 이후에 새로운 우주로의 빅뱅은 필연적으로 뒤따른다. 따라서 빅뱅의 확률은 1에 달한다.

현대과학은 이런 우주기원론들 중 어느 것이 옳은지 밝히지 못했다. 빅뱅 때 무슨 일이 일어났는지는 아직 아무도 모른다.[4] 그러니 현재로서는 우리 우주의 발생 확률도 객관적으로는 알 수 없다. 그 확률이 거의 0일 가능성에서부터 1일 가능성까지 다 열려 있다. 이렇게 알 수 없는 상태이므로 우변의 확률값을 가장 크게 만들도록 그 확률을 1로 가정해 보자.

우리 우주가 생명 탄생 조건을 갖출 확률

생명이 탄생하려면 여러 조건이 갖추어져야 한다. 가령 생명체 구성원소들이 발생하고 지구 같은 행성이 만들어져야 한다. 우리 우주가 이런 조건들을 갖출 수 있었던 것은 여러 물리상수들이 생명을 가능하게 하는 값으로 아주 작은 단위까지 미세조정되었기 때문이다. 이런 미세조정이 우연하게 이루어질 확률을 어떤 이는 10^{-47}으로 제시하기도 하나[5] 실제로는 훨씬 낮을 것이다.

미세조정의 예로 가장 많이 거론되는 것이 암흑에너지이다. 암흑에너지의 관측값은 $(1.16 \pm 0.07) \times 10^{-123} kg/m^3$이다.[6] 이 밀도가 $1/10^{120}$만 달라졌어도 생명 발생이 불가능했을 것이다. 그런데 우리 우주의 암흑에너지 밀도는 이론적으로는 $-10^{97} kg/m^3 \sim +10^{97} kg/m^3$의 값 중 어느 것도 될 수 있었다. 양 끝 사이의 폭이 2×10^{97}인데 이 사이를 $1/10^{120}$의 간격으로 끊었을 때 그중 한 지점에서만 생명이 발생할 수 있다는 의미이다. 그렇다면 암흑에너지가 생명 탄생이 가능한 값을 가질 확률은 $1/(2 \times 10^{97} \times 10^{120}) = 1/(2 \times 10^{217})$이라는 매우 낮은 값이 된다.

이 확률에 다른 이삼십여 개의 물리상수들이 우연히 미세조정될 확률을 모두 곱해야 미세조정의 전체 확률이 나오게 된다. 이때 다른 물리상수들이 미세조정될 확률은 암흑에너지 밀도의 경우보다는 높아 보인다. 따라서 암흑에너지 외의 다른 물리상수들이 우연히 미세조정될 확률은 앞에서 소개한 미세조정 추정치 10^{-47}과 계산의 편의를 고려해서 10^{-43}이라고 가정해 보자. 그러면 우리 우주의 물리상수가 생명 탄생이 가능한 값으로 미세조정될 전체 확률은 $1/(2\times10^{260})$라고 볼 수 있다.[7] 여기에 우리 우주가 탄생할 확률로 가정된 1을 곱하면 $1/(2\times10^{260})$이 나온다. 이 값을 우리 우주가 생명 탄생이 가능한 우주로 발생할 확률로 볼 수 있다.

▎우리 우주에서 인간종이 발생할 행성 수

우리 우주가 생명 탄생의 물리적, 화학적 조건을 모두 갖추었다고 해도 실제로 생명이 탄생하고 인간종으로 진화하는 것이 보장되지는 않는다. 우리 우주에는 수많은 행성들이 있지만 그중에서 인간종이 발생할 행성 수는 많지 않을 것이다. 이 인간종이 발생할 행성 수를 구하는 데 부분적으로 활용할 만한 것이 있다. 바로 드레이크 방정식이다. 이 방정식은 본래 우리은하에 우리와 교신할 수 있는 외계 문명이 몇 개나 있는지 구하는 식이다. 그 외계 문명을 만들어 내는 외계인은 상당한 지능을 갖춘 지적 생명체라는 점에서 인간종과 같다. 그래서 우주에 인간종이 탄생할 행성 수를 파악하는 데도 도움을 줄 수 있다.

드레이크 방정식은 다음과 같다.[8]

$$N = R^* \times fp \times ne \times fl \times fi \times fc \times L$$

N : 우리은하 내에 존재하는 교신이 가능한 문명의 수

R^* : 우리은하 안에서 1년 동안 탄생하는 항성의 수

fp : 이들 항성들이 행성을 갖고 있을 확률

ne : 항성에 속한 행성들 중에서 생명체가 살 수 있는 행성의 수

fl : 조건을 갖춘 행성에서 실제로 생명체가 탄생할 확률

fi : 탄생한 생명체가 지적 생명체로 진화할 확률

fc : 지적 생명체가 다른 별에 자신의 존재를 알릴 수 있는 통신 기술을
　　갖고 있을 확률

L : 통신 기술을 갖고 있는 지적 생명체가 존속할 수 있는 기간

이 방정식의 일부인 '$fp \times ne \times fl \times fi$'를 우리 우주 전체의 항성 수에
곱한다면 '우리 우주에서 지적 생명체가 탄생할 행성의 수'가 나올 것
이다. 수식으로 정리하면 다음과 같다.

우리 우주에서 지적 생명체가 탄생할 행성 수 = 전체 항성 수 $\times fp \times$
$ne \times fl \times fi$

이렇게 구해진 행성 수는 우리은하가 아닌 우리 우주 전체를 대상으
로 했다는 점, 현재 우리와 교신할 수 있는 시간대가 아닌 우주 전 시
기를 대상으로 했다는 점에서 드레이크 방정식으로 구한 값(N)과 차
이가 난다. 이 수에 '지적 생명체가 인간종일 확률'을 곱하면 '우리 우
주에서 인간종이 탄생할 행성의 수'가 나온다. 수식으로 정리하면 다
음과 같다.

우리 우주에서 인간종이 탄생할 행성의 수 = 우리 우주에서 지적 생명체가 탄생할 행성 수 × 탄생한 지적 생명체가 인간종일 확률

먼저 우리 우주에서 인간종이 탄생할 행성 수를 구해 보자. 우리 우주의 총항성 수에 대한 잘 알려진 견해로는 약 1000억 개(10^{11})의 은하에 은하당 1000억 개의 별이 있어 우주 전체로 10^{22}개의 별이 있다는 견해와[9] 2000억 개의 은하에 은하당 3500억 개의 별이 있어 별의 총 개수는 7×10^{22}개에 이른다는 견해가 있다.[10] 이 중 우변의 확률값이 높게 나오게 하는 7×10^{22}개를 선택해야 한다.

'항성들이 행성을 갖고 있을 확률(fp)'에 대해 오늘날에는 1에 가까운 것으로 평가한다. 항성들은 대부분 행성을 가졌다고 보는 것이다.[11] 그 행성들 중에서 '생명체가 살 수 있는 행성의 수(ne)'는 2013년 케플러 위성의 자료 등에 근거할 때 0.4로 볼 수 있다.[12] '생명 탄생의 조건을 갖춘 행성에서 실제로 생명체가 탄생할 확률(fl)'의 값은 최근의 과학 성과에 비추어 볼 때 매우 작을 것이다. 그 확률을 어림 짐작으로나마 이렇게 작게 구체적인 수치로 제시한 값으로 도킨스의 $1/10^9$ [13] 이외는 찾기 힘들다. 따라서 이 값을 fl로 선택할 수 있다. '탄생한 생명체가 지적 생명체로 진화할 확률(fi)' 역시 그 값을 낮게 보는 것이 현대생물학의 성과와 더 잘 부합한다. fi을 이렇게 낮은 값으로 제시한 것에는 $fi = 10^{-9}$이 있고[14] 달리 추론한 길이 없으므로 fi 역시 $1/10^9$로 선택할 수 있다. 정리하면 우리 우주에서 지적 생명체가 탄생할 행성 수는 다음과 같이 계산할 수 있다.

$$(7 \times 10^{22}) \times 1 \times 0.4 \times \frac{1}{10^9} \times \frac{1}{10^9}$$

이 값을 계산하면 28,000이 나온다. 이것이 우리 우주의 시간과 공간 전체를 볼 때 지적 생명체가 발생할 행성의 수라고 볼 수 있다. 그렇다면 이 28,000개 행성의 지적 생명체 중에서 인간종은 얼마나 될까. 이것을 계산하려면 '우주에서 어떤 지적 생명체가 발생했을 때 인간종일 확률'을 알아야 한다. 이 확률은 '1/가능한 모든 지적생명체의 종수'이라 할 수 있다.

생물계에서는 더 복잡하고 고도화된 기능을 하는 생물일수록 그 종수가 줄어든다. 가령 현재까지 발견된 지구의 생물 종수는 곤충이 대략 1,000,000종, 새는 10,000종, 포유류는 5,000종 정도로[15] 점차 줄어든다. 따라서 사고라는 매우 복잡한 기능을 하는 지적 생명체의 종은 우주 전체로 보아서도 많지는 않을 것이다.

어떤 지적 생명체가 인간종일 확률을 수치로 제시한 것은 찾기 힘들다. 또한 그 확률을 추론해 낼 타당한 근거도 찾기 힘들다. 이런 상황에서 억지로 가정을 해 본다면, 근거로 삼을 만한 것이 지구의 포유류 수이다. 지구의 포유류 종수와 비슷하게 우주에는 지적 생명체의 종이 있다고 보는 것이다. 이렇게 가정했을 때 어떤 지적 생명체가 인간종일 확률은 약 1/5000이 된다. 이 비율을 '지적 생명체가 탄생할 행성의 수' 28,000에 곱하면 약 6이 나온다. 즉 우리 우주에 인간종이 등장하는 행성의 수가 6개 정도라는 것이다.

▮ 인간종에서 내가 탄생할 확률

한 행성에서 인간종이 등장했다면 그 인간종의 역사에서 내가 탄생할 확률은 얼마나 될까. 지구에서의 경우를 근거로 계산해 보자. 내가 세상에 태어나기 위해서는 나의 부와 모가 만나서 결혼을 해야 했다. 그들에게 각각 짝이 될 수도 있는 다른 이성들이 있었는데도 서로 맺어진 것은 우연이 작용했기 때문이다. 특정한 남녀가 실제처럼 맺어질 확률은 결코 커 보이지 않는다. 학교, 직장 등의 삶의 행로가 조금만 달랐어도 그들은 아예 만나지도 못했을 것이다. 만났어도 결합이 무산될 뻔한 아슬아슬한 일이 숱하게 벌어진다. 사랑에 관한 영화에 등장인물들이 힘을 다해 뛰어가는 장면이 자주 나오는 것은 이 아슬아슬함을 보여준다.

우리나라 사람들을 대상으로 실시한 한 조사에 따르면 짝을 찾기 전 교제하는 이성의 수로 가장 많이 대답한 것은 남자가 15명, 여자는 20명이라고 한다.[16] 이 수는 시대마다 다르고 사회마다 다를 것이다. 여기서는 두 남녀가 여러 후보군들 중에서 실제처럼 맺어질 평균 확률을 1/10이라고 가정해 보자. 실제 확률은 이보다 훨씬 낮을 것이다.

이렇게 가정하면 나의 부와 모가 만날 확률은 1/10이라고 말할 수 있다. 그런데 나의 부가 존재하려면 다시 조부와 조모의 결합이 있어야 했다. 모의 경우도 외조부와 외조모가 만났어야 한다. 이 두 쌍의 결합이 모두 일어나야 하는데 그 확률은 $1/10 \times 1/10$이다. 그리고 조부, 조모, 외조부, 외조모가 태어나기 위해서는 다시 그 앞 세대 조상 네 쌍이 실제처럼 만났어야 한다. 그 확률은 $(1/10)^4$이다. 이렇게 계속 거슬러 올라가며 확률을 따져 보아야 한다. 그러면 우리 조상들에서 내가 태어날 확률은 $(1/10)^{66억 8100만}$으로 계산된다.

그 계산 과정은 다음과 같다. 일반적으로 본다면 나보다 n세대 위 조상의 수는 겹침이 없다면 2^n명이고 그들이 실제처럼 짝으로 맺어질 확률은 $(1/10)^{2^{(n-1)}}$이 된다. 그래서 n세대 위 조상들부터 따졌을 때 내가 태어날 확률은 다음과 같다.

$$\frac{1}{10} \times \left(\frac{1}{10}\right)^2 \times \left(\frac{1}{10}\right)^4 \times \left(\frac{1}{10}\right)^8 \cdots \times \left(\frac{1}{10}\right)^{2^{(n-1)}}$$

한 세대를 30년으로 잡으면 나보다 30세대 위 조상들은 고려 초에 살던 사람들이다. 그 수는 2^{30}으로 1,073,741,824명이다. 이것은 당시의 추정 인구수 250만~300만 명[17]을 훨씬 넘는다. 이런 차이는 윗세대로 거슬러 올라갈수록 나의 조상들이 가계도상에서 중복되기 때문에 생긴다. 중복이 일어나는 빈도를 볼 때 고려 초 당시에 살았고 자손을 남긴 사람들은 아마 모두 나의 조상이었을 것이다.

이런 상황이므로 30세대 위 조상들이 모두 실제처럼 맺어질 확률은 $(1/10)^{536,870,912}$이 아니라 $(1/10)^{100만}$ 정도라고 보면 된다. 당시의 추정 인구수 250만~300만 중에서 자손을 남긴 사람들은 대략 100만 쌍 정도일 것이기 때문이다. 그리고 n이 충분히 크다면 내가 태어날 확률은 n세대 위 조상부터 따졌을 때 다음과 같이 계산된다. 이때 곱해지는 총항목의 수는 n이 될 것이다.

$$\frac{1}{10} \times \left(\frac{1}{10}\right)^2 \times \left(\frac{1}{10}\right)^4 \times \left(\frac{1}{10}\right)^8 \cdots \times \left(\frac{1}{10}\right)^{\text{당시 독신 제외 인구수/2}} \times$$

$$\left(\frac{1}{10}\right)^{\text{당시 독신 제외 인구수/2}} \times \left(\frac{1}{10}\right)^{\text{당시 독신 제외 인구수/2}} \cdots \left(\frac{1}{10}\right)^{\text{당시 독신 제외 인구수/2}}$$

각 세대에서 자손을 남긴 인구의 평균수를 200만이라고 해 보자. 그리고 위로 20대까지는 $(1/10)$의 지수가 대략 2^n 형태로 증가하고 21대부터는 계속 백만을 유지한다고 해 보자. 그러면 위로 20세대 조상까지 따졌을 때 내가 태어날 확률은 $(1/10)^{(1+2+4\cdots+2^{19})}$가 될 것이다. 그런데

$$2^0 + 2^1 + \cdots + 2^k = 2^{k+1} - 1$$

의 공식이 성립하므로 (1/10)의 지수는 $(2^{20}-1)$이고 계산하면 1,048,575가 된다. 계산의 편의상 이 숫자를 100만으로 잡으면 내가 태어날 확률은 $(1/10)^{100만}$이 된다. 그리고 21대부터 그 위의 n대 조상까지에서 내가 태어날 확률은 $(1/10)^{\{(n-20)\times100만\}}$이 될 것이다.

n의 최대값은 인간종의 발생을 언제로 보는가에 따라 달라진다. 예를 들어 인간 세포의 미토콘드리아 유전자를 분석·추적했을 때 현존하는 60억 인류는 약 20만 년 전에 동아프리카 사바나 지역에 살던 한 여성('미토콘드리아 이브'라고 부른다)에서 기원했다는 연구가 있다.[18] 이 연구에 따를 때 n의 최대값은 약 6700 정도 된다. 그러면 21대부터 그 위의 n대까지의 조상들만 보았을 때 나의 태어날 확률은 $(1/10)^{(6680\times100만)} = (1/10)^{66억8000만}$이 된다. 이것을 위로 20세대 조상까지의 확률과 곱하면, 우리 조상들에서 내가 태어날 확률은 $(1/10)^{66억8100만}$이 된다.

그런데 나의 탄생은 내 모든 조상들이 실제와 똑같이 맺어졌다는 것만으로 보장되지 않는다. 가령 나의 부와 모가 맺어졌을 때 그 사이에서 태어날 수 있었던 사람의 수는 매우 많았다. 아버지가 배출하는 정자의 수는 20년 동안 매주 1회, 2억 마리씩 배출한다고 했을 때 2000억 마리가 된다. 그리고 어머니가 평생 배출하는 난자의 수는 500개 정도로 잡을 수 있다. 그러면 내 부모 사이에서 태어날 수 있었던 사람의 수는 일란성 쌍둥이의 경우를 배제해도 '2000억×500 = 100조'가량 된다. 이 중 나와 동생만 태어났다면 나는 약 1/50조의 확률을 거쳐 태어난 것이다.

이런 확률은 모든 조상들이 태어나려면 거쳐야 했던 확률이다. 우리의 앞 세대들은 자식 수가 많았으므로 한 부모당 평균 10명의 형제자매가 태어났다고 해도 한 사람이 그 부모로부터 태어날 확률은 1/10조, 즉 $1/10^{13}$이 된다. 그 확률을 모두 합치면 $(1/10^{13})^{(2^1+2^2+2^3+\cdots+당시인구수/2)}$로 $(1/10^{13})^{66억8100만}$이 된다. 이 수를 내 모든 조상들이 실제처럼 만날 확률인 $(1/10)^{66억8100만}$에 곱해야 한다. 그러면 그 값은 $(1/10^{14})^{66억8100만}$으로, 즉 $10^{935억5340만}$이 된다.[19]

이상의 계산에 따르면 내가 이 우주에서 탄생할 확률은 다음의 확률보다 작다.

우리 우주가 생명 탄생이 가능한 우주로 발생할 확률 × 이 우주에서 인간종이 발생할 행성 수 × 한 인간종의 역사에서 나의 발생 확률

$$= \frac{1}{(2 \times 10^{260})} \times \frac{1}{6} \times \frac{1}{10^{935억5340만}}$$

$$= \frac{3}{10^{935억5340만260}}$$

이렇게 내가 태어날 확률은 '$3/10^{935억5340만260}$'보다 작다고 계산된다. 물론 이 값은 정확하다고 볼 수 없다. 무리일 정도의 많은 가정들을 포함하고 있으며 계산의 편의성을 크게 고려했기 때문이다. 그럼에도 이 값이 분명하게 말해 주는 것이 있다. 타당성의 정도가 같을 때는 그 확률이 높게 나오도록 항목값들을 선정했다는 점에서 더욱 그렇다. 그것은 과학이 밝힌 바에 따를 때 우리 우주만 존재한다면 내가 태어날 확률은 지극히 작았다는 것이다.

02 우주에서 가장 놀라운 일

지금까지 우주에서 일어난 가장 놀랄 만한 일은 무엇일까? 우주과학자들이 아주 놀라워하는 것은 우리 우주의 미세조정이다. 우리 우주의 물리상수들이 생명을 가능하게 하는 좁은 범위로 고도로 미세하게 맞춰져 있는 것이다. 예를 들어 암흑에너지의 밀도는 '생명을 허용하는 실낱같이 좁은 영역'에 놓여 있어서[20] $1/10^{120}$만 달랐다 해도 생명 발생이 불가능했을 것이다.[21] 앞에서는 우리 우주의 물리상수가 지금처럼 미세조정될 전체 확률이 $1/(2 \times 10^{260})$으로 계산됨을 보았다. 생명에 대한 우주의 이런 미세조정이 놀랍다는 사람들은 그 확률이 이렇게 극히 낮은데도 이루어졌다는 점을 이유로 든다.

하지만 희박한 확률의 사건이 발생하는 것은 그것만으로는 놀랄 일이 아니다. 주사위 던지기를 1분에 10번씩 백일 동안 쉬지 않고 한다면 1,440,000번을 할 수 있다. 이때 나온 수를 순서대로 나열해서 얻은 순열은 그 일어날 확률이 1/6의 1,440,000승이다. 하지만 이런 희박한 확률의 순열이 실제 발생했다고 해서 사람들은 설명이 필요한 놀라운 일로 여기지 않을 것이다. 만약 희박한 확률의 사건 발생이 그것만으로 놀라운 일이라면 우리는 놀라기를 반복해야 할 것이다. 우주에서 발생하는 모든 사건은 어느 것 하나 그 발생 확률이 희박하지 않은 것이 없기 때문이다. 내 발길에 차인 돌멩이 하나도 그것이 생겨나 그 시간에 그 장소에 놓일 확률은 빅뱅 때부터 따져 보면 극히 낮다. 문득 올려다본 하늘의 흰 구름이 정확하게 그런 크기와 형태로 그 자리에 있을 확률 역시 마찬가지이다.

우리 우주의 물리법칙이나 물리상수가 조금만 달랐어도 돌멩이나 흰 구름은 그렇게 존재하지 않았을 것이다. 그러니 우리 우주는 생명만이 아니라 그 돌멩이나 흰 구름에 대해서도 미세조정된 것이다. 더 나아가 우리 우주는 그 안의 모든 것에 대해 미세조정되어 있는 셈이다. 이런 미세조정들 역시 매우 낮은 확률로 실현된 것이지만 우리는 놀라지 않는다.

그러니 생명에 대한 미세조정이 유독 놀라운 것이라면 낮은 확률의 실현 이외에 다른 요소가 더 있어야 한다. 그 다른 요소는 바로 나의 바람이나 주의이다. 바라거나 주의하던 어떤 일이 희박한 확률에도 실제로 일어날 때 비로소 놀랄 만한 일이 된다. 즉 확률을 '모든 경우의 수에 대해 특정 사건이 발생하는 비율'로 볼 때 분자 자리에 놓이는 '특정 사건'이 내가 바라거나 주의하던 사건이었어야 한다는 말이다. 가령 어떤 누군가 1/800만의 낮은 확률을 뚫고 로또 1등에 당첨되었다고 해서 나는 놀라지 않는다. 그 사람이 당첨되는 사건은 내가 바란 것이 아니기 때문이다. 반대로 내가 똑같이 낮은 확률로 로또에 당첨되었을 때는 나의 바람이 적중한 것이기 때문에 깜짝 놀라게 된다.

바람은 본래 미래의 일에 대한 것이다. 하지만 이미 발생한 일도 그 대상이었던 것으로 간주할 수 있는 경우가 있다. 내가 그 일의 발생 이전으로 돌아간다고 상상했을 때 그 일이 발생하길 바라게 될 때이다. 바랐을 만한 그런 일이 희박한 확률에도 실제로 발생했음을 알았을 때에도 우리는 충분히 놀랄 만하다.

그러니 생명을 향한 우리 우주의 미세조정이 놀랄 만한 일인지 판단하려면 우리가 우주 발생 전으로 돌아갔다고 상상했을 때 그리고 우리 우주만이 존재한다고 알았을 때 과연 우리 우주에 생명이 발생하기를 바랐을까 생각해 볼 필요가 있다. 앞으로 생길 우주가 생명이 전혀 없는 우주와 생명이 발생하는 우주 중 어떤 것이길 원하는가 하는 질문을 받았다면 우리는 대개 후자라고 답했을 것이다. 따라서 우주에서의 생명 발생은 우리가 바랐을 일이라고 할 수 있다.

하지만 현재의 우리 우주처럼 아주 작은 부분에서만 생명이 발생하지만 그중 나도 태어나는 우주와 모든 곳에 생명이 넘실대지만 나는 태어나지 않는 우주 중에서 선택하라면 대개 전자를 선택할 것이다. 이것은 우리가 우주에서의 생명 발생을 바라는 것은 생명 그 자체를 최고의 가치로 여겨서라기보다 생명이 나 자신의 존재 기반이기 때문이라는 것을 알게 해 준다. 오늘날 우주과학자들이 생명에의 미세조정에 주목하게 된 것도 '우주에 생명이 발생해야 나도 존재할 수 있다'라는 생각이 깔려 있기 때문일 것이다. 그러니 우주 발생 이전으로 돌아간다고 상상할 때 앞으로 발생할 우주에 대해 내가 가장 바랐을 것은 정확하게 말해서 생명이라기보다 나의 탄생이다. 한 가지 주의할 것은 정반대로, 앞으로 발생할 우주에서 결코 자기가 태어나지 않기를 무엇보다 바랐을 사람들도 있다는 점이다. 논의의 편의상 일단 이들은 괄호 속에 넣어 두자.

앞에서 보았듯이 나의 탄생 확률은 생명의 발생 확률보다도 훨씬 낮다. 생명이 발생한 후에도 여러 우연들이 겹쳐야 내가 탄생할 수 있기 때문이다. 이렇게 내가 가장 바랐을 나의 존재가 우리 우주만 존재한다면 매우 희박한 확률인데도 일어났다. 그러니 우리 우주만 존재한다고 할 때 우주에서 정말 놀랄 만한 사건은 이 우주에 내가 탄생했다는 것이다.

이에 대해 자기의 탄생은 결코 놀랄 만한 일이 아니라는 반론이 있다. '당신의 존재 확률은 지극히 낮지만 누군가는 태어나기 마련이다. 인간이 이미 존재한다는 전제조건이 있는 한 다수의 인간이 생겨나기 마련이고 이 와중에 당신도 태어나는 것일 뿐이다. 이렇게 보자면 당신은 특별하지 않으며 세계의 작동 메커니즘 속에서 전적으로 이해할 수 있는 성질의 것이다'[22]는 반론이다.

하지만 이 반론은 나의 탄생과 다른 누군가의 탄생이 나에게 근본적으로 다른 일임을 간과한 것이다. 다른 누군가의 탄생은 다른 누군가의 복권 당첨처럼 내가 바랐을 일이 아니다. 그러니 그 희박한 확률의 적중은 나에게는 길 위의 돌멩이가 매우 희박한 확률임에도 거기 있게 된 것과 본질적으로 같은 일이다. 하지만 나의 탄생은 나의 복권 당첨처럼 내가 무엇보다 바랐을 일이다. 그렇게 바랐을 일이니 그 희박한 확률을 뚫고 이루어졌을 때 놀라는 것이다.

이렇게 발생한 놀랄 일이 좋은 일일 때 '행운'이라 한다. 확률이 더 낮을수록 그 적중은 더 큰 행운으로 생각한다. 하지만 이 확률이 지나치게 낮을 때는 더 이상 행운으로 생각하기 힘들게 된다. 가령 로또가 한 번 당첨되는 것은 행운이고 두 번 연속 당첨되는 것은 엄청난 행운일 수 있다. 하지만 세 번 네 번 계속 연달아 당첨된다면 더 이상 우연히 발생한 일로 보기는 힘들다. 거기에는 분명히 어떤 조작 같은 것이 개입되었을 것이다.

정말 우연인지 다른 원인이 있는지 의심해 보아야 할 확률의 선은 상황에 따라 다를 것이다. 불신 사회라면 1/10의 확률만 적중해도 수혜자에게 의심의 눈길을 던질 만하다. 신뢰 사회에서는 1/100이나 1/1000의 확률이 맞아도 그런 의심을 할 필요가 없다. 하지만 아무리 신뢰도 높은 나라에서라도 동일인이 로또에 몇 번이나 연속 당첨된다면 정말 그가 운이 좋았을 뿐이었는지 의심하지 않을 수 없다.

우리 우주에서 내가 우연히 태어날 확률은 어느 정도까지 그 적중을 행운으로 받아들일 수 있을까? 과학이 오랜 시간 구축해 온 신뢰성과 합리성을 볼 때 과학에서 우연으로 간주하는 것은 그 확률이 상당히 낮은 정도까지 그렇게 받아들일 수 있다. 과학에서는 나의 탄생을 우연으로 본다. 그래서 "과거에 있었던 일련의 특별한 환경과 엄청나게 큰 행운이 복합적으로 작용하여 지금의 우리가 존재하게 되었다"[23]라고 생각하는 사람들이 많다. "우리 모두, 그리고 우리가 만나는 사람들 모두는 가장 엄혹한 확률 게임의 승자"[24]로서, "우리가 이곳에 존재한다는 것이 엄청난 행운"이라는 것이다.[25] 그렇지만 우리 우주만 있을 때 우연히 내가 태어날 확률은 과학에서 그 확률의 적중을 우연으로 간주하기에는 지나치게 낮다.

앞의 계산에 의하면 우리 우주만 있을 때 내가 태어날 확률은 $3/10^{935억 5340만 260}$보다 작다. 계산의 편의상 로또 당첨 확률을 실제보다 낮춰서 1000만분의 1로 , 즉 $1/10^7$로 잡으면 로또에 연속으로 n번 당첨될 확률은 $1/(10^7)^n$이 된다. 이것을 내가 태어난 확률과 같은 값이 되게 하려면 n이 133억을 넘어야 한다. 이것은 내가 태어나는 것은 로또를 $10^{133억}$번 연달아 당첨되는 것보다 더 어렵다는 의미이다. 그런데도 나는 태어났다. 그러니 "우리는 모두 거의 믿을 수 없을 정도로 있을 법하지 않은 존재"[26]로서 "우리가 여기 있는 것 자체가 말이 안 되는 것"[27]이다.

탄생 이후의 삶에서는 1/100이나 1/1000 확률의 행운도 맞이하기가 결코 쉽지 않다는 것을 사람들은 경험한다. 그런 자신이 태어날 때는 로또에 연달아 $10^{133억}$번 당첨되는 것보다 더한 행운을 누렸다니 쉽게 믿기지 않는다. '그렇게 운이 좋았다는 내가 태어나서는 왜 이래?'라는 탄식이 절로 나오는 사람이 많을 것이다.

과학자를 포함해서 합리적인 사고를 하는 사람이라면 이 정도로 낮은 확률의 적중을 순전히 운으로 돌리는 것을 용납하기 힘들 것이다. 우연의 일치나 엄청난 행운 따위에서 멀어질수록 설명은 더 합리적이고 만족스럽게 되기 때문[28]이다. 아주 낮은 확률의 적중을 필요로 하는 설명이라면 그 설명 어딘가에 오류가 숨어 있을 가능성을 의심해야 한다.

물리학 연구에서는 어떤 값이 무한대나 그것에 근접하게 나올 때 무엇인가 잘못되었다는 신호로 본다. 가령 일반 상대성 이론과 양자역학의 방정식들을 하나로 합치는 과정에서 그런 '말도 안 되는 계산 결과'가 얻어진다. "무한대는 우리가 무언가를 잘못 이해하고 있을 때 자연으로부터 날아오는 일종의 회초리이다."[29] 그렇다면 나의 탄생 확률이 이렇게 극도로 낮게 나온 것도 과학적 관점에서 행해진 지금까지의 설명에 뭔가 잘못된 점이 있다고 의심해 볼 만한 하나의 이유가 된다. 이렇게 '과학적 관점에서 본다면 우리 우주만 있을 때 나의 탄생 확률이 극히 희박하여 이 확률을 뚫고 내가 태어났다고 믿기 힘든 것'을 '나의 탄생의 희박한 확률 문제'라고 지칭해 보자.

이 문제를 해결하려는 한 방법은 나의 탄생을 우연 대신 신에 의한 것으로 보는 것이다. 하지만 이것은 자연 현상을 설명하는 데 물리적 요소 이외의 것을 끌어들인다는 점에서 과학적 관점을 넘어서는 것이다. 그래서 과학자들은 신을 가정하지 않고서도 내가 태어날 확률이 실제로는 수긍할 수 있을 만큼 높다는 것을 보이려는 시도를 하였다.

03 나의 탄생 확률을 높이는 단계적 방법

우리 우주만 존재한다면 내가 태어날 확률은 '우리 우주가 생명 탄생이 가능한 우주로 발생할 확률×이 우주에서 인간종이 발생할 행성 수×인간종의 역사에서 나의 발생 확률'로 결정된다. 각 단계의 희박한 확률에 대해 과학자들은 달리 대처하였다.

▌우리 우주의 미세조정과 다중우주

우리 우주에서 생명 발생이 가능했던 것은 여러 물리상수들이 생명을 가능하게 하는 좁은 범위로 미세조정되어 있었기 때문이다. 이 미세조정이 우연히 이루어질 확률은 $1/(2 \times 10^{260})$로 계산될 정도로 낮다. 이 정도로 낮은 확률이 우연히 적중했다고는 믿기 힘들다. 이 점을 들어 창조론자나 일부 과학자들은 미세조정이 신에 의해 이루어진 것이라고 주장한다. 가령 유전학자 프랜시스 콜린스는 "매개변수(물리상수)들을 정확한 값으로 설정해 놓은 것은 창조주의 숨결"이라고 말한다.[30]

이에 대해 과학자 중에는 '미래의 물리학이 왜 이 기본상수(물리상수) 값이 불가피한지 보여줄 것이다'[31]라고 주장하는 사람도 있다. 물리상수들의 값은 겉보기에는 우연처럼 보이지만 실제로는 필연적이라는 것이다. 하지만 현재로는 그 값이 필연적임을 보여줄 수 있는 물리이론이 가설 수준에서도 등장하지 않았다. 그러니 그런 막연한 가능성에 기댈 수는 없다.

다른 많은 과학자들도 그런 막연한 기대를 하는 대신 다중우주에 의존한다. '우리 우주만 있다면'이라는 전제를 부정하는 것이다. 제각각 다른 물리상수 값을 가진 다중우주들이 무수히 많이 있다면 그중 생명이 탄생할 수 있을 만큼 미세조정된 우주도 있을 확률이 큰데 우리 우주가 바로 그런 우주라는 것이다. 단일우주에서 미스터리였던 미세조정된 우주상수는 다중우주에서는 더 이상 미스터리가 아니게 된다.[32] 마치 복권을 딱 한 장 샀는데 당첨되면 놀랍지만 수백만 장 사서 당첨되었다면 더 이상 놀라운 일이 아닌 것과 같다.

문제는 제각각 다른 물리상수를 갖는 무수히 많은 우주들이 정말 존재하는가이다. 한 우주가 우연히 미세조정될 확률이 $1/(2 \times 10^{260})$이라면 다중우주들이 2×10^{260}개 존재해야 그중 평균 한 개의 우주가 미세조정된 물리상수를 가질 것이다. 그래야 전체 우주에서 우리 우주처럼 미세조정된 우주도 있을 확률이 수긍할 수 있을 정도로 커진다.

하지만 단지 이런 필요성에 근거해서 실제로 그런 다중우주가 있을 것이라고 추측할 수는 없다. 다행히 이런 필요성과는 별도로 그런 다중우주의 존재가 예측되어 왔다. 우주론에서 인플레이션(급팽창)이론은 이제 정설로 간주되고 있다. 그런데 이 이론은 물리상수가 다른 수많은 다중우주들의 존재를 함축한다. 인플레이션 이론은 영원한 급팽창과 인플레이션 다중우주로 귀결되는데 인플레이션 다중우주들이 바로 물리상수들이 다른 우주들이다.

전체 우주의 영원한 급팽창은 우리 우주의 빅뱅 이전에 시작된 것이 분명하지만 언세 시작되었는지는 모른다. 하시만 급팽창의 엄청난 속도와 지수 함수적 팽창 양상을 고려했을 때 급팽창 영역들이 부분적으로 붕괴해 탄생하는 다중우주들도 지금까지 무수히 많이 만들어졌을 것이다. 그 수를 2×10^{260}개에 이를 정도로 크게 볼 수 있다면 그중에 우리 우주와 같이 미세조정된 우주도 있다는 것을 납득할 수 있게 된다.

▮ 생명과 진화 그리고 많은 행성들

우리 우주가 미세조정된 물리상수 등 생명 탄생의 물리적, 화학적 조건을 갖추었다고 해도 실제로 생명이 발생하고 우리 인간종이 나타나는 것은 보장되지 않는다. 과학적 관점에서 보았을 때 그렇게 되는 데에는 다시 원소들의 일정한 결합과 같은 우연이 작용한다. 따라서 그 확률을 따질 수 있다.

창조론자들은 우리 우주에 인간과 같은 복잡한 생명체가 자연적으로 생길 확률은 극도로 낮다고 주장한다. 가령 프레드 호일은 생명이 지구에 출현할 확률을 "고물 야적장을 휩쓰는 태풍이 운 좋게 보잉 747을 조립해 낼 확률과 별 다를 바 없다"라고 비유하였다.[33] 이렇게 극도로 낮은 확률이 적중하여 생명체가 나타났다는 것은 도저히 믿을 수 없으니 생명체의 탄생을 신에 의한 것으로 보아야 한다는 것이다.

이에 대해 과학자들 역시 인간 같은 복잡한 생명체가 물질들에서 바로 발생할 확률은 '시간의 종말에 이르기까지 소수점 이하에 0을 그려 넣어야 할 만큼 확률이 희박하다'라는 것을 인정한다. 하지만 자연에서 실제 이루어진 과정은 이와 다르다. 물질로부터 원시 생명이 발생하고 이것이 점점 더 복잡한 형태로 단계적으로 진화해서 인간에까지 이르렀다. 이렇게 물질에서 복잡한 생명체가 바로 발생한 것이 아니라 단계적, 누적적으로 생겨난 점에 주목하면 우리 우주에서 인간이 나타날 확률을 훨씬 크게 볼 수 있다. 마치 한 번에 땅에서 빌딩 옥상으로 뛰어 오르기는 불가능하지만 한 층, 한 층씩 올라가면 이를 수 있는 것과 같다.

이렇게 단계적 진화가 복잡한 생명체의 탄생 확률을 높인다는 점은 충분히 수긍할 만하다. 하지만 이것을 인정하더라도 물질에서 인간에 이르기까지의 과정 중에는 결코 뛰어넘기 쉽지 않은 틈새들이 있다. 먼저 무생물에서 생명의 탄생이 쉽지 않다. 1953년에 스탠리 밀러는 원시 대기를 모방한 실험관에서 아미노산의 일부를 만들어 내는 실험에 성공하였다. 이 실험 직후에는 아미노산으로부터 생명체를 합성해 내는 것도 실험으로 곧 확인되리라는 믿음이 있었을 것이다. 하지만 그 후 60년이 지나도록 이 분야의 연구는 거의 한 치도 앞으로 나아가지 못하고 있다.[34] 이것은 물질로부터 생명이 합성되는 과정에 건너 뛰기 힘든 큰 틈새가 있다는 것을 보여 준다. 이 이외에 원핵세포에서 진핵세포의 기원, 지적 생명체의 탄생에는 큰 틈새가 있어 우연히 이 틈새들을 넘어설 확률은 상당히 낮다고 알려져 있다. 여기에 더해 지적 생명체들 중에서 인간종이 발생할 확률도 낮다.

그러니 지구라는 행성에서 이 모든 틈새를 넘어 인간종이 발생할 확률은 여전히 매우 낮다. 그 낮은 확률이 우연히 적중해서 우리 인간이 나타났다는 것은 믿기지 않을 수 있다. 이에 대해 과학자들은 이 확률을 수긍이 갈 만큼 높게 볼 수 있는 또 다른 방안을 제시한다. 바로 수많은 행성들이다. 우리 우주에서 지구라는 한 행성만 두고 보면 인간종의 발생 확률은 매우 낮으나 그 행성들 모두를 고려하면 확률은 크게 올라간다. '이렇게 많은 행성들 중 어느 한 행성에서라도 생명이 탄생한다는 것은 한 번이 아니라 여러 차례 일어날 수 있을 정도로 충분히 가능성이 있는 사건이 된다'[35]는 것이다.

이렇게 과학자들은 우리 우주에서 인간종이 우연히 발생했다고 믿기에는 그 확률이 지나치게 낮다는 창조론자의 주장에 대해 진화와 같은 단계적, 누적적 발생 과정과 우리 우주에 지구뿐만 아니라 수많은 행성들이 있다는 사실을 근거로 들어 반박한다. 이런 요소들을 고려하면 우리 우주에서 인간종이 탄생할 확률은 앞에서 우리가 인간종이 탄생할 행성의 수를 평균 6개로 계산한 것처럼 상당히 높을 수 있다.

▮ 인간종에서의 나의 탄생과 우연

지구에서 그랬듯이 인간종에서 내가 탄생할 수 있지만 그 확률 역시 매우 낮다. 그런데 과학자들은 이 단계의 확률은 낮은 대로 그대로 인정한다. 그리고 그 확률이 낮은 만큼 태어난 사람들은 운이 아주 좋았다고 평가한다. 가령 도킨스는 '내 자리에 있을 수도 있었지만 빛을 못 본 잠재적인 사람들이 사하라사막의 모래알들보다 많다'라면서

'터무니없는 가능성에도 태어난 우리는 출생의 추첨에서 당첨되는 소수의 특권을 얻었다'라고 말한다.

이렇게 과학자들은 나의 탄생에 이르는 세 단계 중에서 앞의 두 단계에 대해서는 그 확률이 처음 보기와는 달리 결코 희박하지 않다는 것을 보였으나 세 번째 단계는 확률이 희박하다고 인정한다.

문제는 마지막 단계의 확률만으로도 나의 탄생이 우연히 적중했다고 믿기에는 지나치게 낮다는 것이다. 이 확률은 앞에서의 계산에 따르면 $10^{935억 5340만}$분의 1에 불과할 정도로 낮다. 도킨스처럼 세 번째 단계의 낮은 확률을 그대로 인정하는 한 '나의 탄생의 희박한 확률 문제'가 해결되었다고 볼 수 없다. 로또를 100억 번 이상 연속으로 당첨되는 것과 같은 극도로 낮은 확률의 적중을 믿는 것은 '신이 나를 창조했다'라고 믿는 것에 비해 더 그럴듯하다고 볼 근거가 없다. 과학자들이 이 문제를 제대로 해결하려면 세 번째 단계의 확률 역시 수긍이 될 정도로 높여 볼 수 있는 길을 찾아야 한다.

[과학자들이 주장하는 '나의 탄생의 희박한 확률 문제' 해결 방안]

단계	1단계 미세 조정된 우주 탄생	2단계 이 우주에서 인간종 발생	3단계 인간종에서 나의 발생
희박한 확률 해결 방안	다중우주	단계적·누적적 과정(진화 등), 수많은 행성	X

04 동시적 다중우주에서의 탄생

인간종에서 내가 태어날 확률을 높게 보는 데 앞 단계 방안들의 재사용을 고려해 볼 수 있을 것이다. 특히 첫 번째 단계의 다중우주에 주목할 필요가 있다. 지금까지 과학자들은 다중우주를 '창조자를 들먹일 필요도 없이 물리법칙의 미세조정을 설명'[36]하는 데에만 사용하였다. 이제 이 개념이 인간종에서의 나의 탄생의 희박한 확률을 높이는 데에도 역할을 할 수 있는지 검토해 볼 만하다.

▍필요한 다중우주의 개수

첫 번째 단계에서 요구되었던 다중우주는 여러 다른 물리상수들을 가진 다중우주들이었다. 세 번째 단계에서 필요한 다중우주는 우리 지구에서와는 다른 사람들이 태어나는 다중우주들이다. 가령 그중에는 나의 부모로부터 탄생 가능했던 다른 사람들이 실제 태어나는 다중우주도 있을 것이다. 이런 다중우주들이 충분히 많이 있다면 그중에 내가 태어나는 우주가 존재할 확률은 수긍이 갈 만큼 높아질 것이다.

그렇다면 다중우주의 개수에 따라 나의 탄생 확률은 정확히 얼마나 높아질까? 다중우주를 이루는 한 우주에서의 나의 탄생 확률은 $1/n$이고 우주의 전체 개수는 n개일 때 나의 탄생 확률을 계산해 보자. 어떤 한 우주에서 내가 태어나지 않을 확률은 1에서 내가 태어날 확률 $1/n$을 뺀 '$1 - 1/n$'이다. 다중우주 전체에서 내가 태어나지 않을 확률은 각 우주들 모두에서 확률 '$1 - 1/n$'이 적중되어야 하니 그 확률들을 곱한 '$(1 - 1/n)^n$'이 된다. 다중우주에서 내가 태어날 확률은 1에서 이 태어나지 않을 확률을 뺀 것이니 $[1 - \{(1 - 1/n)^n\}]$이다.

이 확률값은 n의 크기에 따라 달라진다. 다음 표를 보면 n이 2, 3, 4로 증가할 때, n개의 우주로 된 다중우주에서 내가 태어날 확률은 점점 줄어드는 것을 알 수 있다.

n	1	2	3	4	⋯
내가 태어나지 않을 확률 $\left(1-\dfrac{1}{n}\right)^n$	0 (0)	$\dfrac{1}{4}$ (0.25)	$\dfrac{8}{27}$ (0.296⋯)	$\dfrac{81}{256}$ (0.316⋯)	⋯
내가 태어날 확률 $1-\left(1-\dfrac{1}{n}\right)^n$	1 (1)	$\dfrac{3}{4}$ (0.75)	$\dfrac{19}{27}$ (0.703⋯)	$\dfrac{175}{256}$ (0.683⋯)	⋯

다만 이 줄어드는 정도는 점점 작아지고 있다. 따라서 n이 충분히 클 때 이 확률값은 어떤 수로 수렴할 것이다. 실제 우주에서는 n이 아주 크다. 앞에서의 계산에 따르면 우리 우주에서 내가 태어날 확률은 '$3/10^{935억\,5340만\,260}$보다 작으므로 n은 '$10^{935억\,5340만\,260}/3$보다 큰 수가 된다. 따라서 내가 태어난 확률이 $1/n$인 우주들 n개로 구성된 다중우주에서 내가 태어나지 않을 확률은 다음과 같다고 보아도 무리가 없다.

$$\lim_{n \to \infty}\left(1-\frac{1}{n}\right)^n$$

이 식을 A라고 해 보자. 여기서 우리는 A와 관련된 것으로 자연상수 e를 떠올릴 수 있다. 자연상수 e는 다음과 같이 정의되는 수로, 무리수이며 근사값이 2.72828⋯이다.

$$e = \lim_{n \to \infty} \left(1 + \frac{1}{n}\right)^n$$

A는 바로 자연상수 e의 역수인 $1/e$과 같다.[37] 1에서 내가 태어나지 않을 확률인 이 $1/e$을 빼면 다중우주에서 내가 태어날 확률이 나온다.

나의 탄생 확률이 $\frac{1}{n}$인 우주들 n개로 된 다중우주에서 내가 태어날
확률 $= 1 - \frac{1}{e}$

$1/e$의 값은 $1/(2.72828\cdots.)$로 약 0.367이고 1에서 이 값을 빼면 0.633이므로 이 확률은 63.3%이다. 이 정도의 확률이라면 이 확률이 적중되어 내가 태어났다고 해도 놀랍지 않고 충분히 수긍할 만하다.[38]

앞에서 계산한대로 우리 우주만 존재할 때 내가 태어날 확률이 '3/10^935억 5340만 260'보다 작다면 다중우주는 우리 우주 같은 우주들을 적어도 '10^935억 5340만 260/3'개보다 많이 가지고 있어야 내가 태어날 확률이 63.3%가 될 수 있다. 물론 우주 개수가 더 많아지면 확률은 더 올라가며 우주가 무한개 있다면 그 확률은 100%가 된다. 반면 우주가 수만 개나 수억 개 있는 정도라면 확률이 매우 낮아 우연히 그 확률이 적중되어 내가 태어났다고 수긍하기는 힘들 것이다.

▎많은 나의 문제

다중우주 개념을 끌어들이면 세 번째 단계에서의 희박한 확률 문제도 해결되는 것으로 보인다. 하지만 대신 내가 동시에 여러 우주에 존재할

가능성이 커지는 문제가 발생한다. 한 우주에서 내가 탄생할 확률이 $1/n$이고 n개의 다중우주가 있을 때 내가 태어날 확률이 100%에 가깝지 않고 63.3%에 그치는 것은 내가 두 개 이상의 우주에서 태어날 경우들이 있기 때문이다. 이런 경우들이 있기 때문에 반대로 내가 단 하나의 우주에서도 발생하지 않는 확률인 36.7%에 이르는 경우들도 생기는 것이다.

이 새로운 문제를 '많은 나의 문제'로 불러 보자. 그런데 이 문제는 단지 내가 2~3개 정도의 우주에 동시에 존재하는 경우가 발생할 수 있다는 정도의 문제가 아니다. 그 윗대의 조상으로부터 나의 부모가 태어났고 부모로부터 내가 태어났고 나로부터 나의 자식이 태어난다는 과학적 상식을 그대로 인정하면서 내가 우리 우주에 태어날 확률을 수긍이 갈 정도로 높이려 해 보자. 그러면 나의 부모는 나를 낳은 우리 우주에 존재했었지만 나 대신 다른 사람을 낳은 다른 다중우주들에도 존재했어야 한다. 그래야 부모로부터의 나의 탄생이 희귀한 것이 되지 않는다.

나의 존재 방식은 같은 인간종인 나의 부모의 존재 방식과 근본적 차이가 없을 것이다. 또한 나의 자식이 태어날 확률도 수긍이 갈 정도로 높게 볼 수 있어야 할 것이다. 그렇다면 나 역시 현재의 아이들을 낳은 이 우주 외에 다른 아이를 낳은 다른 우주들에도 존재해야 한다. 그것도 한 부모 사이에서 태어날 수 있는 사람의 수가 100조 명에 이른다는 계산에 따를 때 적어도 수조 개의 다중우주에 동시에 존재해야 한다.

이렇게나 많은 수의 내가 여러 다중우주들에 동시에 존재한다는 주장은 터무니없어 보인다. 하지만 다중우주의 종류 중에는 이 정도로 많은 나의 존재를 함축하는 것들이 있다. 게다가 다중우주론자 상당수가 그 존재를 인정하고 있다. 브라이언 그린의 용어로 '누벼이은 다중우주'와 '양자 다중우주'가 그것이다.

이 중 누벼이은 다중우주는 관측 가능한 우리 우주 밖에 펼쳐져 있는 우주들이다. 그 우주들은 우리 우주와 지름이 같으며 물리법칙과 물리상수는 같고 초기조건은 다르다. 그중 한 우주에 있는 입자들의 모든 가능한 배열의 수는 $(10^{10})^{118}$개나[39] $(10^{10})^{122}$개에 이른다.[40] 둘 다 상상하기도 힘든 숫자이지만 전체 우주가 무한하다면 그 안에는 이보다 훨씬 많은 수의 다중우주들이 들어 있다. 그런 무한한 우주에서 입자들의 모든 가능한 배열의 수만큼의 다중우주들이 반복될 때마다 평균적으로 한 개의 우주가 우리 우주와 똑같게 된다. 그런 우주에는 나와 모든 면에서 똑같은 복사본도 존재하게 된다. 또한 입자들의 배열이 완전히 똑같지 않지만 나의 복사본이 존재할 정도로는 같은 다중우주는 더 많이 있을 것이다. 이런 다중우주에서는 나의 복사본이 지금의 나와는 차이가 나는 삶을 살게 된다. 누벼이은 다중우주가 무한하다면 이런 우주들이 무수히 많을 것이므로 나의 복사본도 무수히 많이 존재하게 된다.[41]

다음으로 양자 다중우주(분기된 다중우주)는 소립자에 대한 관측이 행해질 때마다 여러 개로 갈라지는 우주들이다. 휴 에버렛에 따르면 여러 상태가 중첩되어 있던 입자가 관측될 때 입자는 우리에게 관찰되는 한 상태로만 붕괴되지 않고 여러 상태로 각각 존재하는 우주들로 분기된다. 이 경우 관측을 행하기 전의 나는 관측 후 분기된 우주들 중 한 우주에만 있는 것으로 자각한다. 하지만 입자의 다른 상태가 나타난 다른 분기된 우주들에도 나의 복사본이 존재하게 된다. 그리고 소립자의 관측이 무수히 많이 일어나는 만큼 무수히 많이 우주들이 분기하고 나의 복사본 역시 무수히 많이 존재하게 된다.

문제는 우리 우주에 있는 바로 이 나와 다른 우주에 있는 나의 복사본과의 관계이다. 다른 우주에 있는 나의 복사본은 나와 입자 배열이 똑같다. 따라서 두뇌를 포함한 신체가 나와 똑같다. 나와 두뇌까지 똑같은 그들은 나인가 아니면 내가 아닌 다른 사람인가? 이 물음에 답하려면 먼저 '나는 무엇인가'부터 분명히 정의할 필요가 있다.

▮ 나의 정체

나를 나이게 하는 것, 어제의 나와 오늘의 나를 동일한 나이게 하는 것은 무엇인가. 나는 나의 의식을 통해 나의 존재를 알아챈다. 감각하거나 느끼거나 생각할 때 그것들을 행하는 것으로서의 나를 자각하는 것이다. 따라서 나는 무엇보다 나의 지각과 느낌과 생각들이 귀속되는 의식주관이다.

데카르트가 방법적 회의 끝에 발견한 것이 바로 이런 나이다. "나는 도대체 무엇인가? 하나의 생각하는 것이다. … 의심하고 이해하고 부정하고 원하고 원하지 않으며, 또한 상상하고 느끼는 그런 것이다."[42] 데카르트는 이 '나'가 신에게만 의존할 뿐 아니라 물질에 독립하여 존재할 수 있는 실체로서의 정신이기도 하다고 주장한다.

하지만 실체로서의 나는 데카르트가 방법적 회의 끝에 발견한, 나에 대해 추가적인 형이상학적 논변을 거친 끝에 도달한 결론이다. 그 이전에 그가 직관 속에서 명증하게 발견한 나는 단지 '생각하는 것'인 의식주관으로서의 나이다. 나가 물질과 독립된 실체로서의 정신이라는 것은 받아들이기 쉽지 않다 하더라도 의식주관이라는 것은 우리의 직관으로도 분명하다고 할 수 있다.

따라서 자기 동일성은 의식주관의 동일성을 의미한다. 어제의 나와 오늘의 나가 동일한 것은 어제 나의 감각이나 감정, 사고 등이 귀속되었던 동일한 의식주관에 오늘의 나의 감정이나 의식 역시 귀속되기 때문이다.

이에 대해 '인간의 정체성을 결정하는 핵심은 동일한 육체'라는 주장이 있다. 나의 의식보다는 육체가 나를 나이게 하는 자기 동일성의 기준이 된다는 것이다. 하지만 이 육체 관점은 우리의 직관과 어긋난다. 나와 내 친구의 의식과 육체가 바뀌었다고 했을 때 '나의 의식+친구의 육체'와 '나의 육체+친구의 의식' 중에서 어떤 것이 나이냐고 물어보면 누구나 앞의 것을 선택할 것이다. 로크 역시 왕자의 영혼이 구두 수선공의 신체에 들어갔을 때 그는 왕자와 동일한 인격이고 그가 책임져야 할 것은 왕자의 과거 행동이라고 말한 바 있다.[43]

실제로 육체 관점에 선 사람들조차 그들이 수장하는 바대로 육체를 정말 나의 핵심으로 보는지는 의심스럽다. 우선 그들은 육체의 모든 부분을 똑같이 중요하게 여기지 않고 두뇌를 가장 중요하게 여긴다. 사고로 존스는 두뇌만 말짱하고 케이건은 두뇌 이외의 몸만 말짱해 존스의 두뇌와 케이건의 몸을 연결했다면 '뇌가 같으면 같은 사람'이라고 보아 이 인물을 존스로 본다는 것이다. 하지만 왜 뇌인가? 그들은 "믿음, 욕망, 기억, 두려움, 야망, 목표 등 한 사람의 인격을 구성하는 모든 요소들이 뇌에 들어 있다"는 점을 근거로 든다.[44] 뇌가 중요한 것은 뇌의 다른 특성 때문이 아니라 그것이 담고 있는 여러 형태의 의식들 때문이라는 것이다. 여기서 육체 관점에 선 사람들은 은연중에 나의 핵심을 의식이라고 보았기 때문에 그 의식의 기반이 된다는 점에서 두뇌와 육체를 중요시한 것이라고 추측할 수 있다. 그렇다면 그들이 자기 동일성의 기준으로 두뇌나 육체의 동일성을 든 것도 이런 두뇌나 육체의 동일성이 의식주관의 동일성을 보장해 준다고 보았기 때문일 것이다.

자기 동일성의 기준을 육체보다는 의식에 두지만 의식주관이 아닌 기억을 중요시하는 입장도 있다. 가령 로크는 "현재 나의 의식이 과거 행위를 기억하는 한, 나는 행위를 한 인격과 같은 인격이고 과거 행위에 책임을 진다"라고 본다. 그래서 로크의 인격동일성론은 '기억론'이라고 불린다."[45]

하지만 기억이 나를 나이게 하는 본질적 요소라고 보기는 힘들다. 먼저 현재의 내가 과거의 나라고 기억하는 사람의 경우에도 그 사람이 정말 과거의 나인지 보장되지 않기 때문이다. '전생체험'에서 내가 조선시대의 권율 장군의 기억을 생생하게 떠올리고 권율장군인 것처럼 느낀다고 하더라도 내가 권율장군과 동일인이라고 단언하기는 힘들다. 권율 장군의 의식이 모두 귀속되었던 그 주관이 바로 지금의 나의 주관이기도 하다는 것을 알기는 힘들기 때문이다.

또한 거꾸로 내가 기억을 갖고 있지 못하다고 해서 과거의 어떤 사람이 내가 아니라는 것 역시 보장되지 않는다. 미국의 전 대통령 레이건은 말년에 치매가 심해졌을 때는 자신이 미국의 대통령이었다는 사실을 기억하지 못했다. 그러나 치매에 걸린 레이건과 대통령 시절의 레이건을 우리는 여전히 동일인으로 본다. 그것은 우선 보기에 치매에 걸린 레이건의 육체와 대통령 레이건의 육체가 동일해 보이기 때문이다. 하지만 육체의 동일함은 그 자체가 자기의 동일함을 의미하기보다는 육체가 동일할 때 의식들이 귀속되는 의식 주관의 동일함을 믿을 수 있기 때문이다.

기억이 자기 동일성의 핵심이 되지 못한다는 것은 꿈을 보아도 알 수 있다. 꿈을 꿀 때 나는 잠들기 전의 자기에 대해 기억하지 못할 때가 많으며 그때의 감각이나 느낌, 생각도 잠들기 전과 상이할 때가 있다. 따라서 기억 관점에서는 꿈꿀 때의 내가 잠들기 전의 나와 동일하다는 것을 보기 힘들다. 그럼에도 잠들기 전의 나와 꿈꾸는 내가 동일하다고 믿는 것은 잠들기 전 상태의 의식과 꿈꿀 때의 의식이 나라는 동일한 주관에 귀속된다고 은연중 생각하기 때문이다. 이 생각이 맞다면 이것은 기억의 동일성이 없이도 과거와 현재의 나의 동일성이 확립될 수 있다는 것을 의미한다. 바로 의식주관의 동일성에 의해서이다.

육체를 자기 동일성의 기준으로 주장한 사람들처럼 기억을 자기 동일성의 기준으로 주장하는 사람도 은연중에는 기억 자체가 나를 나이게 하는 본질이라기보다는 나라는 의식주관의 동일성을 확인할 수 있는 방법이 기억의 동일성이라고 보았기 때문으로 보인다. 버틀러[Joseph Burtler]의 말대로 기억은 인격동일성을 구성하는 것이 아니라 인격동일성을 전제한다고 볼 수 있다.[46]

이렇게 나를 나이게 하는 것은 의식주관으로, 과거의 나와 현재의 나가 동일한 것은 무엇보다 의식주관의 동일함을 뜻한다. 이에 대해 육체의 동일함이나 기억의 동일함이 자기 동일성의 기준으로 중요한 것은 의식주관의 동일함을 알려 주기 때문이다. 가령 다음과 같은 상황을 상상해 보자.

내가 갑자기 어느 밀실에 끌려왔다. 나를 끌고온 존재는 무서운 표정을 지으며 곧 끔찍한 고문을 시작할 것인데 다음 중 하나를 선택하라고 요구한다.

① 당신의 기억을 다 없애 당신이 누구였는지 모르게 만든 다음 당신의 육체에 고문을 가하겠다.
② 당신의 의식주관을 옆방에 있는 악당의 육체에 집어넣고 악당의 의식주관은 당신의 육체에 집어넣은 다음 악당의 육체에 고문을 가하겠다.

③ 악당의 육체에 집어넣은 당신의 의식주관에 악당의 모든 기억을 입력하여 자기가 악당이라 생각하게 하고 당신의 육체에 집어넣은 악당의 의식주관에 당신의 모든 기억을 입력하여 자기가 당신이라 생각하게 한 다음 당신의 육체에 고문을 가하겠다.

만약 당신이 ③번을 선택했다면 당신 역시 나를 나이게 하는 핵심은 의식주관임을 인정하고 나의 동일성의 핵심이 되는 것은 바로 의식주관의 동일성임을 인정하는 것이다.

▌나의 복사본의 정체

나의 동일성은 나의 의식들이 귀속되는 의식주관의 동일성을 의미한다. 이제 이 점을 고려했을 때 다른 우주에 있는 나의 복사본의 정체와 나와의 관계는 어떻게 볼 수 있는지 살펴보자. 이 문제를 해명하는 데 도움이 되는 것이 철학자 데릭 파핏이 제기한 원격 전송 장치에 대한 사고 실험이다. 첫 번째 경우는 어떤 사람(철수라 해 보자)이 지구에 있는 원격 전송 장치에 들어가면 그 순간 몸의 모든 세포가 파괴되면서 그 정보가 화성에 전송되어 화성에 철수의 것과 똑같은 몸을 가진 복제본이 생성되는 경우이다. 두 번째 경우는 철수가 원격 전송 장치에 들어가면 철수는 파괴되지 않은 채 그 정보만 전송되어 지구에는 원본 철수가 남고 화성에는 복제본이 새롭게 생성되는 경우이다. 이 두 가지 경우에서 모두 '생성된 복제본은 철수인가?'를 물을 수 있다.

그에 대한 답은 마음과 몸의 관계에 대한 입장에 따라 달라질 것이다. 이 중 '의식은 두뇌의 산물이다'라는 물리주의(유물론)의 관점부터 살펴보자. 물리주의에 따른다면 똑같은 두뇌 상태에서는 똑같은 의식이 발생한다. 화성 복제인은 지구에 있는 철수의 몸과 두뇌를 그대로 복제한 것이다. 이렇게 두뇌 상태가 같으므로 복제인에게도 철수의 의식이 생길 것이다. 즉 화성의 복제인은 철수와 똑같은 몸에 철수의 의식 또한 가지고 있으므로 바로 철수라 할 수 있다.

이런 설명은 첫 번째 경우에는 별 문제를 일으키지 않는다. 지구에 있던 철수가 사라지고 대신 화성에서 나타났다고 보면 되기 때문이다. 문제는 두 번째 경우이다. 지구에서는 철수가 전송 장치에 들어간 다음 다시 나오는데 이때 나온 사람 역시 철수라 보아야 한다. 그래서 지구에도 철수가 있고 화성에도 철수가 있어 철수가 둘이 된다. 이것은 한 사람은 한 신체만을 갖는다는 인류의 오래된 상식과 정면으로 충돌한다. 따라서 물리주의를 주장하는 사람은 이제 이 오래된 상식을 버리거나 아니면 물리주의를 포기해야 한다.

물리주의자 중에는 한 사람이 두 신체를 갖는 것을 별 망설임 없이 인정하는 듯이 보이는 사람도 있다. 가령 브라이언 그린은 "나의 몸을 이루고 있는 모든 원자와 분자의 양자 상태가 다른 곳으로 전송되어 나와 완전히 똑같은 생명체가 재현되었다면 그것은 곧 '나'일 수밖에 없다. … 복제인간이 만들어진 후에도 원본에 해당하는 나는 여전히 멀쩡하게 존재하지만 그래도 '나는 나'이다. 두 사람 다 나임에 틀림없다"[47]라고 말한다.

하지만 이때 그가 실제로 염두에 둔 것은 신체와 기억, 사고방식 등이 똑같은 두 사람이지 의식주관이 동일한 한 사람은 아닌 것으로 보인다. 그는 결코 원본과 복제본의 주변 환경이 달라졌을 때 복제본의 '나'가 본 것을 원본인 내가 그대로 지각한다고는 생각하지 않을 것이다. 즉 원본의 의식이 귀속되는 의식주관과 복제인간의 의식이 귀속되는 의식주관이 구별된다고 볼 것이다. 이렇게 의식주관이 둘이라면 이것은 아무리 똑같이 생겼더라도 두 사람이지 결코 한 사람이아니다. 그러니 그린이 원본과 복제본 '두 사람 다 나'라고 쉽게 인정할 수 있었던 것은 '나'가 하나의 의식주관임을 철저하게 인식하지 않았기 때문이었다고 할 수 있다.

그렇다면 한 사람이 두 신체를 갖는 것은 정확하게 어떤 상황일까? 지구에 있는 원본 철수와 화성에 있는 복사본 철수가 같은 사람이라면 그는 지구의 신체가 바라보는 지구의 모습과 화성에 있는 신체가 바라보는 화성의 모습을 동시에 감각할 것이다. 이렇게 서로 다른 감각자극을 받아들이는 것은 하나의 신체를 가진 의식주관에서도 일어난다. 우리는 하나의 신체를 사용하지만 귀로는 듣고 코로는 냄새 맡는다. 왼쪽 눈과 오른쪽 눈은 약간씩 다른 영상을 받아들인다. 이렇게 동시에 여러 다른 감각자극들을 받아들이지만 의식주관은 그것들에 체계성과 통일성을 부여한 형태로 경험을 한다. 하지만 하나의 신체로 감각하는 경우에도 한 쪽 눈에는 긴 원통을 대고 다른 쪽 눈은 그대로 두고 보면 한 사물이 두 개로 보이는 등의 혼란을 겪게 된다. 그러니 하나의 의식주관이 두 신체를 가진 경우에는 감각 내용에 체계성과 통일성이 더 크게 결여되고 혼란스런 경험을 더 심하게 겪을 것이다.

'한 사람이 두 신체를 갖는다'는 것의 의미를 이렇게 정확하게 한다면 물리주의자는 지구의 원본과 화성의 복제본이 같은 상황에 대해서 결코 '한 사람은 한 신체만을 갖는다'는 오래된 상식을 버리고 싶지 않을 것이며 그렇다고 물리주의를 포기하고 싶지도 않을 것이다. 이 경우 물리주의자들이 생각해 볼 수 있는 한 방법은 물리주의의 관점에서 보더라도 지구의 원본과 화성의 복제본을 서로 다른 의식주관을 가진 두 인간으로 볼 수 있다고 주장하는 것이다. 하지만 과연 물리주의에서 이것이 가능할지 따져 보자.

물리주의에 따르면 신경계가 특정한 상태에 있으면 특정한 의식 상태가 생긴다. 이런 상태들 중에는 일반적인 것이 있다. 가령 일반적으로 '말초신경계나 중추신경계의 손상 또는 기능 장애'라는 상태는 일반적으로 '고통을 느낌'이라는 상태를 일으킨다. 그래서 철수든 영희든 '말초신경계나 중추신경계의 손상 또는 기능장애'를 갖는다면 그에 대응하여 '고통을 느낌'이라는 의식 상태를 겪을 것이다.

이와 달리 의식주관은 사람마다 다르다. 따라서 각 사람의 의식주관을 가능하게 하는 두뇌 상태 역시 사람마다 달라야 한다. 가령 철수라는 의식주관이 두뇌가 A 상태에 있을 때 발생한다면 이 두뇌 상태는 오직 철수만이 갖고 있는 상태로, 영희든 누구든 다른 사람은 갖고 있지 않을 것이다. 그리고 철수가 어렸을 때부터 철수이고 자라나 성인이 되고 늙어 노인이 될 때까지 모두 철수인 것은 철수의 두뇌가 그동안 줄곧 A라는 두뇌 상태를 유지하기 때문일 것이다.

철수의 두뇌가 A라는 고유의 두뇌 상태를 가지듯이 영희는 B, 길동은 C라는 자기만의 두뇌 상태를 가질 것이다. 이런 두뇌 상태는 사람마다 다르고 또 평생 유지된다는 점에서 지문과 비슷하다. 지문 역시 사람마다 다를 뿐 아니라 평생 유지된다. 따라서 비유한다면 각 사람의 두뇌는 자신만의 '두뇌의 지문'을 가지고 있다고 할 수 있다. 이 두뇌의 지문이 달라지면 다른 의식주관이 생겨나 다른 사람이 된다.[48]

이 두뇌의 지문은 일란성 쌍둥이들끼리도 다를 것이다. 일란성 쌍둥이끼리도 의식주관이 달라 한쪽이 느끼는 것을 다른 쪽이 똑같이 느끼지 못하기 때문이다. 반면 철수의 복제인은 철수의 두뇌를 그대로 복제한 두뇌를 갖고 있다. 따라서 복제인은 철수의 A라는 두뇌 지문 역시 똑같이 갖고 있을 것이다. 이 두뇌 상태 A는 철수라는 의식주관을 발생시킨다. 이것은 복제인 역시 철수라는 의식주관을 가진 철수라는 것을 의미한다. 이렇게 물리주의의 관점에서 보았을 때 복제인 철수와 원본 철수는 다른 사람이 될 수 없으며 동일한 사람이 될 것이라는 점을 다시 한 번 확인하게 된다.

이렇게 물리주의를 취하는 한, 원본과 복제본의 인간이 두 육체를 가진 한 의식주관임을 부인할 수 없다. 따라서 물리주의자는 물리주의와 '한 사람이 두 육체를 가질 수 없다'는 상식 중에서 하나만을 선택해야 하는 상황은 여전하다. 이 중 물리주의를 포기한다면 의식주관은 두뇌의 상태만이 아니라 영혼과 같은 어떤 비물질적인 것에 의해서도 결정된다고 볼 수 있다. 따라서 원본과 복제본의 두뇌 상태가 똑같더라도 이 두 신체에 다른 두 의식주관이 존재해 두 사람이 된다고 볼 수 있다.

가령 이원론자인 데이비드 차머스는 물리적 구성이 같은 원본과 분신이라 하더라도 기분과 지각은 공유되지 않아 분자로는 설명할 수 없는 두 영혼이 있다고 믿는다.[49] 이 경우 원본 철수와 복제인 철수 중 한 명만이 원래의 철수이고 다른 한명은 새로운 영혼이 들어온 다른 사람일 것이다. 하지만 그들은 모두 철수의 기억을 가지고 서로 자기가 철수라고 여길 수 있고 다른 사람들도 구별하지 못할 것이다. 또는 원본 철수와 복제인 철수 중에서 진짜 철수에게는 철수의 영혼이 있지만 그 다른 쪽에는 아무 영혼도 들어가지 않을 수 있다. 이 경우 그 다른 쪽은 신체는 철수와 동일하지만 아무 동작도 못 하고 멈출 수도 있고 아무 정신도 없이 자동기계처럼 움직일 수도 있다.

반면 물리주의를 고수하려는 사람은 이제 '한 사람이 두 육체를 가질 수 있다'는 것을 인정해야 한다. 이런 사람은 파핏의 전송 장치를 사용할 때 원본을 그대로 남겨 두려고 하지 말아야 할 것이다. 그의 생각대로 물리주의가 맞다면 철수는 지구의 신체와 화성의 신체로 들어오는 감각을 모두 경험하게 되는데 이것들을 통합하고 체계화하는 데 큰 혼란을 겪을 것이기 때문이다. 또한 두 신체가 각각 어떤 행동을 하려고 할 때도 혼란을 겪을 것이다. 이것은 마치 한 사람이 동시에 두 차를 운전하려 할 때와 같은 상황일 것이다.

물리주의가 맞다면 이런 상황은 다중우주에 있는 복제본들에게도 나타날 것이다. 다중우주에 있는 나의 복제본은 나와 두뇌가 똑같다. 따라서 지금의 내 두뇌에서 나의 의식이 발생하듯이 똑같은 두뇌를 가진 그 복제본에서도 나의 의식이 발생해야 한다. 그 복제본 역시 나라는 것이다. 그래서 나는 지구에서의 신체와 다중우주에서의 신체라는 두 개 이상의 신체를 갖게 되고 그 신체들의 시각 모두를 나의 시각으로 경험한다.

그런데 현재 내가 나의 지각들을 살펴볼 때 다른 우주에 있는 복제본의 지각이라 할 만한 것을 발견할 수 없다. 나의 복제본이 존재하는 다중우주는 어느 순간에는 입자 배열이 우리 우주와 똑같다고 해도 곧 양자운동의 우연성 때문에 달라졌을 것이다. 그러므로 복제본은 그 우주에서 우리 우주와는 다른 점을 지각할 것인데 이런 지각을 나는 하지 못하고 있다. 이것은 지금 다중우주에 나의 복제본이 존재하고 있다면 그는 나와 별개의 인간이라는 것을 말해 준다. 내가 감각하지 못하는 것을 감각하는 사람을 나라고 볼 수는 없기 때문이다. 이렇게 나와 두뇌가 똑같은 복제본을 나라고 볼 수 없다면 그것은 물리주의가 옳지 않다는 것을 의미한다.

이에 대해 물리주의가 옳다는 것을 고수하려면 나의 복제본이 있는 다중우주가 현재 동시에 존재하고 있다는 것을 부정해야 한다. 즉 무한개의 누벼이은 다중우주나 양자 다중우주는 실제로는 존재하지 않는다고 인정해야 한다. 이것들은 다중우주 중에서 많은 지지를 받는 대표적인 것들인데 부정해야 하는 것이다.[50] 그리고 물리주의의 입장에서는 '우리 우주와 동시에 존재하는 다중우주'(동시적 다중우주)가 매우 많이 존재한다는 점에 근거해서 내가 태어날 확률을 수긍할 만하게 높이려는 시도 또한 포기해야 한다.

05 시간적 다중우주에서의 탄생

그렇다면 동시적 다중우주와는 달리 물리주의의 범위 내에서 3단계의 희박한 확률 문제를 풀 수 있는 다중우주는 없는가. 다중우주가 희박한 확률을 높이는 방안이 될 수 있는 것은 "아주 많은 기회가 있을 경우에 설령 특정 사건이 각 기회에서 일어날 확률이 아무리 낮더라도 그 사건이 일어나리라고 예상할 수 있다"[51]는 법칙 때문이다. 그런데 이때의 많은 기회는 두 가지 다른 방식으로 주어질 수 있다. 하나는 한꺼번에 많이 주어지는 것이고 또 하나는 한 개나 몇 개의 기회가 시간을 따라 계속해서 반복해 주어지는 것이다.

다중우주에도 동시적 다중우주와는 달리 시간을 따라 배열된 '시간적 다중우주'가 있을 수 있다. 동시적 다중우주가 '나의 탄생'이 걸린 복권을 한꺼번에 왕창 사는 것이라면 시간적 다중우주는 한 장에서 몇 장의 복권을 꾸준히 계속해서 사는 것에 해당한다. 그래서 아주 긴 시간을 두고 보면 인간종에서 내가 태어날 확률은 수긍이 될 정도로 높아지게 된다.

우리 우주 발생 후 내가 탄생하기까지 138억 년이 걸렸다. 앞으로 종말까지의 시간은 이론에 따라 차이가 큰데, 양성자가 모두 붕괴되고 별들도 사라지고 블랙홀이 모두 증발하는 데 10^{100}년이 걸린다는 견해도 있다.[52] 따라서 하나의 시간적 다중우주의 평균 지속시간을 10^{100}년이라고 가정해 보자. 또한 그런 우주가 한 번에 하나씩만 연달아 생겼다 사라진다고 가정해 보자. 그러면 이런 시간적 다중우주들 중에서 내가 한 번 태어나는 데 걸리는 평균 시간은 '한 우주의 지속시간×1/내가 태어날 확률'로 '$10^{100} \times (10^{935억3400만}/3)$'년보다 길 것이다. 이런 긴 시간을 단위로 잡으면 이 시간 동안 내가 태어날 횟수는 평균 1회이다. 또한 이 두 배의 시간을 단위로 잡으면 내가 태어날 횟수는 평균 2회가 된다. 이렇게 아주 오랜 시간을 두고 보면 내가 태어날 확률은 충분히 수긍이 갈 정도로 높아지게 된다.

이런 시간적 다중우주들 중에는 지금의 나와 똑같은 복제본이 발생하는 우주가 있을 것이다. 그 복제본은 나와 동시에 존재하지 않는다. 그러니 '많은 나의 문제'는 생기지 않고 물리주의를 부정해야 할 필요도 없다. 시간대가 다른 다중우주에서의 나의 복제본은 물리주의의 관점에서 볼 때 바로 나로 볼 수 있다. 그 복제본의 두뇌는 현재 나의 두뇌와 동일하므로 그 복제본의 두뇌에서는 바로 나의 의식주관이 발생한다고 볼 수 있기 때문이다. 우리 우주에서 태어난 현재의 내가 오래전의 어떤 우주에서 존재했을 수 있고 먼 미래의 우주에서 다시 태어날 수 있는 것이다. 따라서 물리주의(유물론)를 유지하면서 '나의 탄생의 희박한 확률' 문제를 해결하려면 동시적 다중우주의 존재는 부정하면서 시간적 다중우주의 존재를 인정하면 된다.

문제는 시간에 따라 늘어서 있으며 나의 복제본과 같은 복잡한 것을 만들어 내는 시간적 다중우주들이 정말 있는가 하는 것이다.[53] 우리 우주의 종말에 대해서는 "우주는 열역학 제2법칙에 의거하여 온도가 너무 낮아서 생명체가 살 수 없는 '열 죽음heat death'을 맞이할 것"[54]이라는 견해가 많다. '우리 우주는 영원히 팽창하며 희석되어 결국 차갑고 어두운 죽음의 공간이 되며'[55] 엔트로피가 최대인 이런 상태가 되면 그 상태가 영원히 유지된다는 것이다.

하지만 우리 우주와 같은 우주가 계속 반복하여 새롭게 발생할 것이라는 우주론도 있다. 가령 리 스몰린은 이전 우주의 블랙홀에서 새로운 우주가 태어나며 이런 과정이 무한히 계속된다고 보았다.[56] 끈이론에서 말하는 고차원 공간에 있는 두 브레인이 서로 멀어졌다 가까워지며 주기적으로 충돌하는 '빅 스플랫'으로 이전 우주가 종말을 맞고 새로운 우주가 시작되기를 반복한다는 우주론도 있다.[57] 볼츠만도 우연히 엔트로피가 낮아지는 큰 열적 요동으로 새로운 우주가 반복해 탄생할 수 있다고 보았는데 이 견해에 대해서는 뒤에서 자세히 살펴볼 것이다.

인플레이션 다중우주도 동시적 다중우주뿐만이 아니라 시간적 다중우주를 함축하고 있다고 해석해 볼 수 있다. 인플레이션 다중우주는 새로운 '거품우주'들을 계속 만들어 내면서 영원히 팽창한다. 각 거품우주는 우리 우주와 동일한 물리법칙이 적용되지만 물리상수는 전혀 다르다. 하지만 인플레이션이 영원히 계속된다면 언젠가는 우리 우주와 물리상수가 같은 우주가 발생할 것이고 우연히 나의 두뇌와 똑같은 두뇌를 만들어 내는 우주도 있을 것이다. 그러면 물리주의에 따를 때 나는 다시 존재하게 된다.

이렇게 시간적 다중우주를 함축하는 이론들이 제시되고는 있으나 현재의 우주과학에서 이론적으로 더 잘 정립되고 지지되는 것은 시간적 다중우주라기보다는 동시적 다중우주이다. 예를 들어 지금의 우주를 탄생시킨 빅뱅이 무한 반복되는 빅뱅 중 하나에 불과할 수 있다는 로저 펜로즈의 가설에 대해 많은 과학자들은 '기발한 수학적 모형' 정도로 간주할 뿐 물리학적 의미는 부여하지 않는다.[58] 따라서 시간적 다중우주의 존재를 인정하면서 동시적 다중우주의 존재를 부정하는 것은 현대 우주과학에서 더 크게 인정받는 것은 부정하고 덜 인정받는 것은 긍정하는 것이 된다. 이렇게 현대 과학의 주된 입장과는 상반되는 입장을 취해야 물리주의는 나의 탄생 확률을 수긍이 갈 만큼 높게 생각할 수 있다. 그러니 적어도 오늘날의 과학의 관점에서 보았을 때 물리주의(유물론)는 나의 탄생을 잘 설명한다고 보기 힘들다. 그만큼 세계관으로서의 타당성도 크다고 인정할 수 없다.

5장

유신론과 다중우주

신은 넓은 의미로는 '물질에 기반하지 않는 영적 존재'를 지칭한다. 여기서는 '신'을 이런 의미로도 쓰되 주로 유대교, 기독교, 이슬람교와 같은 일신교에서 주장하는 신을 염두에 둘 것이다. 신은 신성함과 성스러움을 느끼게 해 오랫동안 종교의 대상이 되어 왔다. 서구에서는 전지전능한 유일신이 우주를 창조하고 주재한다고 믿는 유신론이 오랫동안 세계관으로 기능하였다. 그러다 코페르니쿠스 혁명을 계기로 주된 세계관이 유신론에서 유물론으로 바뀌어 갔다. 오늘날 특히 과학자, 철학자 등 지식인 집단에서는 유물론이 유신론을 압도하고 있다. 그들은 이성과 합리성의 관점에서 볼 때 세계에 대한 유물론의 설명이 유신론의 설명보다 훨씬 설득력 있다고 믿는다.

하지만 현재 인류가 우주에 대해 아는 것보다 모르는 것이 훨씬 많다는 것이 밝혀졌다. 그런데도 어떻게 여러 세계관 중 유물론이라는 특정 세계관이 옳다고 확신할 수 있는지 의문이 들 수 있다. 그래서 앞 장에서는 나의 탄생이라는 중요한 문제를 유물론이 잘 설명하는지 살펴보았고, 그 결과 별로 그렇지 못하다는 것을 확인하였다. 또한 8장에서 보겠지만, 유물론의 핵심 근거로 간주되어온 의식과 두뇌의 밀접한 관련성이 유물론만을 지지한다고 해석되어야 하는 것은 아니다. 따라서 유물론은 오늘날 많은 지식인들이 믿는 정도로 그렇게 확실하게 옳은 세계관이라고 말하기 어렵다.

그렇다면 과거의 주류 세계관이었던 유신론을 지금은 어떻게 평가할 수 있을까? 현대에 들어 특히 지식인 집단에서 유신론은 단지 빨리 그 잔재를 없애야 할 틀린 세계관으로 취급되었다. 하지만 유물론의 설득력이 크지 않다는 것이 밝혀졌으므로 유신론의 타당성을 다시 평가해 볼 필요가 있다. 그래야 오늘날의 사람들이 그래도 유물론을 유지하는 것이 합리적인지 아니면 유신론이나 다른 새로운 세계관을 모색하는 것이 합리적인지 알 수 있다.

이를 위해 이 장에서는 먼저 유신론이 나의 탄생의 희박한 확률 문제를 해결할 수 있는지 살펴보고 그 설명의 타당성 정도를 유물론과 비교해 볼 것이다. 다음으로 근현대에 들어서 유신론을 약화시킨 비판들을 살펴보고 그 비판이 오늘날의 과학과 우주론에 비추어 보았을 때도 강력한지 따져 보겠다.

01 나의 탄생과 신의 양자역학적 개입

확률이 낮은 일이 일어난다고 언제나 이상한 것은 아니다. 윷놀이에서 모가 연속으로 나오고, 어느 백화점의 100만 번째 고객으로 선정될 수도 있다. 발생한 일의 확률이 낮을수록 운이 더 좋았다고 생각하면 된다. 하지만 이렇게 받아들이는 데는 한계가 있다. 어느 선 이래로 확률이 떨어지면 누군가 몰래 일을 꾸민 것은 아닌지 등을 의심해 보아야 한다.

과학적으로 보았을 때 우리 우주만 존재한다면 나의 탄생 확률은 너무 낮아 이 확률을 뚫고 내가 우연히 태어났다고는 도저히 믿기 힘들다. 이것을 앞에서 '나의 탄생의 희박한 확률 문제'라고 이름 붙였다. 이 문제를 해결하려면 수긍이 갈 정도로 내가 태어날 확률을 높일 수 있는 방안을 찾아야 한다. 앞에서 유물론은 그 방안으로 시간적 다중우주에 의존해야 한다는 것을 살펴보았다. 유신론은 신의 개입 방법과 정도를 어떻게 보는가에 따라 이 문제에 대해 다른 답을 제시할 것이다.

▌ 개입하지 않는 신

신은 우리 우주를 창조했다. 하지만 창조 후에는 물질과 에너지가 자연법칙에 따라 전개되어 나가도록 놓아 둘 뿐 어떠한 개입도 하지 않는다는 것이 무개입론이다. 그중 이신론은 신이 자연을 창조한 후 사라져도 자연은 그대로 남아 똑같이 운동할 것으로 본다. 마치 시계제작자가 죽어도 시계는 잘 작동하는 것과 같다.[1] 반면 내재론은 신이 자연의 진로를 바꾸지는 않지만 자연법칙과 물질의 존재 및 운동은 신이 있어야 유지된다고 본다. 신은 창조 후에도 창조할 때와 같은 양의 운동이 유지되도록 물질 전체를 보존하고 있다는 것이다.[2]

이 중 어떤 이론에서 보든 자연의 진로에 신은 개입하지 않으므로 자연의 진로는 과학이 밝힌 바와 같이 이루어질 것이다. 그런데 과학적 관점에서는 '나의 탄생의 희박한 확률 문제'가 생긴다. 따라서 신의 무개입론에 섰을 때에도 같은 문제에 봉착하게 된다. 다만 이때의 과학적 관점은 현대 과학의 것이다.

근대 고전물리학 시절에는 신이 개입하지 않은 결과를 달리 생각할 수 있었다. 당시에는 자연이 결정론적으로 변화한다고 생각했다. 자연법칙과 초기조건만 주어지면 이후의 과정은 단 한 가지 경로로 결정되어 그대로 진행될 뿐이다. 자연의 특정한 최초 상태에서 나올 수 있는 나중 상태는 단 한 가지라는 것이다.

이런 결정론적 세계에서 신은 그가 원하는 대로 우주가 진행되게 하기 위해 초기 상태만 잘 마련하면 된다. 잘 계획하여 우주를 창조해 놓으면 이후에는 그의 개입 없이도 계획대로 우주가 변해 나간다. 우주와 지구의 물리적 역사는 미리 정해진 것이다. 생물의 진화도 외형적으로는 무작위의 변이와 자연선택의 과정으로 보이지만, 실제로는 신의 계획에 맞게 결정론적으로 이루어진다. 내가 탄생한 것 역시 신이 우주를 창조할 때 이미 먼 훗날 내가 태어나도록 계획해 두었기 때문이다. 그러니 신이 창조한 우주에서 내가 태어날 확률은 1이라고 볼 수 있다.

하지만 현대의 양자역학 시대에는 더 이상 이렇게 생각하기 힘들다. 양자역학에 따르면 전자와 같은 입자는 여러 곳에 동시에 존재하는 형태로 있다. 그러다 관측을 하면 어떤 한 곳에만 있는 것으로 나타나는데 이것을 흔히 양자붕괴 또는 파동함수 붕괴라 한다. 이때 입자가 나타날 곳이 어디인지는 확률적으로만 알 수 있을 뿐 정확히 예측할 수 없다. 따라서 이런 입자들로 이루어진 거시물질계 역시 앞으로 어떤 상태로 변화할지 정확히 알 수 없다. 입자들의 양자붕괴가 우연히 어떻게 일어나는가에 따라 거시물리계의 가능한 길도 한두 개가 아니게 된다. 우리 우주도 빅뱅이라는 한 사건에서 시작되었지만 여기서 전개될 수 있는 가능한 경로의 수는 무수히 많다. 그중에는 지금처럼 내가 태어나는 경로도 있다. 그와 함께 내가 태어나지 않는 훨씬 더 많은 가능한 경로들도 있었다.

우주를 창조할 뿐 개입하지 않는 신은 고전역학 시대 때는 종교와 과학이 서로의 영역을 지키며 양립할 수 있게 하는 좋은 방안이 될 수 있었다. 과학은 그런 신이 있다 해도 개입하지 않으므로 자연의 과정을 객관적인 자연요소들만으로 설명할 수 있어서 만족스러웠다. 종교는 신이 창조 이후에는 자연에 개입하지 않지만 그래도 신의 뜻대로 자연이 전개된다고 볼 수 있었으므로 역시 만족스러웠다.

하지만 양자역학 시대에는 그렇지 못하다. 과학의 경우는 창조할 뿐 개입하지 않는 신이 여전히 문제될 것이 없다. 자연의 과정을 자연요소들만으로 설명하고 이것으로 설명되지 않는 부분은 우연에 의한 것으로 치부하면 된다. 반면 종교는 만족하기 어렵다. 신이 우주를 어떻게 창조하든 우주의 그 후 상태는 정해진 길을 가는 것이 아니라 양자붕괴의 우연성에 따라 변화한다. 따라서 신이 세상에 대해 어떤 계획을 갖고 있었더라도 그 계획을 확실하게 실현시키는 최초 상태를 만들 수 없다. 이것은 이 우주에서 신의 뜻이 관철될 수 없다는 의미여서 일신론에서는 수용하기 힘든 귀결이다.

무개입의 신은 오늘날의 양자역학적 관점에서 볼 때 '나의 탄생의 희박한 확률 문제'도 해결하지 못한다. 신은 우주를 창조할 때 내가 반드시 태어나도록 미리 정해둘 수 없었다. 신이 창조에 임할 때 계획이 있었다 해도 그 계획은 생명의 탄생이나 인간종의 탄생 같은 큰 흐름을 정하는 정도에 그쳤을 것이다. 따라서 내가 이 우주에 실제로 태어난 것은 신의 의도였다고 볼 수 없다. 대신 신의 우주 창조 이후 양자붕괴들이 우연히 내가 태어나는 방향으로 이루어졌기 때문에 내가 태어났다고 보아야 한다. 하지만 그렇게 보면 신이 창조한 우주가 우리 우주뿐이라 했을 때 나의 탄생 확률은 그 우연한 적중을 믿기 어려울 만큼 지나치게 낮아진다. 생명의 탄생이나 인간종의 탄생 같은 큰 흐름에 대한 신의 계획이 어느 정도 그 확률을 높여 주더라도 그것만으로는 '나의 탄생의 희박한 확률 문제'는 해결되지 않는다.

▎ 가끔씩 개입하는 신

여러 전통 종교들에서는 신이 자연과 인간 세상에 가끔씩 개입한다고 보았다. 그런 개입의 대표적인 형태가 기적이다. 기적은 바다가 갈라지고, 처녀가 임신하고, 물이 포도주로 바뀌는 것같이 자연법칙에 위배되는 초자연적인 현상이다. 신은 보통 때는 자연이 그 자체의 법칙에 따라 변화되어 나가도록 놓아두다 가끔씩 필요할 때 기적을 일으켜 개입한다는 것이다.

현대에도 유사한 입장을 취하는 사람들이 있다. 심지어 일부 과학자도 그러하다. 그들에 따르면 물리적 우주의 행동은 물리학, 생물학, 화학의 법칙들이 '거의 항상' 지배한다. 따라서 법칙을 진지하게 연구하는 것이 가능하다. 그러나 가끔은 신이 개입해서 이런 법칙에 얽매이지 않고 행동하기도 한다. 이런 예외적인 신의 작용은 과학적 방법론으로는 분석할 수 없다는 것이다.[3]

자연법칙에 반하는 기적과 같은 일이 정말 현실에서 발생하곤 한다면 이것은 자연적 요소 이외에 신의 의지와 같은 원인이 세계에 작용한다는 의미이다. 문제는 기적이 정말 발생하는가이다. 기적을 믿기보다는 믿지 않는 사람들이 더 많아 보인다.

더욱이 기적의 발생을 인정한다고 해도 이것이 '나의 탄생의 희박한 확률 문제'를 해결해 주는지는 의문이다. 왜냐하면 기적을 믿는 사람들조차 자기 자신의 탄생을 통상적으로 기적이라고 보지 않기 때문이다. 처녀로부터 아이가 태어나는 것은 자연법칙상 불가능하므로 기적이다. 반면 나의 탄생은 확률은 희박하더라도 자연법칙에 위배되지는 않는다. 이렇게 나의 탄생이 기적이 아니라면 나의 탄생 때는 신이 개입하지 않았다고 보아야 한다. 즉 신이 존재하더라도 나는 여전히 아주 희박한 확률을 뚫고 우연히 태어난 것으로 보아야 한다. 그래서 '나의 탄생의 희박한 확률 문제'는 그대로 남는다.

신이 때때로 자연에 개입하는 방법으로 또 하나 중요하게 주장되는 것은 일부 자연물의 설계이다. 1990년대 미국에서 등장한 지적 설계론은 이런 생각을 정교하게 체계화했다. 집, 옷, 비행기와 같은 인공물은 자연 속에서 저절로 생길 수 없다. 인간이 계획하고 그 계획에 따라 제작했기 때문에 존재할 수 있다. 지적 설계론자들은 자연물 중에도 설계되었음이 분명한 것이 있고, 따라서 그것을 설계하고 만들어 낸 지적 존재자를 인정해야 한다고 주장한다. '일부 자연 현상은 우연을 통해 존재하게 되었다고 보기에는 너무나 가능성이 희박하고 너무나 복잡하고 너무나 아름답고 너무나 경이로워 설계자가 한 것이 틀림없다'는 것이다.[4] 그들이 이 설계자로 주로 염두에 두었던 것은 신이다.

지적 설계론자들은 생명체가 지적 존재에 의해 설계되었다는 '과학적' 증거를 제시하여[5] 공립학교에서 지적 설계를 가르치게 만들려고 하였다. 실제로 도버에서 지적 설계론 입증 사례를 교육하라는 지방 교육위원회의 결정이 있었다. 이에 학부모들이 반발하여 소송을 하였다. 재판 결과 지적 설계론은 과학이 아니며, 지적 설계론을 가르치는 것은 국교를 금지한 미국 헌법의 정신에 위배된다는 판결이 2005년에 나왔다.[6]

설계된 것으로 꼽히는 것에는 생명체 이외에도 생명의 기원, 인간 의식이 있다.[7] 물리상수들의 미세조정도 거론된다. 이런 지적 설계론에 대해 설계되었다는 자연물이 실제로는 자연요소와 우연만으로 충분히 설명될 수 있다는 반론이 제기되고 있다. 미세조정은 신의 개입 대신 다중우주론으로 해명하고 생명과 의식의 발생은 오랜 시간의 점

층적 진화로 설명할 수 있다는 것이다.[8]

지적 설계론은 설계된 자연물과 그렇지 않은 것을 구분하는 기준에서도 취약성을 드러낸다. 그 기준으로 제시된 대표적인 것이 윌리엄 뎀스키가 주장한 '특정화된 복잡성'이다. 여기서 복잡성은 '그 사물이 우연으로 설명될 수 있을 정도로 단순한 것이 아님을 보여주는 특성'이고 특정성은 '지성의 특징적인 패턴을 보여주는 것'이다.[9] 하지만 뎀스키는 설계된 자연물로 거론되는 것들의 예를 나열할 뿐 정작 자기의 기준을 적용해서 어떤 자연현상이 설계된 것임을 설득력 있게 보여 주지는 못한다.[10]

이렇게 지적 설계론은 그 자체로 타당성을 의심받고 있다. 설혹 지적 설계론이 옳다고 해도 '나의 탄생의 희박한 확률 문제'를 해결할 수 있는지는 의문이다. 과학적 관점에서 보면 우리 우주만 존재할 때 내가 태어날 확률은 '우리 우주가 생명 탄생이 가능한 우주로 발생할 확률×우리 우주에서 인간종이 발생할 확률×인간종의 역사에서 내가 탄생할 확률'로 계산된다. 지적 설계론에 따르면 이 중 첫 번째와 두 번째 단계는 설계된 것이다. 그렇다면 그 발생 확률은 설계자가 어느 정도의 의지를 가지고 있었는가에 따라 달라진다. 전능한 설계자가 꼭 존재할 필요가 있다고 생각하는 것이라면 발생 확률이 1일 것이고, 심심풀이 삼아 만들어 볼까 생각한 것이라면 발생 확률이 0.5를 크게 넘기 힘들 것이다.

신이 우주의 물리상수나 생명, 의식을 설계했다 해도 어느 정도의 의지로 그랬을지 짐작하기 힘들다. 그러니 그 의지를 반 정도 되는 것으로 생각해 보자. 그러면 위의 계산식 중 앞의 두 단계 확률은 앞에서 계산해 본 $3/10^{260}$이 아니라 0.5로 볼 수 있다. 이로써 내가 태어날 확률은 본래 계산에서보다 $10^{260}/3 \times 0.5$배나 높아진다. 하지만 이렇게 높아져도 우리 우주에서 나의 발생 확률은 여전히 매우 낮은 수준을 벗어나지 못한다. 인간종의 역사에서 내가 발생할 확률이 1/100조^{66억8100만}으로 매우 낮기 때문이다.

이 확률을 수긍이 될 정도로 높이려면 인간종에서 내가 발생한 것도 설계로 보면 된다. 과연 지적 설계론은 그럴 수 있을까? 윌리엄 뎀스키가 제시한 '특정화된 복잡성' 기준을 적용해 보자. 나는 매우 복잡한 존재이긴 하지만 이것은 다른 인간들 역시 마찬가지이다. 그러므로 그들 사이에서 내가 태어난 것이 복잡성을 충족한다고 보기 힘들다. 또한 수많은 가능한 사람들 중에 내가 태어난 것을 '지성의 특징적인 패턴을 보여 주는' 특정화된 것으로 볼 수도 없다. 그 탄생이 지성적인 패턴을 갖추려면 나 대신 태어날 자격이 더 있어 보이는 다른 사람이 태어났어야 했을 것이다.

그러니 지적 설계론의 관점에서는 적어도 인간종에서 내가 태어나는 것은 설계가 아닌 우연으로 봐야 한다. 그러면 나의 탄생 확률은 0.5×(1/100조)^{66억8100만}으로 여전히 운이 좋았다고 믿기에는 너무 희박한 확률이다. 이렇게 신이 가끔씩 자연에 개입한다는 입장은 그 개입 방법을 기적으로 보든, 지적 설계로 보든 '나의 탄생의 희박한 확률 문제'를 잘 해결한다고 볼 수 없다.

▌항상 개입하는 신

무개입론과 부분개입론 대신 유신론의 관점에서 '나의 탄생의 희박한 확률 문제'를 해결할 수 있는 다른 이론이 가능할지 생각해 보자. 과학적 관점에서 보았을 때 우리 우주에서 나의 탄생 확률이 매우 낮은 것은 우주의 변화 과정에 자연법칙 외에 우연이 작용하기 때문이다. 이 우연의 발원지는 양자붕괴와 양자요동일 것이다. 양자붕괴는 전자 등의 발견 지점을 확률로만 알 수 있는 것이고 양자요동은 진공에서 물질과 반물질의 생성과 소멸이 예측 불가능한 형태로 이루어지는 것이다. 가령 우주 발생 직후 균일하던 우주의 부분들에서 양자요동이 달리 일어나고 이것이 급팽창으로 확대되면서 오늘날 보는 것과 같은 공간상의 차이가 나타났다. 은하들이 밀접한 곳과 거시 공동인 곳의 차이가 양자 단위의 우연에 의해 발생한 것이다. 마찬가지로 나의 출생이라는 우연 역시 양자 단위의 우연성이 가져왔을 것이다.

양자요동과 양자붕괴는 빅뱅 때부터 수없이 많이 일어났다. 그만큼 빅뱅에서 현재에 이르기까지 우주가 취할 수 있었던 경로의 수는 무수히 많다. 이 중 나의 탄생으로 이르는 경로는 하나이거나 아주 적을 것이다. 따라서 신이 존재하고 나를 태어나게 하려 했다면 무수히 많은 '내가 태어나지 않는 경로들'을 모두 봉쇄했어야 한다. 그러려면 자연의 변화 과정에 전면적으로 개입해야 한다. 즉 '모든 양자요동과 양자붕괴의 순간마다 개입하는 신'이 되어야 할 것이다.

기적을 통해 우주에 가끔씩 개입하는 신은 과학적 관점과 양립하기 힘들었다. 기적은 자연법칙에 어긋나는 사건으로, 과학적 관점은 자연법칙의 위배를 단 한 건도 허용하지 않기 때문이다. 반면 모든 양자요동과 양자붕괴의 순간마다 개입하는 신은 오히려 과학적 관점과 잘 양립할 수 있다. 왜냐하면 양자요동과 붕괴 때 우연으로 남겨진 부분에만 신이 개입하면 되기 때문이다. 그렇게 한다면 신의 전면적인 개입은 모두 자연법칙의 테두리 내에서 이루어질 수 있다. 예를 들어 반감기가 30년인 방사선 세슘 입자 a, b, c, d가 있다고 해 보자. 30년이 지났을 때 붕괴된 세슘 입자가 (a, b) 나 (a, c), (a, d), (b, a), (b, c), (b, d), (c, a), (c, b), (c, d), (d, a), (d, b), (d, c) 중 어느 것이 되더라도 방사선 세슘의 반감기는 30년이라는 법칙에 어긋나지 않는다.

모든 양자요동과 붕괴의 순간에 개입하는 신이라면 우리 우주에서 가능했던 무수한 우주 경로들 중 어느 것이든 선택하여 그런 경로가 현실화되게 할 수 있다. 더 나아가 우리 우주의 발생 자체나 그 초기 조건도 선택할 수 있었을 것이다. 이런 신에 대해서는 충분히 전능하다고 말할 수 있다.

그런 신이 존재한다면 내가 현재 태어나 있는 것으로 보아 신은 나의 탄생을 의도했을 것이다. 그렇다면 왜 전능한 신은 나의 탄생을 의도했을까. 존재 가능했던 사람들은 무수히 많고 그들 중에는 태어날 자격이 나보다 더 있어 보이는 사람도 무수히 많다. 그런데도 하필 신이 나를 태어나게 한 까닭은 짐작하기 힘들다.

사랑하게 되면, 비슷한 사람들 중에서 특정인에게만 마음이 집중된다. 존재하게 된 사람들을 향한 신의 '마음'도 그와 비슷할지 모른다. 물론 전혀 다른 이유일 수도 있다. 어떤 이유이든 그 결과만을 볼 때 신의 선택은 우리가 이해할 수 없는 것으로 합리성에 못 미치거나 합리성을 뛰어넘는다고 할 수 있다. 이 중 그의 전능에 어울리는 것은 불합리성보다는 초합리성이다. 그러니 나를 태어나게 한 신은 전능하며 초합리적인 신일 것이다.

이런 전능하며 초합리적인 신이 존재한다면 내가 태어날 확률은 얼마나 될까? 신이 어느 정도로 나의 존재를 바라고 의도했을까에 따라 달라질 것이다. 신이 나를 꼭 존재하게 하려 했는지, 순간 마음이 내킨 정도로 생각했는지는 알기 힘들다. 그러니 신에게 나의 존재에 대한 바람과 의도가 반 정도 있었다고 생각한다면 내가 태어날 확률은 0.5가 된다.

0.5의 확률이라면 더 이상 희박한 확률이 아니다. 동전을 던졌을 때 원하는 면이 나올 정도의 확률이므로 그 확률이 적중하여 내가 태어나더라도 이상할 것은 없다. 이렇게 전능하고 초합리적인 신이 존재하여 양자요동과 붕괴의 순간마다 개입한다면 과학적 관점과 양립 가능한 방식으로 '나의 탄생의 희박한 확률 문제'는 해결이 된다. 문제는 과연 이런 신이 존재하는가이다. 여기서 다시 인류의 가장 오래된 물음 중의 하나인 '신은 존재하는가'라는 물음에 맞닥뜨리게 된다.

02 신의 존재에 대한 여러 입장들

'신은 존재한다'와 '신은 존재하지 않는다'는 주장 중 하나는 참이고 하나는 거짓이다. 그래서 한 주장을 증명하면 다른 주장은 반증된다. 이 중 신의 존재를 증명하려는 노력은 신학과 철학 등에서 오랫동안 있어 왔다. 안셀무스의 존재론적 증명, 아퀴나스의 우주론적 증명과 목적론적 증명 등이 유명하다. 하지만 신의 존재를 증명하는 전통적인 논증들은 대다수의 전문가들에게 설득력이 없다는 평가를 받았다.[11] 가령 칸트는 신의 증명들이 경험세계에만 적절한 인과성의 원리를 경험세계 밖에 적용하는 등의 잘못을 범하고 있다고 지적한다.[12]

'신은 존재하지 않는다'는 증명도 많은 무신론자들이 시도하였다. 하지만 신의 비존재에 대한 증명 역시 반박을 받는다. 가령 교황청은 진화론이 신의 부재를 증명하고 있다는 무신론자의 주장을 일축한 바 있다. 진화를 근거로 한 무신론은 "터무니없으며 전혀 입증되지 못한 것"이라고 보았다.[13] 이렇게 신의 존재나 비존재는 모두 증명되지 않는다. 따라서 신의 존재 여부에 대해 취할 수 있는 타당한 입장은 '알 수 없다'라는 불가지론밖에 없어 보일 수 있다.

과거에 유신론자들은 무신론에 대해서는 물론이고 불가지론에 대해서도 큰 반감을 가졌다. 하지만 오늘날의 유신론자들은 무신론자와의 논쟁에서 수세에 몰릴 때 불가지론을 방패막이로 사용하기도 한다. 이에 대해 도킨스는 신이 증명될 수도 반증될 수도 없다고 해서 불가지론을 취해야만 하는 것은 아니라고 반박한다.[14] "비록 신의 존재를 반증할 수는 없지만 실제로 신이 존재할 가능성이 극히 낮다."[15] 그러므로 신이 존재하지 않는 것은 거의 확실하다고 주장할 수 있다는 것이다.

이것은 신에 대한 입장이 유신론, 무신론, 불가지론의 세 가지보다 더 세분될 수 있음을 주장한 것이다. 도킨스는 이 입장을 7가지로 나눈다.[16]

① 강한 유신론자: 신이 존재할 확률이 100퍼센트라고 확신한다.
② 사실상 유신론자: 신이 존재할 확률이 100퍼센트는 아니지만 아주 높다고 믿는다.
③ 유신론 쪽으로 기울어진 불가지론자: 신이 존재할 확률이 50퍼센트보다 높지만 아주 높지는 않다고 본다.
④ 철저한 불가지론자: 신이 존재할 확률과 존재하지 않을 확률은 50퍼센트로 똑같다고 본다.
⑤ 무신론 쪽으로 기울어진 불가지론자: 신이 존재할 확률이 50퍼센트보다 낮지만 아주 낮지는 않다고 본다.
⑥ 사실상 무신론자: 신이 존재할 확률이 0퍼센트는 아니지만 아주 낮다고 믿는다.
⑦ 강한 무신론자: 신이 존재할 확률이 0퍼센트라고 확신한다.

가령 스티브 언윈은 베이스 추론의 방식으로 신의 존재 가능성을 67

퍼센트로 추정하였다.[17] 이 결과를 받아들인다면 ③의 불가지론자가 될 것이다. 반면 신을 믿지 않는 어떤 물리학자가 이 베이스 통계를 이용하여 계산한 것에서는 신의 존재 확률이 10^{-17}로 나왔다.[18] 이 결과를 받아들이면 ⑥의 무신론자가 될 것이다.

이렇게 세분하면 신의 존재나 비존재를 증명하지 못한다고 해서 남은 길이 불가지론만은 아니게 된다. ①과 ⑦이 불가능하다고 해도 ②와 ⑥은 가능하다. 실제로 오늘날의 유신론자나 무신론자들의 대부분은 ①이나 ⑦ 대신 ②나 ⑥의 입장을 취한다. 가령 무신론자인 도킨스는 그의 저서 《만들어진 신》 중 한 장의 제목을 '신이 없는 것이 거의 확실한 이유'로 정해서 그의 입장이 ⑥임을 보였다.

⑥을 주장하는 사람들은 주로 다음의 세 가지를 근거로 삼는다.

- 과학의 발전으로, 자연과 우주를 설명하는 데 더 이상 신은 불필요해졌다.
- 현실에서의 악의 존재는 신의 존재와 양립하기 어렵다.
- 직관적으로 볼 때 신이 없음은 분명해 보인다.

오늘날 지식인 집단에서 유물론이 주류를 이루는 것은 이 근거들이 상당히 타당하다고 믿기 때문이다. 그러니 과연 그러한지 하나하나씩 살펴보자. 만약 타당하다면 ⑥의 무신론 입장이 옳을 것이므로 신의 존재를 전제로 나의 탄생의 희박한 확률 문제를 해결하는 것은 설득력을 갖기 힘들다. 반면 이 근거들이 타당하지 않다면 ②의 유신론이나 ③~⑤의 불가지론 중 어느 것이 옳은지 더 따져 보아야 할 것이다.

03 과학의 발전과 신의 자리

▌틈새의 신

신에 의한 설명의 축소

과학의 발전으로, 자연과 우주를 설명하는 데 더 이상 신은 불필요해 졌다는 주장에 대해 살펴보자. 과거에 인류는 여러 자연현상들을 신이 일으킨다고 생각하였다. 가령 고대 그리스인들은 하늘, 땅, 바다에서 일어나는 온갖 변화는 각각 제우스, 가이아, 포세이돈 신이 일으킨다고 보았다. 여기서 짐작할 수 있듯이 자연현상을 이해하려는 욕구가 인간이 신의 존재를 믿게 된 근본 원인 중 하나였다. 자연현상 중에서도 주로 벼락이나 홍수 같은 드물고 거친 것들을 신에 의한 것으로 간주한 것도 이 때문일 것이다. 평상시의 온화한 기상을 자연의 본모습으로 여기다가 급작스럽게 기상이 악화될 때 그런 변화를 일으킨 원인을 같은 자연에서 찾기는 어려웠을 것이다. 그래서 그 힘의 원천을 초자연적인 신에게서 찾게 되었을 것이다.

반면 과학은 자연현상을 자연의 요소들만으로 설명한다. 천둥과 번개는 신의 노여움이 아니라 구름 속에 축적된 음전하가 발생시킨 전기 현상이다. 각종 질병을 일으키는 것은 신이 아니라 바이러스와 세균이다. 이렇게 자연현상을 과학으로 설명하게 되면 신이 존재한다고 볼 필요가 없어진다. 그리고 과학이 발전하면서 신으로 설명되던 자연현상들을 점점 더 많이 자연요소만으로 설명할 수 있게 되었다. 자연현상 중에서 과학으로 규명한 부분([그림 5-1] 원의 하얀 부분)이 그렇지 못한 부분(원의 검은 부분)에 비해 훨씬 작다가 과학의 발전으로 더 커지게 된 것이다.

[그림 5-1] **과학이 규명한 영역의 확대**

그에 따라 자연현상의 설명에서 신이 필요한 영역 역시 점점 줄어
들었다. 많은 무신론자들은 파인만의 말처럼 "신은 불가사의를 설명
하기 위해 만들어진다. 사람들은 이해되지 않는 것들을 설명하기 위
해 신을 만들었다"라고 본다.[19] 이런 만들어진 신은 그 필요성이 없어
지면 더 이상 존속할 수 없다. 자연현상의 설명에 필요했던 신은 과학
의 발전에 따라 바로 이런 운명을 맞게 되었다.

남은 틈새의 신

과학 발전이 신의 존재를 더 이상 믿을 수 없게 만든다는 무신론자의
주장에 대해 어떤 유신론자들은 '틈새의 신 논증'으로 맞선다. 비록
과학이 많은 자연현상들을 설명하였지만 그래도 설명하지 못하고 남
은 틈새가 있다. 이 틈새의 자연현상을 설명하기 위해서는 여전히 신
에 의존할 수밖에 없다는 것이다.

예를 들어 뉴턴은 그의 책《프린키피아》에서 "행성의 궤도에서 발
생하는 일부 사소한 불규칙성은 증가하는 경향을 보이고 있으며 이것
이 쌓이면 결국 행성계는 개선을 원하게 된다. 이 개선을 수행하는 존
재가 바로 신이다"[20]라고 주장하였다. 1990년대에 미국에서 등장한
지적 설계론에서는 생명체의 등장과 의식의 발생을 자연적 요인으로

설명할 수 없는 틈새로 보았다. 그래서 이것들을 설계하고 만들어 낸 지적 존재가 있어야 한다고 생각했다.

틈새의 신 논증에 대해 유물론자들은 현재 과학이 설명하지 못하는 틈새가 있다는 것은 인정한다. 하지만 이런 틈새 역시 과학이 더 발전함에 따라 결국 메워질 것으로 본다. "한때는 초자연적이거나 비정상적이라고 여겨지던 수수께끼가 이해되고 나면 과학에 포함된다"라는 것이다.[21] 그러니 현재 과학으로 설명되지 않는 자연현상이라 해서 신으로 설명하려는 것은 잘못이다. 틈새들은 결국 과학으로 설명될 것이므로 남아 있는 틈새를 신의 존재 근거로 볼 수는 없다는 것이다.

유물론자들은 과학의 틈새가 결국 메워질 것이라고 어떻게 믿게 되었을까. 아마도 고전물리학 때의 자신감이 일부 전해졌을 것이다. 당시 뉴턴역학의 성공에서 큰 인상을 받은 과학자들은 '일반적인 원리는 너무나 강력해서, 몇 개의 정리와 기본법칙으로부터 우리가 관찰하는 거의 모든 현상을 도출할 수 있다'라고 믿었다.[22]

1875년경에 독일의 물리학자인 막스 플랑크에게 당시 담당 교수는 '물리학은 지엽적인 분야로 가면 아직 해결되지 않은 문제가 발견되긴 하겠지만 전체적인 체계는 거의 완전하게 확립되었다'라면서 다른 전공을 권했다. 영국의 물리학자 캘빈도 1901년에 "지금 물리학에서 새로운 것이 발견될 가능성은 거의 없다. 이제 남은 것은 측정값을 더욱 정확하게 개선하는 것뿐이다"[23]라고 말했다. 이런 자신감이 과학의 미해결 문제들에 대해서 '새로울 것 없고 지엽적일 것'으로 예측하게 했을 것이다.

틈새 확대로 신의 자리 확대

물리학을 완성한 줄 알았던 뉴턴역학은 그러나 곧 상대성 이론과 양자역학에 자리를 내주게 된다. 이와 함께 과학의 틈새에서도 '결국 과학이 설명할 것'이라고 볼 수 없게 만드는 점들이 속속 나타났다.

① 더 줄어들지 않는 틈새

유물론자들은 과학의 틈새로 남아 있는 문제들이 지엽적이고 사소한 것들이라고 여기는 경향이 있다. 하지만 실제로는 기초적인 문제들이 남아 있다. 과학이 지금까지 밝혀낸 문제들보다 더 근본적인 것들도 있다. 그만큼 틈새의 문제들이 결국 과학으로 해명될 것이라고 쉽게 자신할 수 없다.

독일의 생리학자 에밀 뒤부아레몽Emil du Bois-Reymond는 1880년에 과학이 해명할 수 없는 7가지 문제를 나열하였다. 물질과 힘의 본질, 운동의 근원, 생명체의 발생, 자연의 조화(합목적성), 감각과 의식의 발생, 이성적인 사유와 언어의 시원, 의지의 자유 등이다. 이에 독일의 생물학자 헤켈은 과학이 자연의 모든 수수께끼를 해결하는 과정이라고 주장하였다.[24] 하지만 지금도 레몽이 지적한 문제들의 대부분은 해결되지 않고 있다.

칸트는 더 나아가 이런 자연의 근본 문제들은 원리상 해결될 수 없다고 주장하였다. 상반되는 양 주장이 논리적으로나 사실적으로 동등한 근거를 가져 어느 쪽이 맞는지 증명할 수 없다는 것이다. 가령 '세계가 시간적으로나 공간적으로 유한하다'는 주장과 '무한하다'는 주장 중에 어느 쪽이 맞는지는 과학으로는 영원히 해결할 수 없다. 이렇게 과학의 틈새 중에는 앞으로도 과학이 결코 메울 수 없는 것들이 있어 보인다. 그리고 틈새가 계속 남아 있는 한 그 틈새에 속하는 자연현상들을 신을 끌어들여 설명하는 것 역시 막을 수 없다.

② 과학이 몰랐던 새로운 문제들

과학자들은 과학이 자연현상들을 차례로 규명해 감에 따라 해결되지 못한 문제는 점점 줄어들어 틈새처럼 남게 될 것이라고 생각했다([그림 5-2]의 가). 하지만 실제로는 과학이 자연현상들을 더 많이 규명할수록 그보다 빠른 속도로 규명되지 않은 새로운 문제들이 늘어났다([그림 5-2]의 나). 과학이 발전할수록 자연은 이전에 알았던 것보다 훨씬 크고 복잡한 것으로 드러났기 때문이다.

가령 양자역학은 양자붕괴나 양자얽힘, 양자 터널링 등 전에는 상상도 못한 '너무나 기괴'한 자연현상이 있음을 보여 주었다. 인류는 "우주에 대해 더 많은 것을 알수록 이해하지 못하는 것이 더 많아"지며[25] "무지는 항상 증가한다"[26]는 경험을 했다. 현대 과학이 많은 성과를 거두었지만 우주에서 인간이 직접 탐사한 부분은 우리 우주의 반지름을 지구 둘레 크기로 줄이면 모래 한 알에도 훨씬 못 미친다. 아무리 우주를 동질적이라고 가정해도 이런 작은 범위에 집중된 정보로 나머지 우주를 잘 알기는 어렵다. 또한 빅뱅에서부터 암흑물질, 암흑에너지까지 모두 수수께끼이다.[27] 가령 보통물질보다 몇 배가 많은 암흑물질이 광대한 우주에서 어떤 세계를 이루고 있는지 전혀 알지 못한다. 이런 사례들이 보여 주듯이 과학 발전에 따라 새로 드러난 규명되지 않은 영

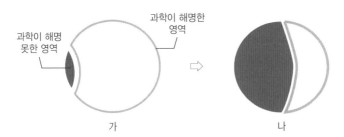

[그림 5-2] **과학이 규명하지 못한 영역의 확대**

160

역들은 너무 방대해 '틈새'라는 이름은 이제 전혀 어울리지 않게 되었다. 오히려 과학이 설명해 낸 영역이 틈새라고 해야 할 지경이다.

새로 드러난 자연과 우주의 이 광대한 영역을 제대로 설명하려면 지금의 과학보다 훨씬 확대된 새로운 과학이 필요하다. 하지만 그 새로운 과학도 큰 공백을 남겨서 신을 끌어들여야만 완결된 설명이 가능할 수도 있다. 이런 가능성을 배제하지 못하는 한 신은 존재하지 않는다고 단언하기는 힘들다.[28]

▎과학의 토대로서의 신

과학은 신에 적대적이어서 과학의 발전은 신의 존재 여지를 줄이기만 한다고 생각하는 사람들이 많다. 하지만 과학은 일정 부분 그 기초를 신에 두고 있는 것 같다. 가령 과학의 기본이 되는 전제 중 하나는 자연법칙의 불변성이다. 법칙이 우주의 모든 시간과 공간에 동일하게 적용된다는 것이다. "대부분의 과학자에게 이 핵심 교리는 보이지는 않지만 호흡을 가능하게 해 주는 산소와 같은 존재다."[29] 이런 전제가 있기 때문에 과학은 지금의 자연법칙을 100억 년보다도 이전의 시기에 적용시켜 빅뱅 당시의 우주 역사를 재구성할 수 있었다. 또한 지금의 자연법칙을 수백 조 년 후의 미래에 적용시켜 우주의 종말 방식을 예측하기도 한다.

이 자연법칙의 불변성 개념이 등장한 것은 16~17세기 유럽에서였다. 당시 신이 자연을 창조할 때 불변하는 법칙을 부여했다는 관점이 나타났다. 이전까지는 인간 세상에만 적용된다고 생각했던 신의 법이 죽어 있는 물질에까지 미친다고 확장하여 생각하게 된 것이다.[30] 신은 그 자신이 불변할 뿐 아니라 "처음에 창조했을 때와 똑같은 방식, 똑같은 비율로 물질 전체를 보존"한다.[31] 그래서 자연은 "결코 범할 수 없는 불변의 법칙을 통해서만 작동"하게 된다는 것이다.[32]

이후 신에 대한 믿음은 약화되어 왔고 특히 과학 분야에서 그러했다. 그런데도 신 개념에 근거해 형성되었던 자연법칙의 불변성에 대한 믿음은 확고하게 유지되었다. 지금도 대부분의 과학자들은 자연법칙이 변하지 않는다는 것을 당연하게 받아들인다.[33] 그렇다고 오늘날의 과학자들이 자연법칙의 불변성에 대해 신을 대체할 만한 다른 근거를 찾은 것 같지는 않다. 따라서 자연법칙의 불변성에 대한 과학자들의 믿음은 지금도 '종교가 남긴 흔적'[34]으로 신에 의존하고 있는 셈이다.

이것은 과학에 근거해 신의 존재 가능성을 부정한다면 과학 자신의 기반을 스스로 약화시키는 셈이 될 수 있음을 의미한다. 과학의 기반이 약화된다면 과학의 신뢰성은 떨어지고 과학의 신뢰성이 떨어지면 과학에 근거해서 신의 존재를 부정하는 논변의 설득력도 떨어지게 된다. 그러니 과학에 근거해서 신의 존재를 부정하는 것은 한계가 있다.

많은 과학자들이 과학의 전제로 받아들이는 또 하나는 반영론이다. 반영론은 '감각 경험은 실제 세계를 그대로 반영한다'는 관점이다. 반영론을 전제하지 않고도 과학 활동을 해 나갈 수는 있다. 과학이 밝히고자 하는 것은 경험 세계일 뿐이라고 한정지으면 된다. 반면 반영론을 전제해야 과학이 밝힌 내용이 실제 세계의 참모습을 보여 준다고 생각할 수 있다. 그리고 이렇게 생각해야 '과학에 근거할 때 신은 존재하지 않는다'라는 주장을 할 수 있다. 과학이 경험 세계만을 밝힐 뿐이라면 신이 경험 세계를 뛰어넘어 실제로 존재하는지는 말할 수 없게 되기 때문이다.

그런데 반영론이 옳다는 것은 어떻게 보장할 수 있는가. 철학적 논쟁들은 반영론의 근거를 찾는 것이 막막한 일임을 보여 준다. 그나마 그 근거로 거론되어 온 것이 바로 신이다. 가령 데카르트는 선한 신이 실제와는 다른 감각 경험을 인간이 하도록 해 속일 리 없다는 점을 들어 반영론을 옹호한다. "별들이 있고 땅이 있고 하는 것과 같이 … 우리가 매우 명백하고 뚜렷하게 인지하는 사물들이 모두 참이라는 것은 신이 존재하기 때문에만 확신되어"진다는 것이다.[35]

오늘날 반영론을 과학의 전제로 두는 사람들 역시 반영론의 근거를 요구받으면 신 이외에 마땅히 의존할 만한 곳이 없다. 따라서 과학에 근거해 신을 부정하는 사람들은 과학이 전제해야 하는 반영론의 토대를 부정하는 셈이 된다. 그러니 이때의 신에 대한 부정도 자기 부정으로 이어져 설득력을 잃게 된다.

현대의 많은 과학자들은 신이 존재하지 않는다고 주장한다. 그러면서도 신에 근거해 정당화되었던 자연법칙의 불변성과 반영론에 대한 믿음은 유지하고 있다. 믿음의 토대는 부정하고 그렇다고 다른 토대를 마련하지도 않고서 믿음만을 유지하는 것이다. 이것은 관성적이고 맹목적인 태도라고 할 수 있다. 비교한다면 오늘날 우리 사회 구성원들 중 상당수가 오래전에 유교 사상을 버렸으면서도 그 사상에 기반했던 가부장적 질서나 위계 중시, 의리 강조 등의 유교적 태도는 계속 유지하는 것과 같다.

자연법칙의 불변성과 반영론을 과학의 전제로 보는 사람들은 그 전제들이 옳다는 근거를 예전처럼 신에서 찾거나 아니면 다른 곳에서 찾아야 한다. 만약 그 근거를 신에서 찾으려면 신이 과학과 양립한다는 것을 인정해야 한다. 지금처럼 신을 인정하지 않고 신이 아닌 다른 근거도 찾지 못한 경우 과학에서 자연법칙의 불변성과 반영론을 전제할 수 없고 그러면 과학에 근거해 신을 부정할 수는 없다는 것을 인정해야 한다.

'신이 없다는 것이 거의 확실하다'는 주장의 한 근거는 과학의 발전으로 자연과 우주를 설명하는 데 더 이상 신은 불필요해졌다는 것이었다. 하지만 과학의 발전은 과학이 규명하지 못한 영역 또한 크게 확대시켰다. 따라서 이 영역의 설명에 신이 필요할 가능성을 배제하지 못하게 되었다. 더 나아가 과학의 토대 중에는 법칙의 불변성이나 반영론과 같이 신 이외의 근거를 찾지 못한 것이 있어서 과학이 신을 부정하는 것은 스스로의 설득력을 약화시키는 측면도 있음을 보았다. 이상을 볼 때 과학의 발전이 신의 존재를 확실하게 반박하지는 못했다고 말할 수 있다.

04 악의 문제와 다중우주

▌악의 문제

세계에는 많은 고통과 불의가 존재한다. 이것은 유일신교가 믿는 전지전능하고 전선한 신의 존재에 대해 의문을 제기한다. 흄은 이 의문을 다음과 같이 소개한다. '신은 악을 막을 의지를 가졌는데 막을 수 없었는가? 그렇다면 그는 무능하다. 그럴 능력은 있는데 의지가 없었는가? 그렇다면 그는 악의적이다. 그가 능력도 가졌고 의지도 가졌나? 그렇다면 악은 어디서 온 것인가?'[36] 이런 물음을 흔히 '악의 문제'라 한다.

악의 문제는 전통적인 유신론에 대한 가장 강력한 반론으로 간주되기도 한다. 실제로 이 물음의 답을 듣지 못해 신을 부정하는 사람들이 많다. "당신은 신이 사랑과 능력이 많다고 주장한다. 그렇다면 어머니를 위해 꽃 몇 송이를 손에 들고 집으로 걸어가던 어린 소녀가 음주 운전자의 차에 치여 즉사했고 신이 그것을 가로막지 않은 것에 대해 당신은 설명해야 한다"[37]라는 식이다. 우리나라에서는 이런 일도 있었다. 공무원 시험 준비생이 아파트에서 뛰어내렸는데 하필 지나가던 사람 위로 떨어져 둘 다 사망하였다. 지나가다 죽은 사람은 만삭 아내와 5살 아들을 둔 공무원이었다.[38] 이 사건에서 자살에 이르게 한 자살자의 괴로움, 황당하게 뺏긴 피해자의 목숨, 남은 가족들의 슬픔을 떠올리면 전능하고 선한 신의 존재를 믿기는 결코 쉽지 않다.

반면 유물론에서는 악의 문제가 발생하지 않는다. 선과 악이 모두 물질에서 발생 가능한 것이라면 물질이 우연히 배열되어 만들어진 실제 세계에 선이 존재하는 것처럼 악 역시 존재할 수 있다. 물론 선만 있고 악은 없는 세계가 우연히 만들어질 수도 있지만 그럴 확률은 낮다. 선이 존재하는 세계에서는 평균적으로 악 역시 존재할 것이다.

이렇게 유물론이 유신론보다 악의 존재와 더 잘 부합하는 듯 보인다는 점이 사람들이 유물론을 채택하는 주된 이유 중 하나가 되고 있다. 미국 국립과학아카데미 회원과 영국 왕립협회 회원을 대상으로 한 조사 모두에서 생물학자가 물리학자보다 좀 더 무신론적 경향을 띠는 것이 발견되었다.[39] 이는 물리학자에 비해 생물학자들이 생명체가 겪는 고통이나 비참함 같은 악을 목격할 기회가 더 많기 때문일 것이다.

▎가능한 최선의 세계

유신론자들은 악의 문제를 해결해야 한다. 그 유력한 대답으로 라이프니츠가 제시한 것이 '가능한 최선의 세계'이다. 이 세계는 악이 존재하긴 하지만 가능한 세계 중 최선의 세계라는 것이다. 하지만 어떻게 악이 존재하는데도 최선의 세계일 수 있는가, 아무런 악도 없어야 최선의 세계이고 전능한 신이라면 그런 세계를 만들었어야 하지 않는가 하는 의문이 들 수 있다.

그에 대한 한 응답은 세계 속의 악을 도구적 악으로 보는 것이다. 도구적 악이란 '어떤 선의 실현을 위해 개념적으로 전제'되고, '그 악과 선이 모두 실현된 세계가 둘 다 실현되지 않은 세계보다 더 좋은 세계인 경우'의 악이다. 반면 이런 조건을 충족시키지 못하는 악은 순전한 악이다.[40] 라이프니츠는 가능한 최선의 세계인 이 세계에서 악은 바로 '선을 실현하기 위한 필요악'인 도구적 악이라고 주장했다.[41]

또 하나의 응답은 인간의 자유의지이다. 인간이 자유의지를 가졌다는 것은 선과 악 중에서 악을 택할 가능성을 가졌다는 말이다. 신이 자유의지를 가진 인간을 창조하는 한 세계에는 도덕적 악이 존재하게 된다.[42] 이때의 악은 자유의지의 결과물로 다른 선을 산출하지 못하는 순전한 악인 경우도 있을 것이다. 그렇더라도 자유의지가 있고 도덕적으로 자유로운 행위자를 포함하는 세계가 단지 기계적으로 선한 행위를 하는 로봇 같은 피조물만을 포함하는 세계보다 훨씬 더 좋은 세계라는 것이다.

이런 답변대로 악이 도구적 악이거나 자유의지의 허용에 따른 불가피한 결과라면 악이 존재하는 세계라도 최선의 세계가 될 수 있을 것이다. 반면 아무런 악도 존재하지 않는 세계는 생명체나 의식이 전혀 존재하지 않아 고통을 느낄 주체가 없는 세계일 것이다. 이런 세계에서는 기쁨, 쾌락 등의 선 역시 있을 수 없다. 이렇게 악과 함께 선도 존재하지 않는 세계에 비해 선과 악이 공존하는 세계가 더 나을 수 있다는 것은 분명해 보인다.

문제는 선과 악이 공존하는 가능한 세계들이 매우 많을 것인데 지금의 세계가 그중 최선인 세계일 수 있는가이다. 가능한 최선의 세계가 실제로 어떤 모습일지 정확히 짐작하기는 어렵지만 대충 말해서 그 구성원들이 누리는 선은 최대이고 악은 최소인 세계일 것이다. 그리고 행동의 자유는 맘껏 누리는데 그 자유가 발생시키는 악은 작은 세계일 것이다.

 그런데 지금의 세계는 생존경쟁, 약육강식, 전쟁, 재난, 질병 등 그 악의 크기가 선에 비해 결코 작지 않다. 먹이사슬 때문에 사자가 굶어 죽거나 얼룩말이 찢겨 먹히는 것처럼 세계에는 광범위하고 큰 고통이 불가피하게 발생하고 있다.[43] 한 시인의 표현을 빌리면 "아무도 울지 않는 밤은 없다."[44] 이런 우리 세계보다 선은 더 크고 악은 더 작은 세계를 쉽게 상상해 볼 수 있다. 가령 코로나 같은 전염병만 없어도 역사상 인류의 고통은 훨씬 덜어졌을 것이다.

 자유의지와 관련지어도 마찬가지이다. 자유의지라는 기준으로 볼 때 가능한 최선의 세계는 가장 선한 사람들이 태어나 자유의지에 따라 살아가는 세계일 것이다. 그 이유는 우선 선한 사람이 악한 사람에 비해 삶을 누릴 자격이 더 클 것이기 때문이다. 다음으로, 선한 사람은 악한 사람에 비해 그 자유를 악한 결과가 아닌 선한 결과가 나오는 쪽으로 행사할 것이기 때문이다.

 하지만 실제 인류 역사에서는 네로, 연산군, 히틀러와 같은 이들이 상당수 있었다. 이 세상에 탄생 가능한 인간의 수는 엄청나게 많은데 이와 같은 인물들이 가장 선한 인간들 축에 속한다고 결코 생각할 수 없다. 그들보다 선할 수 있는 사람들이 얼마든지 있을 것이고 이들이 대신 태어난 가능한 세계들 역시 쉽게 생각해 볼 수 있다. 그러니 지금의 세계를 가장 선한 사람들이 태어나 이루는 가능한 최선의 세계라고 보기는 힘들다.

그래서 유신론은 다시 궁지에 몰린다. 유신론은 '신이 존재한다면 악이 왜 있는가'라는 악의 문제에 대해 '최선의 세계에도 악은 있다'는 응답으로 피해 가지만 다시 '신이 존재하는데 왜 현실은 최선의 세계가 아닌가'라는 물음으로 곤란을 겪게 된다. 이와 달리 유물론의 입장에서는 이 세계가 가능한 최선의 세계가 아니라는 것은 당연하다. 최선의 세계가 아닌 것이 통계적으로 훨씬 있을 법한 일이기 때문이다. 그러니 '악의 문제'뿐만 아니라 '최선의 세계'와 관련해서도 유신론보다는 유물론이 더 설득력 있어 보인다.

▌내가 태어날 수 있는 세계

유물론자의 시각대로 지금의 세계는 가능한 최선의 세계가 아닐 것이다. 그런데 여기서 주목할 점이 있다. 만약 가능한 최선의 세계가 현실이 되었다면 내가 태어날 수 있었겠는가 하는 점이다. 지금의 세계보다 일부 더 나은 세계를 상상해 보아도 그 세계에서는 내가 탄생할 수 없었다. 가령 조선 시대에 연산군이 왕이 되지 못했다면 당시 백성들이 고초를 겪지 않았을 것이고 우리 역사도 더 잘 발전했을 수 있다. 하지만 그랬다면 조상들의 혼인관계가 실제와는 달라져 나는 태어나지 못했을 것이다.

가능한 최선의 세계에서는 더욱더 그러했을 것이다. 최선의 세계라면 서로 조화 가능한 한에서 가장 선하고 뛰어난 사람들이 태어날 것이다. 그런데 나의 부모에서 태어날 수 있었던 가능한 사람의 수만 해도 수조 명이 넘는다. 그들 중 내가 가장 선하고 뛰어난 사람이 아니라는 것은 거의 확실하다. 그러니 최선의 세계라면 나는 태어나지 못했을 것이다. 그리고 그런 세계에서 내가 태어났다 해도 이제 더 이상 그 세계는 최선의 세계로 유지되기 힘들 것이다. 결함이 더 많은 나라는 사람이 그 세계에 존재하게 되고 더 많은 잘못된 행동으로 인한 부정적인 결과를 그 세계에 산출할 것이기 때문이다.

그렇다면 가능한 최선의 세계가 아무리 그 구성원들에게 큰 선과 자유를 누리게 한다 하더라도 나의 입장에서는 그런 세계가 현실이 되길 바라기 힘들다. 나는 나 없는 최선의 세계보다는 내가 태어나는 불완전한 세계를 원할 것이다. 나에게는 최선의 세계보다 내가 태어나는 세계가 더 중요하다.

물론 내가 태어날 수 있는 세계가 여럿이라면 그중에서는 더 나은 세계에 태어나는 것이 좋을 것이다. 하지만 현실의 부모가 아닌 다른 남녀 사이에서 내가 태어나는 일은 있기 힘들다. 나를 탄생시킨 실제 과정이 우리 우주에서 내가 태어날 수 있는 유일한 길일 가능성이 크다. 만약 그렇다면 지금의 세계는 모든 가능한 세계들 중 내가 바랄 수 있는 유일한 세계이다. 그 유일하게 바랐을 세계가 현실화된 것으로 볼 수 있다.

▌ 신학적 다중우주

물은 깨끗함의 등급에 따라 사는 물고기 종류가 달라진다. 그래서 어떤 물고기가 사는지를 보면 그 물의 등급을 알 수 있다. 이 세계에 내가 산다는 것도 나의 불완전함을 생각할 때 이 세계가 최선의 세계는 아니라는 징표가 될 것이다.[45] 여기에 '신이 최선이 아닌 세상을 만들 리 없다'는 가정을 더하면 '신은 존재하지 않는다'는 결론이 나온다. 바로 나의 존재가 신의 부재의 증거일 것이다.

이런 논변에 맞서려면 유신론자들은 신이 최선의 세계를 포기하면서까지 나를 존재하게 했다고 주장해야 한다. 하지만 왜 신은 가능한 최선의 세계가 아닌 내가 탄생하는 세계를 만들었을까. 나의 입장에서는 다행스럽고 좋은 일이지만 이해하기는 쉽지 않다. 나보다 선하고 뛰어나 태어날 자격이 더 큰 가능한 인간들이 무수히 있다. 신은 그들 중에서 태어날 사람을 선택했어야 하지 않는가?

이에 대한 유신론의 통상적인 답변은 '나에 대한 신의 사랑과 은총'이 될 것이다. 신은 내가 마땅한 자격이 있어서 태어나게 한 것이 아니다. 자격이 없는데도 태어나게 하였으니 사랑이고 은총이라는 것이다. 하지만 다시 왜 그 수많은 가능한 인간들 중에서 내가 사랑과 은총의 대상이 되었는가라는 의문이 남는다. 유신론자들은 이 의문에 대해 인간으로서는 알 수 없는 신비라고 답할 것이다. 신이 그러한 이유가 있겠지만 우리로서는 알 수 없다는 것이다.

이와 달리 신이 내가 태어나는 불완전한 세계를 만든 이유를 좀 더 합리적으로 설명할 수 있는 다른 길이 있어 보인다. 그것은 바로 다중우주 개념을 끌어들이는 것이다. 본래 다중우주는 유물론자들이 신을 배제하고 우주의 미세조정을 설명하는 데 사용하였다. "다중우주의 개념은 우리가 생명에 우호적인 우주에서 살고 있는 이유를 창조자의 자비심에 의존하지 않고도 설명해" 낸다는 것이다.[46] 그래서 유신론자들은 이 개념에 거부감을 느껴 왔다. 많은 신학자와 과학자가 다중우주와 신은 서로 배치되는, '화해할 길이 없이 충돌하는 문제'로 간주한다.[47] 다중우주가 있다면 신은 존재하지 않고 신이 존재한다면 우리 우주만 있을 뿐이라는 것이다.

그런데 다중우주론은 현대 물리학과 우주과학에서 주류 입장으로 자리 잡아 가고 있다. 따라서 유신론이 다중우주를 계속 거부한다면

170

또다시 과학의 발전에 맞서는 형세가 될 것이며, 과학의 발전과 조화되지 않는 세계관이라는 평가를 계속 받아야 할 것이다. 하지만 유신론자에게는 다행스럽게도, 통념과는 달리 다중우주가 유신론의 설득력을 높이는 데도 도움이 될 것으로 보인다.

유신론은 '지금의 이 세계가 최선의 세계인가'라는 물음에 대해 긍정할 수밖에 없는 것으로 보여 외면을 받았다. 대다수 사람들의 직관에 따르면 이 세계는 결코 가능한 최선의 세계가 아니기 때문이다. 이제 다중우주를 이용하면 이 물음에 대해 유신론도 '아니오'라고 답할 수 있게 된다. 유신론자들이 이 세계가 최선의 세계라는 무리한 주장을 하게 된 것은 세계는 단 하나라고 전제했기 때문이다. 가령 라이프니츠는 '신의 관념 속에 있는 무한한 수의 가능적 세계 중에서 단지 하나의 세계만이 존재할 수 있다'라고 보았다.[48] 그러니 전능하고 선한 신이라면 당연히 단 하나 존재하는 세계를 가장 좋은 것으로 만들 것이라고 생각하였다.

하지만 신이 여러 세계를 실현시킬 수 있게 다중우주를 만들었다고 가정하면 더 이상 지금의 우리 세계가 최선이라고 보지 않아도 된다. 신은 당연히 최선의 세계도 만들었지만 그것은 다른 우주에 있다. 신은 또한 완전성이 떨어지는 여러 단계의 세계도 만들었는데 그중 하나가 우리 우주이다. 이렇게 보면 '전능하고 전선한 신이라면 최선의 세계를 만들어야 한다'는 당위도 충족되고 '지금의 이 세계는 가능한 최선의 세계가 아니다'라는 직관에도 부합할 수 있다.

이렇게 완전성의 정도를 달리하는 많은 우주들로 이루어진 다중우주를 '신학적 다중우주'라고 지칭해 보자. 신학적 다중우주는 '우리 우주 하나로 된 단일우주'는 물론이고 '최선의 세계 하나만이 존재하는 단일우주'보다도 전지전능하고 전선한 신의 개념에 더 잘 어울리는 것 같다. 신학적 다중우주가 훨씬 많은 가능한 존재자들에게 존재할 기회를 주기 때문이다. 가능한 최선의 세계만이 존재하는 단일우주라면 그런 세계에 어울리는 가장 완전한 사람들만이 존재할 기회를 갖는다. 가령 '현재 지구에 존재하는 사람 수를 두 주먹에 담아 본다고 가정할 때 모래알의 수와 같다고 하면, 태어날 수도 있었지만 태어나지 못한 사람의 수는 그랜드캐니언 열 개를 채우는 모래알 수와 같다'[49]는 비유가 있는데 실제는 더할 것이다. 단일우주만 있다면 가능한 인간들 중 이렇게 낮은 비율만이 태어날 기회를 갖게 된다. 이에 반해 신학적 다중우주에는 수많은 우주들이 있기 때문에 나와 같이 완전성이 떨어지는 사람도 나에 맞는 우주에서 태어날 기회를 얻게 된다.

이것을 여행자가 낯선 도시를 방문해서 머물려고 하는 상황에 비유해 보자. 그 도시에 최고급 호텔만 한 채 있다면 큰 부자만 숙소를 찾을 수 있다. 반면 최고급 호텔 외에도 중저가 호텔, 모텔, 여관, 여인숙까지 모두 갖춘 도시라면 모든 여행자가 자기에게 맞는 숙소를 골라 묵을 수 있다. 이 중 더 훌륭한 도시는 앞보다는 뒤의 도시일 것이다. 마찬가지로 최선의 세계만 있는 단일우주보다는 각 단계의 세계가 모두 있는 다중우주가 더 훌륭할 것이다.

신학적 다중우주는 기존 유신론의 교리에서 찾아보기 힘든 새로운 개념이지만 기존 교리와 아주 배치되지도 않을 것이다. 그 개념의 단초는 오래전부터 있었다고 볼 수 있다. 중세시대 단테의 〈신곡〉에서는 사후세계를 크게 천국, 연옥, 지옥으로 나누고 그 각각을 다시 몇 개의 층으로 나누고 있다. 단테는 이런 여러 다른 공간들이 있어야 사후세계에서 신의 뜻이 온전하게 구현된다고 생각했을 것이다. 이런 발상을 저승이 아닌 이승에 적용시킨 다중우주라고 할 수 있다. 이승의 세계도 다중우주로 구성되어야 신의 전능함과 전선함을 잘 구현할 수 있을 것이다.

더 나아가 직접 다중우주의 가능성을 언급한 종교인도 있었다. 1277년에 파리 주교 탕피에는 여러 세상들이 있다고 주장하는 것은 아니지만 그 가능성을 부정하는 것은 이교도라고 심판했다 한다. 15세기에 프란체스코 수사 기욤 드 보리용은 예수의 죽음이 다른 세계들의 주민들도 구원했는가라는 물음과 씨름하여 그렇다고 답하기도 했다.[50]

현대의 다중우주론은 유신론이 대적해야 할 문제가 아니라 오히려 새로 활력을 찾는 기회일 수 있다. 문제는 유물론이 다중우주를 수용할 때 봉착했던 것과 비슷한 난제에 유신론도 처한다는 것이다. 유물론의 관점에서는 동시적 다중우주에 나의 복제본이 있다면 그 복제본 역시 나의 의식주관을 가진 나여야 한다. 이에 반해 신학적 다중우주에서는 나의 복제본이 동시적 다중우주에 있다 해도 그것을 자동인형에 불과할 뿐 진짜 나로 보지 않을 수 있다. 왜냐하면 유신론에서는 똑같은 두뇌들이 있더라도 그중 신이 의도한 한 두뇌에만 영혼이 들어가 나의 의식이 생긴다고 볼 수 있기 때문이다.

이렇게 유신론은 유물론과 달리 동시적 다중우주를 전제하더라도 '많은 나의 문제'를 피해 갈 수 있다. 하지만 대신 우리 주위의 많은 사람들을 진정한 사람으로 보기 힘든 곤혹스러운 상황에 처할 수 있다. 유신론에 따를 때 다른 동시적 다중우주에 존재하는 나의 복제본들이 자동인형이라면 지금의 세계에서 내가 만나는 사람들의 대다수도 자동인형에 불과할 것이기 때문이다. 실제 의식을 가진 진짜 그 사람들은 다중우주의 다른 어딘가에 흩어져 있을 것이다.

유물론은 '나의 탄생의 희박한 확률 문제'를 해결하는 데 있어서 동시적 다중우주로는 '많은 나의 문제'에 봉착하므로 시간적 다중우주로 나아가야 했다. 유신론의 경우는 신이 양자요동과 붕괴의 모든 순간마다 개입하여 내가 태어나게 했다고 보면 나의 탄생의 희박한 확률 문제는 해결이 된다. 대신 신이 존재하는데 왜 이 세상에 악이 존재하는가라는 '악의 문제'를 해결하는 데 다중우주가 필요하다. 그 중 동시적 다중우주를 전제하면 주위의 다른 사람들을 자동인형으로 보아야 하는 문제에 부딪힌다. 따라서 이 문제를 피해 가려면 유신론 역시 시간적 다중우주로 나아가야 한다. 즉 신이 까마득히 오랜 시간을 두고 가능한 우주들을 한 번에 하나씩 현실화시킨다고 보는 것이다. 그러면 주위의 모든 사람들을 실제 사람으로 보면서도 불완전한 내가 존재하는 이 불완전한 우주가 지금처럼 현실화된 것도 납득할 수 있는 일이 된다.

05 신에 대한 믿음의 근원

신의 부재를 주장하는 사람들이 그 근거로 또 많이 제시하는 것은 직관이다. 우리의 직관에 비추어 볼 때 신이 존재하지 않는다는 것은 그 자체로 명백하다는 것이다. 가령 도킨스는 태양을 도는 찻주전자, 날아다니는 스파게티 괴물, 제우스, 아폴론, 라, 미트라, 바알, 토르, 오딘 등을 예로 든다. 아무도 이런 것들이 없다고 증명하지 못하나 그것들이 없다는 것은 직관상 확실해 보인다. 유일신의 신도 그런 존재들과 마찬가지로 생각할 수 있다. "그저 그 목록에다가 신 하나를 추가하면 된다"라는 것이다.[51]

도킨스의 목록에 열거된 것들의 부재가 확실해 보인다는 점에서는 그에게 동의할 수 있다. 문제는 신 역시 이런 것들과 마찬가지라고 볼 수 있는가이다. 이 점을 확인하기 위해서는 목록에 있는 것들이 존재하지 않는 게 어떤 점에서 확실해 보이는지 살펴볼 필요가 있다. 그리고 이 점에서 신도 마찬가지인지 따져 보아야 한다.

▌지어내지 않은 체험

도킨스의 목록에 나열된 것 중에는 누군가 지어낸 것이 있다. '지구와 화성 사이에서 타원형 궤도를 따라 태양을 도는 찻주전자'는 러셀이 지어낸 것이다. 러셀은 그런 찻주전자의 존재를 반증할 수는 없지만 그렇기 때문에 있다고 믿어야 하는 것은 아니라고 지적한다.[52] '날아다니는 스파게티 괴물'은 2005년에 미국의 바비 헨더슨이 기독교를 패러디해 만든 것이다. 공립학교에서 지적 설계를 진화와 동등하게 가르쳐야 한다는 주장에 대해, 그 주장대로 하려면 날아다니는 스파게티 괴물 역시 동등하게 가르쳐야 한다고 주장하였다.[53] 이 외에 칼 세이건도 '차고 안에 살고 있는 용'을 지어내 제시했다. 그 비존재를 증명할 수 없다고 이런 용을 믿지 않는 것을 비난한다면 부당하다는 것이다.[54]

이렇게 지어낸 것들은 실제 존재할 가능성이 거의 없다. 존재할 만한 것을 상상한 것이 아니라 없을 만한 것을 지어낸 것이어서 더욱 그렇다. 따라서 신을 이런 것들과 동일시하려면 신 역시 없을 만한 것을 지어낸 것으로 보아야 하는데 이는 쉽지 않다. 성경이나 코란에 등장하는 예언자나 경전의 기록자는 신을 직접 체험했거나 영감을 받았다고 주장하지, 자기가 지어낸 이야기라고 말하지 않는다. 신에 대한 믿음의 한 원천은 신에 대한 직접 체험이나 그 증언이다. 사람들은 이 체험과 증언이 진실한 것이라 믿어 신을 믿는 것이다.

물론 신에 대한 직접 체험은 실제로는 환각이나 상상에 불과할 수도 있다. 그러니 체험자의 증언이 바로 신의 존재를 입증한다고 볼 수는 없다. 하지만 그들의 체험 중에는 실재와 부합하는 것이 있을 가능성 역시 배제할 수 없다. 쉽게 그 가능성을 무시하기에는 실존의 가장 근저에서 이루어졌으며 진정성을 의심하기 힘든 체험담이 많다. 그러니 지어낸 것임이 분명한 것들과 실존적으로 체험했다고 증언하는 신을 쉽게 동일시하는 것은 타당해 보이지 않는다.

▌체험의 변화

도킨스의 목록에 있는 또 다른 종류에는 제우스, 아폴론, 라, 미트라, 바알, 토르, 오딘 등이 있다. 이들은 과거 그리스, 로마, 북유럽, 가나안 등지의 특정 문화권에서 숭배되던 신들이다. 당시 사람들은 이 신들을 지어낸 것이 아니라 실제 존재한다고 믿었다. 직접 목격했다는 사람도 많았을 것이다. 하지만 지금 보면 이런 신들이 존재하지 않는다는 것은 거의 확실해 보인다. 그렇다면 유일신교의 신도 마찬가지라는 것이 도킨스의 생각이다.

하지만 이런 동일시 역시 타당한지 의심해 볼 수 있다. 제우스, 토르 등의 신에 대한 믿음이 사라진 것은 신적 존재에 대한 믿음 자체가 없어져서라기보다 그 신들을 통해 표현된 초월성이나 신성을 더 잘 표현하는 다른 신이 등장했기 때문일 수 있다. 혹은 '궁극적 실재에 대한 인종적이고 문화적인 한계가 깃든 단편적인 이해로부터 보다 보편적이고 포괄적인 이해로 진보'해서일 수 있다.[55] 다신교의 신들 대신 유일신교의 신을 이런 더 진보된 이해에 부합하는, 초월성을 더 잘 드러내는 고도화된 신으로 보는 사람들이 많다. 이런 해석이 옳다

176

면 대체된 과거의 신인 제우스나 토르 등을 이것들을 대체한 더 고도화된 유일신과 동일시할 수는 없을 것이다.

이것을 과학 분야와 비교해 보자. 과학이 발전해 감에 따라 과거의 과학 이론은 기본 발상이나 원리는 같지만 구체적인 내용은 달라진 새 이론으로 바뀌는 경우가 있다. 가령 근대 원자론의 시초인 돌턴은 원자를 '더 이상 쪼갤 수 없는 공 모양'으로 생각하였고 그 뒤를 이은 톰슨은 '건포도처럼 전자가 박힌 푸딩 모양'으로 그렸다. 이후 러더퍼드와 보어의 원자모형을 거쳐 현재는 전자구름 모형의 원자론이 받아들여지고 있다.

지금의 과학자들은 돌턴이나 톰슨 등의 원자모형을 더 이상 옳다고 인정하지 않는다. 하지만 이것은 원자론이라는 기본 발상 자체를 부정해서가 아니다. 이런 발상과 관념을 더 정확하고 명확하게 나타내 주는 다른 원자 모형이 나타났기 때문이다.

이런 원자론의 전개 과정과 비교한다면 제우스나 토르 등은 돌턴이나 톰슨의 원자 모형에 대응되고 유일신은 전자구름 원자 모형에 대응된다고 볼 수 있다. 그렇다면 돌턴이나 톰슨의 원자 모형을 더 이상 인정할 수 없다고 전자구름 모형의 원자론까지 받아들이지 않는 것이 잘못이듯이 제우스나 토르를 더 이상 믿지 못하게 되었다고 오늘날에도 신앙의 대상이 되고 있는 신을 똑같이 믿을 수 없는 것으로 간주하는 것은 잘못일 것이다.

06 유신론의 한계와 불가지론

유신론은 신이 자연의 과정에 전면 개입한다고 보면 '나의 탄생의 희박한 확률 문제'를 해결할 수 있다. 신의 존재를 반박하는 주된 근거를 세 가지로 정리할 수 있다. 첫째는 과학의 발전으로 자연과 우주의 설명에 더 이상 신이 불필요해졌다는 점이고 둘째는 현실세계의 악과 신의 존재는 양립하기 어렵다는 점이다. 마지막으로 세 번째 근거는 직관적으로 볼 때 신이 없는 것이 분명하다는 점이다. 앞의 논의에서 유신론은 이 근거들을 모두 반박할 수 있다는 것을 보았다.

이렇게 유신론은 현대에서 흔히 생각하는 것보다 설득력이 있다. 이 것은 유물론이 흔히 생각하는 것보다 설득력이 약하다는 사실과 대비 가 된다. 그렇다고 유신론이 유물론을 대신할 만큼의 타당성을 갖추고 있다고 보기는 어렵다. 현대에는 과학이 밝히지 못한 영역이 커졌으나 그것은 단지 신에 의한 설명의 가능성이 남아 있다는 뜻일 뿐 신을 끌 어들여 이 영역을 더 잘 설명할 수 있다는 의미는 아니다. 가령 신을 언급한다고 암흑물질이나 암흑에너지의 정체를 더 잘 이해하게 될 것 같지는 않다. 또한 유신론도 유물론처럼 동시적 다중우주보다는 시간 적 다중우주와 더 잘 부합한다. 그런데 현대 우주과학에서 주로 인정 되는 것은 시간적 다중우주가 아니라 동시적 다중우주이다.

유물론은 '나의 탄생의 희박한 확률 문제'를 풀기 위해서, 유신론은 '악의 문제'를 해결하기 위해서 시간적 다중우주에 호소해야 한다. 의 아한 것은 유물론과 유신론은 서로 대립하는 세계관인데 시간적 다중 우주라는 같은 개념이 어떻게 이 둘 모두의 설득력을 높이는 데 기여 하는가 하는 점이다. 그 이유는 이 개념의 수용 이전에 유물론과 유신 론의 설득력이 모두 낮았다는 점에서 찾아야 할 것이다. 그리고 이 개 념을 수용함으로써 둘의 설득력이 모두 올라가도 한쪽이 다른 쪽을 반박하는 데까지는 이르지 못하기 때문일 것이다.

세계관의 역사를 넓게 조망해 보면 서구의 경우 중세까지는 유신론 을 당연하게 여겼으나 근대를 거쳐 현대에 이르러서는 유물론이 주류

구분	~중세	근현대	향후
유물론	의문시	당연시	의문시
유신론	당연시	의문시	의문시

로 대두하였다. 하지만 과학이 크게 발전한 지금의 시각에서 보면 유물론과 유신론 중 어느 것도 충분히 설득력 있다고 할 수 없다. 그러니 앞으로는 둘 중 어느 것도 당연시해서는 안 될 것이다.

유물론이든 유신론이든 "한쪽에게 자연스럽고 명백해 보이는 믿음이 다른 쪽에는 노골적으로 어리석게"[56]보일 수 있다. 그 근본 원인은 우주가 인간의 한 세계관으로 포착할 수 있을 만큼 단순한 것이 아니라 현대 우주과학이 밝힌 대로 초월적이기 때문일 것이다. 이런 우주에서 세계관에 대한 가장 현명한 태도는 유물론과 유신론 중 어떤 세계관도 지지하지 않고 불가지론의 입장에 서는 것이다.

6장

무지의 원인과 범위

우리 인간은 우주를 있는 그대로 보는 대신 천구착시에 빠지고, 입자와 반입자의 요란한 움직임으로 가득 찬 공간을 텅 빈 것으로 착각한다. 우리 우주의 대부분을 차지하는 암흑물질과 암흑에너지에 대해서는 그 정체를 파악하지 못하고 있으며 다중우주는 존재 가능성이 크다고 추측만 할 뿐이다. 이렇게 우주는 그 크기 등에서 인간을 압도할 뿐 아니라 인간의 앎을 넘어서 있다는 점에서 초월적이다.

우주를 제대로 알지 못하는 만큼 인간은 올바른 세계관도 제대로 판별할 수 없다. 오늘날 지식인 집단에서는 유물론을 당연시 여기나 그 타당성은 분명하지 않다. 유신론은 오늘날 흔히 간주되는 것보다는 타당성이 있어 보이지만 역시 충분한 설득력을 보이지는 못한다. 세계관에 있어서도 인간은 불가지론의 상태에 있다.

이렇게 인류는 현대에 들어서 과학적 탐구로 방대한 지식을 축적했지만 그보다 훨씬 더 큰 무지에 봉착하게 되었다. 앎을 넓혀 감에 따라 이전에는 알지 못한다는 것조차 알지 못했던 많은 것들을 이제 알지 못한다고 알게 되었다. 여기서 왜 인간은 그 많은 지적 노력에도 더 큰 무지에 둘러싸이게 되었는지 의문이 생긴다. 이 장에서는 우리 인류가 무지를 벗어나지 못하는 원인은 무엇인지 좀 더 철저하게 살

퍼볼 것이다. 그리고 인간의 무지의 범위나 정도가 어느 정도인지도 더 정확하게 살펴볼 것이다.

01 인간 인식의 한계

앎에는 인식 주체(아는 자)와 인식 대상(알려지는 대상)이 있다. 인식 주체가 인식 대상에 대해 모르는 것이 있다면 그 원인은 인식 주체에 있거나 인식 대상에 있다. 인간의 우주에 대한 무지의 원인도 우리 인간에게서 찾을 수 있는 것과 우주에서 찾을 수 있는 것이 있다. 그중 앞의 것을 이 절에서 다루고 뒤의 것을 다음 절에서 다루겠다.

▌인식의 목적과 탐구의 기간

우주 역사 138억 년을 1년으로 환산한 우주달력으로 보면 현생 인류의 출현 시간은 12월 31일 밤 11시 52분이다.[1] 인류가 자연과 우주를 탐구하기 시작한 것은 아무리 빨라도 이때 이후이다. 그나마 인간의 탐구 대부분은 우주를 있는 그대로 파악하는 것이 목적이 아니라 생존이 목적이었다. "자연선택에 의해 우리의 정신은 우리 조상들에게 목숨이 걸린 사안이었던 문제들을 풀도록 진화한 것이지, 진위를 따지거나 우리가 던질 수 있는 임의의 질문에 답하도록 진화한 것이 아니다."[2]

생존을 위한 탐구와 진리를 위한 탐구는 다를 수 있다. 고대 그리스 철학자 탈레스가 별을 보며 걷다가 우물에 빠지고 말았다. 이것을 본 하녀는 탈레스가 하늘을 보는 데는 열심이면서 발치에 있는 것은 알지 못한다며 깔깔대었다 한다. 별을 바라보는 것이 진리를 위한 탐구라면 발 앞을 보는 것이 생존을 위한 탐구이다.

인류는 오랫동안 중간 정도 크기의 사물들에 대응하기 위해 인식을 발전시켰다. 인간을 위협하거나 인간의 먹잇감이 되는 것이 대개 그 정도 크기이기 때문이다. 그래서 아주 큰 것이나 아주 작은 것을 파악하려 할 때는 진화 과정에서 얻은 직관은 쓸모가 없다. 인류는 이 점을 상대성 이론이나 양자역학의 대상들이 보이는 반직관적이고 기괴한 특성에서 반복적으로 확인했다.[3] 또한 인간의 직관 중에는 '지구가 평평하다'거나 '땅이 아닌 해가 움직인다'는 것처럼 잘못된 직관도 많았다. 그렇게 잘못 보는 것이 생존에는 도움이 되었기 때문이다.

그러니 인류가 우주의 참된 모습을 알려면 자신의 자연스러운 직관과도 싸워 가면서 객관적이고 엄밀한 방법론으로 우주를 탐구해야 한다. 이런 탐구의 본격적 시작은 근대 과학에서 이루어졌다. 그렇게 본다면 지금까지의 탐구 시간은 수백 년에 불과해 우주달력으로는 1초도 안 된다. 그리고 우주 반지름을 지구 둘레만 하다고 했을 때 인류가 직접 탐사한 곳은 모래 한 알에도 못 미친다. 그러니 과학을 사용하여 올바로 탐구하기 시작했다 해도 지금까지 인류가 밝혀 낸 것은 한계가 있을 수밖에 없다.

비유하자면 현재 인류는 사고 능력은 성인 수준인데 경험량은 갓 태어난 아기 정도인지 모른다. 이 아기가 보고 들은 것은 신생아실이 전부이다. 이런 제한된 경험을 바탕으로 아무리 잘 사고한다고 해도 병원 밖에 어떤 세상이 펼쳐질지 제대로 판단할 수 없다. 이렇듯 인식의 애초 목적이 진리가 아닌 생존이었다는 점과, 진리를 향한 탐구를 시작한 지 얼마 되지 않았다는 점에서 인간은 앎의 한계를 가질 수밖에 없다.

▌ 제한된 감각기관

인간의 우주에 대한 탐구는 감각기관을 통해 받아들인 감각자료를 기초로 이루어진다. 그런데 우리의 감각기관은 외부세계를 있는 그대로 지각한다고 보기 힘들다. 감각기관은 바깥 세계의 자극을 선형함수가 아닌 로그함수로 받아들이는 경향이 있다. 그래서 어떤 음이 10배로 되었을 때와 10배에서 100배로 되었을 때의 차이를 같은 증가량으로 인식한다. 별의 밝기를 나타내는 단위나 지진의 세기를 나타내는 진도가 선형적 스케일이 아닌 로그 스케일로 정의되어 있는 것도 감각기관의 이런 특성 때문이다.[4]

또한 감각기관이 받아들이는 자극의 영역은 제한되어 있다. 가령 시각은 전자기파 중 아주 일부분인 가시광선만을 지각할 수 있다. 적외선과 그보다 파장이 긴 전자기파와 자외선과 그보다 파장이 짧은 전자기파는 감지하지 못한다. 이것은 망막의 신경절 세포의 종류가 제한되어 있기 때문이다. 가시광선은 대략 파장이 400~700nm로 전체 전자기파 범위의 10조분의 1보다 작다.[5]

더욱이 가시광선을 지각하는 데도 한계를 보이는데 그중 하나가 앞에서 본 천구착시이다. 천구착시로 우리는 거리가 수백 배, 수천 배 이상 차이 나는 천체들을 모두 같은 거리의 천구에 있는 것으로 본다. 천구착시의 한 원인은 우리의 두 눈 사이가 좁기 때문이다. 사람의 눈이 깊이감이나 거리감 같은 입체감을 느끼는 것은 양안시차 때문이다. 양안시차란 같은 대상을 바라보아도 두 눈 사이의 거리 때문에 두 눈에 서로 다른 상이 맺히는 것으로 두뇌는 이 상의 다름을 근거로 대상과의 거리를 느끼게 된다. 이 양안시차는 두 눈 사이의 거리가 넓을수록 더 멀리 있는 대상에까지 발생한다.

인간의 두 눈 사이의 거리는 60~70mm이다. 이 거리가 더 멀었다면 더 멀리 있는 천체의 거리까지 지각하고 구별할 수 있었을 것이다. 만약 우리 두 눈이 지구 공전면의 지름만큼 떨어져 있다면 100파섹 떨어진 별까지의 거리 차이도 느낄 것이다. 이것은 100파섹이 지구 공전에 따라 생기는 시차인 연주시차를 이용하여 측정할 수 있는 가장 먼 거리[6]임을 보면 알 수 있다. 물론 두 눈 사이의 거리가 이 정도 되려면 우리 얼굴은 지구 공전면보다도 더 커야 한다.

1파섹은 약 3.26156광년으로 우리 우주의 반지름은 약 142.5억 파섹[7]이다. 그러니 두 눈의 거리가 공전면의 지름만 하게 얼굴이 커져도 우리는 우주 끝까지의 거리 중 약 1억 4250만분의 1의 거리 정도를 눈으로 느낄 수 있을 것이다. 그러니 그보다 훨씬 작은 지금의 얼굴로 지각 가능한 거리는 우주의 아주 일부임을 알 수 있다.

인간의 감각기관은 우리 몸의 일부로서 우리가 몸을 바꾸기 어려운 만큼 그 한계를 극복하기 어렵다. 망막 속에 새로운 신경절 세포를 집어넣을 수도 없고 얼굴을 공전면보다 크게 키울 수도 없다. 대신 과학기술을 이용한 여러 관측 장비를 사용해서 이를 보완할 수 있다. 이런 관측 장비는 인간이 감각하지 못하는 것까지 알 수 있게 해 준다. 하지만 이런 장비들 역시 한계를 갖는다. 가령 적외선 촬영기는 우리가 적외선 자체를 직접 감각하게 하지는 못한다. 대신 적외선을 가시광선으로 변환하여 보여준다. 그래서 과학자들은 현대 과학이 사용하는 수십 종의 관측 장치를 "인간의 오감으로 느낄 수 없는 정보들을 수집해 인간이 이해할 수 있는 간단한 차트나 다이어그램 또는 영상으로 바꿔주는 장치"로 이해한다.[8]

실험기구 역시 인간의 감각 경험을 확장시켜 주지만 한계가 있다. 가령 소립자 분석을 위해 과학자들은 가속기를 만들어 사용한다. 가속기가 클수록 더 작은 입자를 탐구할 수 있기 때문에 점점 더 큰 가속기를 만들어 왔다. 탁자 위에 올려놓는 정도의 최초 가속기로는 원자의 구조를 탐색했다. 원자핵 탐색에는 건물만 한 가속기가 필요했고 쿼크 발견은 수 킬로미터의 가속기로 가능했다. 더 작은 크기의 탐구를 위해 입자를 플랑크 질량까지 가속시키려면 가속기가 적어도 우리은하만큼은 커야 한다.[9] 또한 거대한 가속기로 아주 높은 에너지의 광자를 만들면 블랙홀이 만들어져 블랙홀의 지평선이 탐구를 가로막는다. 이런 이유들로 아무리 실험기구를 발전시켜도 플랑크 규모보다 작은 것은 어떤 것도 감지할 수 없다.[10]

▎개념과 사고의 한계

우리 인간은 감각과 직관의 한계를 정신의 활동을 통해 극복할 수 있다. 가령 천구착시로 수많은 별들이 같은 거리에 있는 것처럼 보이지만 실은 그 거리들이 천차만별이라는 것을 파악하고 있다. 감각경험을 바탕으로 판단을 하되 사고를 통해 그 숨겨진 정보를 정확하게 이끌어 내기 때문이다.

　문제는 우리의 정신 역시 감각기관과 비슷하게 일정 규모를 벗어난 것에 대해서는 그 차이에 둔감해진다는 것이다. 가령 일반적인 감마선 폭발의 경우 태양이 100억 년 동안 낼 수 있는 에너지를 불과 몇 초 안에 방출한다.[11] 이런 지식을 처음 접했을 때 내 정신은 놀라긴 하지만 그 놀라는 정도는 객관적 사실의 '엄청남'에 비례하지 못한다. 가령 내가 그 지식 중 '100억 년 동안'을 '100년 동안'으로 잘못 들었다고 해 보자. 그때도 나는 '태양이 100년 동안 낼 수 있는 에너지'라면 엄청난 에너지양이라고 놀랐을 터인데 이때의 놀람의 크기는 '100

억 년 동안'으로 제대로 알았을 때와 거의 차이가 없어 보인다. 1억 배의 양적 차이에 대해 우리 정신은 잘 알아차리지도 못하는 것이다.

정신은 주로 사고를 통해 판단을 이끌어 낸다. 사고를 한다는 것은 주로 전제에서 결론을 이끌어 내는 추리를 한다는 것이다. 하지만 이 때의 사고 활동 또한 감각이나 직관이 그러하듯이 한계를 갖고 있다. "합리적 사유와 논증이 우리가 보유한 이해의 도구라고 말하는 것이 그 도구들을 가지고 우리가 세상의 모든 것을 이해할 수 있게 된다는 말은 아니다."[12] 이런 사고의 한계에는 귀납추리의 한계와 같이 추리 방식에 본래 내재된 것이어서 극복할 수 없는 것이 있다. 반면 '음수 에너지' 같은 잘못되거나 모호한 개념 사용이 가져오는 판단의 잘못 이나 혼란처럼 극복할 수 있는 것도 있다.

귀납추리의 개연성

과학에서는 귀납추리가 많이 쓰인다. 하지만 관찰과 실험을 통해 모은 일부 자료를 바탕으로 전체에 대해 판단을 내리는 귀납추리는 그 결론이 반드시 옳다는 것을 보장하지 못한다. 러셀은 이런 귀납추리 의 한계를 칠면조의 비유로 보여 준다. 칠면조는 '주인의 손이 나타날 때마다 모이를 주었다'는 관찰들로부터 '주인의 손은 언제나 나에게 모이를 줄 것'이라고 추리한다. 하지만 어느 날 나타난 주인의 손은 칠면조를 잡아 추수감사제 요리로 만들어 버린다.

귀납추리의 이런 한계를 보여 주는 인상적인 실제 사례도 있다. 유 럽인들은 오랫동안 하얀 백조만을 보아 왔기 때문에 '모든 백조는 하 얗다'고 확신했다. 하지만 1697년 한 탐험가가 호주에서 흑조를 발견 함에 따라 이 믿음을 버려야 했다. 이런 귀납추리의 한계는 그 추리에 내재한 것이어서 아무리 신중을 기해도 극복할 수 없다. 따라서 귀납

추리를 중요하게 사용하는 과학 역시 그것의 결론이 확실하게 참이라고 보장할 수 없다.[13]

부적절한 개념 사용: 음수에너지

우주에서 관측되는 에너지의 총량은 막대하다. 표준 빅뱅 이론에 의하면 우주의 모든 물질과 에너지는 우주 탄생 시점부터 다 존재했다.[14] "현재 우리가 알고 있는 우주의 전체 시공간, 물질, 그리고 에너지가 이 문장 끝에 찍힌 마침표의 1조분의 1보다 작은 부피 안에 온통 다 뭉쳐 있었다"[15]는 것이다. 어떻게 그 엄청난 에너지가 그렇게 작은 점 안에 다 압축되어 있을 수 있는지 도저히 상상이 안 가지만 에너지 보존법칙이 관철되려면 그럴 수밖에 없을 것 같다.

그런데 빅뱅 이론 이후에 등장하여 오늘날 우주과학에서 주류의 위치를 차지하게 된 급팽창(인플레이션) 이론에서는 빅뱅 당시의 에너지양이 현재보다 훨씬 작아 '거의 0에 가깝다'[16]고 본다. 그 양이 '1g 정도에 해당하는 물질'이라는 사람도 있고[17] '사과 1개보다도 가볍다'고 말하는 사람도 있다.[18] 이렇게 작은 양에서 시작하였다고 하여 급팽창이론을 만든 앨런 구스는 우주를 '궁극적인 공짜 점심'이라고 불렀다.

우주가 이렇게 거의 무에서 시작되었다는 것은 현재 우주의 방대한 물질과 에너지를 볼 때 잘 믿기지 않는다. 정말 그렇다면 명백히 '고립계에서 에너지의 총량은 일정하다'는 에너지 보존 법칙을 위배한 것이 아닌가. 따라서 우주가 거의 무에서 출발했다는 이 주장이 어떻게 나오는지를 검토해 보자. 검토 결과 이런 이해하기 힘든 주장이 나온 것은 '음수에너지'라는 부적절한 개념을 사용한 데서 온 혼란임을 알 수 있다.

① 초기 급팽창 에너지

급팽창 이론의 주장처럼 우주가 공짜 점심이라면 현재 우주에서 관측되는 에너지의 대부분은 우주가 발생한 이후 추가되었어야 한다. 우주과학자들이 이 증가의 시기로 보는 것은 크게 둘이다. 하나는 우주 탄생 직후의 급팽창(인플레이션) 시기이고 다른 하나는 빅뱅 수십억 년 뒤부터 시작하여 지금도 계속되고 있는 가속 팽창 시기이다.

우주는 탄생 직후인 10^{-35}초부터 10^{-32}초까지의 순간에 10^{26}배 크기로 급팽창하였다.[19] 우주는 온도 변화에 따라 존재하는 힘과 물질이 달라진다.[20] 입자물리학은 우주가 특정한 고에너지 상태에 이르면 밀어내는 중력을 만들어 내는 특이한 물질이 존재하게 된다고 예측한다.[21] 이 물질은 '인플라톤'이라고 이름 붙여졌는데 이것이 급팽창을 일으킨 것으로 본다.

인플라톤은 공간을 팽창시키는데, 팽창된 공간에서도 똑같은 밀도를 유지한다. 공간이 팽창되면 보통물질은 희석되는데 인플라톤은 그렇지 않다. 그래서 팽창된 공간을 채운 인플라톤이 다시 우주를 팽창시키게 된다. 이런 과정이 반복되면서 우주는 짧은 시간 동안 엄청나게 커진다. 이렇게 우주가 확대되면 우주의 온도는 낮아지는데 그러다 더 이상 인플라톤이 유지되기 힘든 온도 아래로 떨어진다. 그러면 인플라톤은 보통물질로 변환되고 인플라톤장에 담겨 있던 에너지가 '입자의 홍수'가 되어 우주 속에 골고루 퍼져나간다. 이것이 바로 지금 우리가 보는 보통물질의 기원이다.[22] 그리고 이것은 암흑물질의 기원이기도 할 것이다.

② 지속되는 가속 팽창 에너지

약 20여 년 전까지만 해도 과학자들은 급팽창이 끝난 이후의 우주에는 보통물질(에너지)과 암흑물질만 존재한다고 생각하였다. 이것들은 모두 끌어당기는 중력을 갖고 있다. 따라서 과학자들은 급팽창 때 획득된 우주의 팽창 속도가 이 중력의 작용으로 점차 줄어들 것이라고 예측했었다. 이 예측대로 우주의 팽창속도가 급팽창이 끝난 이후 한동안은 줄어들었지만 빅뱅 후 70억 년이나 90억 년 정도부터는 다시 빨라졌다는 관측 결과가 1998년에 발표되었다.[23] 이것은 우주에 보통물질과 암흑물질 외에 우주를 밀어내는 에너지가 더 있어야 한다는 것을 의미한다. 과학자들은 이 정체모를 에너지에 '암흑에너지'라는 이름을 붙였다.[24]

암흑에너지가 수십억 년 이상 우주를 가속시키려면 우주가 팽창해도 그 밀도를 유지해야 한다. 이 점과 우주를 밀어내는 힘의 원천이라는 점에서 암흑에너지는 인플라톤과 유사하다. 하지만 우주를 밀어내는 속도나 존재 시기에서는 큰 차이가 있다. 이 둘의 연관성은 지금까지도 분명하게 밝혀지지 못했다.[25]

암흑에너지의 정체로 가장 유력하게 거론되는 것은 진공에너지이다. 하지만 이렇게 단정짓기에는 큰 난관이 있음을 앞에서 살펴보았다. 한 가지 분명해 보이는 것은 암흑에너지는 우주 팽창에 따라 계속 늘어났다는 것이다. 이에 비해 보통물질과 암흑물질은 급팽창 이래 그 양이 일정하다. 그러므로 우주를 구성하는 에너지 총량은 계속 증가하고 그 총량에서 암흑에너지의 비율은 갈수록 커지는 데 비해 보통물질과 암흑물질의 비율은 점점 작아진다. 이런 추세라면 먼 미래에는 우주의 구성 에너지 거의 전부를 암흑에너지가 차지하게 될 것이다.

③ 우주 역사와 에너지 보존 법칙

과학자들에 따르면 급팽창과 가속 팽창으로 우주의 구성 에너지는 계속 증가하여 왔다. 이로써 우주는 거의 무에서 시작되었지만 이제 엄청난 에너지를 갖게 되었다는 것이다. 이것은 명백히 에너지 보존 법칙을 위배하는 것으로 보인다. 하지만 지금까지 에너지 보존 법칙에 어긋나 보이는 사례들은 미처 고려하지 못한 에너지 형태를 찾아냄으로써 해결되곤 했다. 예를 들어 나무에서 떨어지는 사과는 속도가 점점 빨라진다. 그래서 운동에너지^{KE}만 보면 총에너지가 계속 증가하는 것 같다. 하지만 실은 사과의 중력 퍼텐셜에너지^{PE}(위치에너지)가 동시에 계속 줄어든다. 퍼텐셜에너지는 물체의 위치에 의해 물체가 갖게 되는 에너지이다. 사과의 운동에너지와 함께 이 퍼텐셜에너지까지 함께 고려하면 이 둘을 합한 총에너지^{E}는 일정하게 유지된다는 것을 알 수 있다.[그림 6-1]

우주의 역사에서도 기존에 알고 있었던(기지^{旣知}의) 우주 구성 총에너지가 증가하는 만큼 줄어드는 다른 에너지가 있다면 에너지 보존

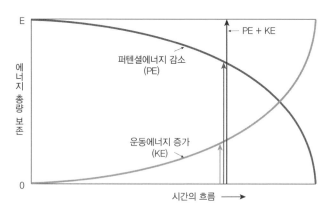

[그림 6-1] **에너지 총량의 보존**

법칙이 유지될 수 있다. 실제 이런 숨겨진 에너지로 거론되는 것이 있는데 이것 역시 중력 퍼텐셜에너지이다. 가령 급팽창 이론에서는 '인플레이션을 일으킨 에너지의 기원은 다름 아닌 중력'으로 '에너지는 중력장에서 인플라톤장으로 흐르는 셈'[26]이라고 본다. 주의할 것은 이때의 중력은 잘 알려진 끌어당기는 중력(인력 중력)이 아닌 밀어내는 중력(척력 중력)이다.

사과와 땅 사이에 인력 중력이 작용할 때 나무의 사과는 땅으로 떨어지지만 척력 중력이 작용한다면 사과는 지구 밖 우주 속으로 끝없이 떨어질 것이다. 인력 중력은 두 물체가 멀리 떨어져 있을수록 오래 끌어당길 수 있어 그 퍼텐셜에너지가 크다. 반면 척력 중력은 두 물체가 붙어 있을수록 서로 오래 밀쳐낼 수 있어 그 에너지가 커진다.

우주는 빅뱅 때 모든 구성 에너지가 한 점에 모여 있어서 척력 중력 퍼텐셜에너지가 가장 컸다. 그 후 우주가 팽창하면 이 척력 중력 퍼텐셜에너지가 감소한다. 이 감소되는 에너지양을 증가하는 기지의 우주 구성 총에너지 양과 합쳐보면 그 값은 일정하게 유지된다. 따라서 이제 에너지 보존 법칙은 우주 역사에서도 관철된다고 볼 수 있게 된다.

④ 우주의 총에너지 0과 무無와의 관련성

기지의 우주 구성 총에너지에 척력 중력 퍼텐셜에너지를 합한 것이 우주의 실제 총에너지이다. 이 총에너지는 에너지 보존 법칙에 따라 항상 일정하다. 그렇다면 그 값은 얼마일까. 우주론을 보면 '흥미로운 논리'가 하나 있다. 그것은 우주의 총에너지가 매우 작거나 0이 되게 하려는 것[27]이다. "물질의 총에너지와 중력을 합한 값은 변하지 않는다. 그리고 그 둘을 더한 값은 정확히 0이다"[28]와 같이 설명한다. 우주의 시작을 거의 무라고 보는 급팽창 이론도 이런 입장을 취한다고 볼 수 있다.

우주의 총에너지가 0으로 유지되게 하려면 "에너지가 '큰 양수'가 될수록 중력에너지는 '큰 음수'가 되어 변화를 상쇄"[29]해야 한다. 즉 기지의 우주 구성 총에너지가 커갈수록 척력 중력 퍼텐셜에너지는 더 큰 음의 값을 가져야 한다.[그림 6-2]

바로 여기서 '음수 에너지' 개념이 등장한다. 하지만 이 개념을 보면 드는 의문이 있다. 에너지는 통상 '일을 할 수 있는 능력'을 나타내므로 그 양은 아무리 작아도 0 이상이어야 하지 않을까? '음수 에너지'는 '일을 할 수 없는 능력'을 의미해야 할 텐데 이것은 자기모순으로, 성립할 수 없는 것처럼 보인다.

이에 대해 에너지의 여러 종류 중 적어도 퍼텐셜에너지는 음수가 가능하다는 답변이 있다. 물체가 어떤 위치에 있음으로써 할 수 있는 일의 양은 양수의 퍼텐셜에너지로 나타낸다. 그렇다면 물체를 그 위치에 놓이게 하는 데 필요한 일의 양은 음수의 퍼텐셜에너지로 나타낼 수 있다는 것이다. 가령 웅덩이에 빠진 당나귀를 끄집어내려면 많은

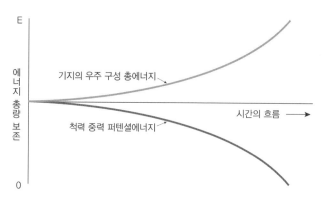

[그림 6-2] 우주의 총에너지 '0'

에너지가 들어야 하므로 웅덩이 안의 당나귀는 음의 퍼텐셜에너지를 갖는다고 볼 수 있다는 것이다.

이런 답변은 우선 보기에 설득력이 있어 보이나 다시 드는 의문이 있다. 그렇다면 그 웅덩이의 바닥 한쪽에 다시 다른 웅덩이가 파여 있으면 어떻게 되는가. 당나귀가 그 다른 웅덩이에 빠진다면 바닥에 닿을 때까지 운동에너지를 얻을 수 있다. 즉 지표면이 아닌 두 번째 웅덩이의 바닥을 기준으로 삼는다면 당나귀는 이제 음이 아닌 양의 퍼텐셜에너지를 갖게 된다.

이렇게 퍼텐셜에너지는 같은 위치에 있는 물체라도 기준이 되는 위치를 어디에 두느냐에 따라 양의 에너지로도 음의 에너지로도 표시할 수 있다. 그러니 퍼텐셜에너지의 값은 항상 그 기준 위치와 함께 생각해야 한다. 퍼텐셜에너지의 값이 음수라는 것은 기준이 되는 위치의 퍼텐셜에너지보다 작다는 것을 뜻할 뿐이다.

이때의 기준은 어디로든 정할 수 있다. 하지만 과학계에서 관습적으로 정한 기준이 있다. 지표면에서 그리 높지 않은 위치에 있는 물체의 인력 중력 퍼텐셜에너지를 계산할 때는 주로 지표면을 기준 0으로 삼는다. 그래서 그 물체의 퍼텐셜에너지는 양수가 된다. 반면 우주 공간에 있는 물체가 지구에 작용하는 인력 중력 퍼텐셜에너지(만유인력 에너지)를 따질 때는 지구 중심으로부터 무한대 떨어져 있는 거리를 기준으로 삼아 왔다. 무한대 거리의 퍼텐셜에너지 값이 0으로 정해지므로 지구에서 그보다 덜 떨어져 있는 모든 물체의 중력퍼텐셜에너지는 음수가 된다.

우주과학자들이 척력 중력 퍼텐셜에너지의 기준을 정할 때도 만유인력 에너지를 계산할 때처럼 이 에너지가 최대가 되는 위치를 기준으로 삼은 것으로 보인다. 이 위치는 빅뱅이 시작되는 바로 그 지점이다. 이때의 척력 중력 퍼텐셜에너지를 0으로 정하면 우주가 팽창하여 이 지점에서 멀어질수록 그 에너지 값은 더 큰 음수가 된다.

기준을 이렇게 정한 것은 무엇보다 계산상의 편의 때문이었을 것이다. 퍼텐셜에너지가 최대가 아닌 곳을 기준으로 삼으면 그 최대의 에너지 값을 정확한 숫자로 나타내야 하는데 이것이 어렵기 때문이다. 따라서 우주가 척력 중력 퍼텐셜에너지가 0인 상태에서 시작되었다는 것은 '우주가 무無에서 시작되었다'는 말과 전혀 다르다.

그런데도 "우주가 지금처럼 존재하려면 무에서 유가 반드시 태어나야 한다"[30]고 주장하는 사람들이 있다. 물론 이런 주장도 '무'의 의미를 규정하기에 따라 옳을 수 있다. 하지만 '무'라는 말로 우리는 보통 '물질이든 에너지이든 아무것도 없는 상태'를 떠올린다. 이런 의미의 무라면 우주는 결코 무에서 시작되지 않았다. 이 점은 우주의 척력 중력 퍼텐셜에너지의 기준을 그 에너지가 최대가 아니라 최소인 위치로 바꿔 보면 바로 드러난다. 이렇게 기준을 바꾸면 우주의 총에너지 그래프는 [그림 6-3]과 같이 될 것이다.

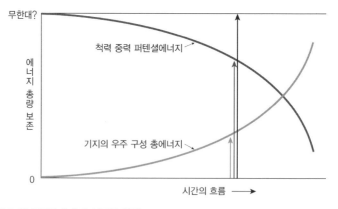

[그림 6-3] 우주의 총에너지 '무한대(?)'

⑤ 빚지지 않은 우주

기지의 모든 에너지가 척력 중력 퍼텐셜에너지에서 왔다는 것은 비유하자면 이런 상황이다. 나는 큰 사업을 벌이고 있어서 자금이 필요할 때가 많다. 그때마다 거래 은행에 가면 언제든 내가 요구하는 만큼의 돈을 바로 내어 준다. 이전에도 쭉 그래 왔고 앞으로도 계속 그럴 것 같다.

이런 상황이라면 매우 궁금한 것이 있을 것이다. 내가 받아오는 그 돈은 은행이 빌려준 대출금인가 아니면 내 예금에서 인출해 준 것인가. 우주의 총에너지는 0이고 현재 척력 중력 퍼텐셜에너지는 음수라는 말에서 쉽게 연상되는 것은 그 돈이 대출금이라는 것이다. 그래서 브라이언 그린은 "중력은 한도가 무한대인 마이너스 통장과 비슷하다"라고 말한다.[31] 이렇게 관측되는 우주의 모든 것이 빚으로 이루어진 것이라고 생각하면 대출한도가 무한대라고 하더라도 찜찜하고, "마치 우주적 피라미드 사기극에 말려든 것 같은 이 불편한 느낌"이 든다.[32] 빚 덩어리 우주라면 결국 언젠가 빚 독촉을 받지 않겠는가. 설혹 그런 염려가 없더라도 빚으로 된 우주를 떳떳하게 느끼기는 힘들 것 같다.

하지만 이런 연상을 받아들일 필요가 없다. 계산상의 편의보다는 우주의 실상에 더 잘 부합하게 기준을 정한다면 척력 중력 퍼텐셜에너지가 최대가 아닌 최소가 될 때를 0으로 규정해야 할 것이다. 그러면 우주를 구성하는 기지의 모든 에너지는 우주가 이미 가지고 있던 막대한 퍼텐셜에너지 예금에서 인출한 것으로 볼 수 있다. 이때의 예금액은 막대할 것이고 어쩌면 무한할지 모른다. 그래서 우주의 총에너지는 [그림 6-2]가 아닌 [그림 6-3]과 같은 곡선을 그릴 것이다. 스티브 호킹은 우주의 탄생을 평평한 땅에서 흙을 파내 언덕을 쌓아

올리는 것으로 비유하였다.[33] 그의 의도와는 좀 다르지만 우리는 이 비유처럼 우주의 출발점은 무^{無}가 아니라 이미 끝없이 넓게 펼쳐져 있는 땅이라고 말할 수 있다.

우주의 총에너지를 0으로 규정하는 과학계의 관행은 앞으로도 쉽게 바뀌지 않을 것이다. 그러니 일부러 기억해야 할 점이 있다. 우주의 총에너지가 0이라고 할 때의 0은 '무'가 아니라 '막대함'이나 '무한함'을 나타낸다. 우주가 총에너지 0에서 시작되었다는 말은 맨손이 아니라 거대한 중력 창고와 함께 시작되었다는 말이다. 그 창고에서 퍼낸 에너지로 지금의 우주가 만들어졌으니 우주는 빚으로 된 것이 아니라 본래 자기의 것으로 만들어진 것이다. 그러니 상환을 걱정할 필요가 없고 불편해하지 않아도 된다. '음수 에너지'와 같은 부적절한 개념 때문에 우주 전체의 실상을 잘못 이해하는 일이 없도록 해야 한다.

개념의 모호한 사용: '임계 밀도', '열린 우주', '닫힌 우주'

'임계 밀도$^{critical\ density}$', '열린 우주'와 '닫힌 우주'는 우주 전체의 구조나 변화에 대해 설명하는 우주과학의 중요한 개념들이다. 그런데 이런 중요한 개념들의 의미가 모호하게 사용되어 혼란을 주고 있다. 한 고등학교 과학교과서를 보면[34] "평탄한 우주에서는 우주의 물질 밀도가 임계 밀도와 같아야"한다고 나와 있다. 이로부터 '임계 밀도는 우주를 평탄하게 만드는 밀도'의 뜻으로 쓰이고 있음을 알 수 있다. 따라서 우주의 평균밀도가 임계 밀도보다 작으면 우주는 음으로 구부러지고, 크면 양인 구형이 될 것이다.

그런데 같은 페이지에는 임계 밀도에 대해 "우주가 계속 팽창할지 수축할지를 결정하는 밀도"라고도 나와 있다. 이것은 흔히 알려진 대로 이해할 때 "임계 밀도란 어떤 무한히 먼 시간에 우주의 팽창을 정지시키는 데 필요해지는 질량의 양"[35]이란 뜻일 것이다. 그런 뜻이라면 우주의 평균 밀도가 임계 밀도보다 작으면 우주가 무한한 시간이 지나도 계속 팽창하고 임계 밀도보다 크면 유한한 시간 내에 수축하게 될 것이다.

이렇게 같은 책에서 '임계 밀도'는 '우주의 곡률을 평탄하게 하는 밀도'이면서 '우주를 무한한 시간 후에 멈추게 하는 밀도'라는 두 가지 의미로 쓰인다. 그렇다면 우주의 밀도가 이 임계 밀도보다 작으면 우주는 곡률이 음인 굽어진 모양이면서 무한히 팽창하게 된다. 반대로 임계 밀도보다 크면 곡률이 양인 구형 모양이면서 다시 수축하게 된다.

우주의 곡률과 팽창을 이렇게 연계시키는 것은 여러 물리학 책이나 자료들에서 쉽게 발견할 수 있다. 가령 한 물리학 교양서에서는 "끝없이 불어나는 우주를 열린 우주라 하며, 어느 이상 불어나지 않는 우주를 닫힌 우주"라고 한 다음 그림으로는 음으로 굽어진 우주 모형을 열린 우주로, 양으로 굽어진 구 모양의 우주 모형을 닫힌 우주로 제시하고 있다.[36]

'열린 우주'라는 개념으로 '끝없이 불어나는 우주'와 '곡률이 음인 굽어진 우주'를 동일시하고 있음을 알 수 있다. 그리고 '닫힌 우주'로 '어느 이상 불어나지 않는 우주'와 '곡률이 양인 구형 우주'를 동일시하고 있다. 하지만 우주의 곡률과 우주의 팽창은 원리적으로 연관된 것은 아닐 것이다. 우주의 곡률과 원리상 연관된 것은 우주의 팽창이나 수축보다는 우주의 무한이나 유한인 것으로 보인다. 가령 브라이언 그린은 '곡률이 음인 우주는 크기가 무한'하고, '곡률이 양인 우주는 크기가 유한하다'고 설명한다.[37]

우주의 곡률과 팽창이 연계되는 것은 특정한 조건에서만 성립하는 것으로 보인다, 그것은 우주의 밀도를 형성하는 물질이 모두 '인력으로서의 중력'을 만들어 내는 종류일 때이다. 가령 우주에 보통물질과 암흑물질만 존재한다면 우주를 평탄하게 만드는 밀도는 우주가 무한한 시간 후에 멈출 때까지 팽창하게도 한다. 반면 우주에 '척력으로서의 중력'을 만들어 내는 암흑에너지도 존재한다면 더 이상 이런 관계가 성립하지 않는다. 이것은 우주의 곡률을 형성할 때는 인력 중력을 만들어 내는 물질(에너지)과 척력 중력을 만들어내는 에너지가 같은 방향으로 작용하지만 우주의 팽창을 결정할 때는 이 둘이 서로 반대 방향으로 작용하기 때문이라고 짐작된다.

우주의 곡률과 팽창을 연계시킨 것은 1922년쯤의 알렉산드르 프리드만으로 보인다.[38] 당시는 물론이고 1998년 이전까지만 해도 암흑에너지의 존재는 전혀 알려지지 않았다. 따라서 그때까지는 우주의 곡률과 팽창을 연계된 것으로 보는 것이 당연했을 것이다. 하지만 이후 우주의 가속 팽창과 암흑에너지의 존재가 알려졌으므로 더 이상 우주의 곡률과 우주의 팽창을 연계해서는 안 될 것이다.

이 점을 이미 지적하는 과학자들이 있다. 물질의 양이 임계 밀도보다 큰 닫힌 우주가 팽창하다 다시 수축하게 되는 것은 "우주상수가 없는 경우"에 그러하다는 것이다.[39] 우주상수는 바로 암흑에너지에 해당한다. "우주상수가 있을 때에는 우주의 진화가 훨씬 더 복잡한 양상을 띠게 된다. 예를 들어, 우주상수가 있을 때에는 더 이상 열린 우주(k⟨0)가 반드시 영원히 팽창하진 않으며, 닫힌 우주(k⟩0)가 반드시 재수축을 하진 않는다."[40] 그럼에도 이런 점이 아직 충분히 인식되지 않아서 혼란이 생긴 것으로 보인다.

이런 혼란을 없애려면 무엇보다 '임계 밀도'가 한 의미만 갖도록 다시 규정할 필요가 있다. 먼저 임계 밀도를 '우주를 무한한 시간 후에 멈추게 하는 밀도'로 규정하게 되면 인력 중력 물질(에너지)과 척력 중력 에너지 간의 비율이 달라짐에 따라 임계 밀도도 달라지는 등의 문제가 있다. 따라서 그보다는 '우주를 평탄하게 만드는 밀도'로 규정하는 것이 좋을 것이다. 이렇게 규정하면 '우주의 밀도가 임계 밀도와 같다'고 주장할 때 '우주는 평탄하다'는 것만 뜻하고 우주의 팽창 양상에 대해서는 말하지 않을 수 있다.

'열린 우주'와 '닫힌 우주'도 한 가지 뜻으로만 쓸 필요가 있다. '임계 밀도'를 재규정한 뜻과 연관시킬 때, '열린 우주'는 '곡률이 음인 굽어진 우주'와 '계속 팽창하는 우주' 중에서 전자의 뜻으로 사용해야 할 것이다. '닫힌 우주'도 '곡률이 양인 구형 우주'와 '재수축하는 우주' 중에서 앞의 뜻으로만 사용해야 할 것이다. 가령 물리학자 김항배 교수도 "평평한 우주가 되는 에너지 밀도의 크기가 … 임계밀도라고 한다. … 우주의 총에너지 밀도가 임계 밀도보다 크면 … 이를 닫힌 우주라 하고, 임계 밀도보다 작으면 … 이를 열린 우주라 하고, 임계 밀도와 같으면 … 이를 평평한 우주라 한다"라고 기술하고 있다.[41]

이와 같이 과학적 개념 중에는 그 뜻이 모호한 것들이 있다. 과학적 사고 과정에서 그런 개념을 무비판적으로 사용하면 우주의 실상에 대해 잘못되거나 혼란스런 이해에 도달할 수 있으니 주의해야 한다.

02 우주의 인식 초월성

인간이 우주에 대해 알지 못하는 영역이 생기는 것은 인식 주체인 인간의 한계뿐만이 아니라 인식 대상인 우주 때문이기도 하다. 우주의 어떤 특성이 그렇게 만드는지 살펴보자.

❚ 자연의 복잡성: 해안선의 길이

현대 물리학은 물질과 우주가 매우 기묘하며 탁월한 것임을 드러냈다. 이런 초월적 특성 때문에 우주에 대해 정확히 알기 어렵다는 것을 앞에서 살펴보았다. 마치 너무 어려운 문제는 시험 보는 사람이 풀지 못하는 것과 비슷하다. 때로는 우주의 단순해 보이는 현상조차 실제로는 우리 인간이 정확히 인식하기 힘들 정도로 복잡하다. 그 점을 확인할 수 있는 것 중 하나가 해안선의 길이 측정이다. 해안선의 길이를 재는 것은 단순해 보이나 그렇지 않다. 미국의 해안선 길이에 대해 상원 연구기관은 처음에는 19,928km로, 다음에는 48,820km로 발표하였다. CIA는 30,455km, 미국 해양기상청은 153,646km로 발표하였다.[42] 조사기관과 시기에 따라 그 차이가 몇 배에 달한다.

이렇게 해안선의 길이가 측정자에 따라 크게 달라지는 것을 '해안선의 역설'이라 한다. 이 역설이 생기는 것은 해안선이 매우 복잡한 구조를 가지고 있기 때문이다. 해안선은 크게 구부러진 모양 속에 다시 작게 구부러진 모양이 계속 숨어 있다. 전체의 한 부분이 다시 전체와 같은 기하학적 형태를 보이는 프랙탈 구조도 포함하고 있다.

그래서 어느 크기 정도의 굴곡까지 재는가에 따라 그 길이가 달라지게 된다. 멀리서는 직선으로 보이는 해변도 많은 작은 굴곡들로 이루어졌다. 이 해변을 멀리서 보이는 대로 한 직선으로 재는가 아니면 작은 굴곡까지 재는가, 모래알 하나하나의 굴곡까지 재는가에 따라 길이가 크게 달라진다. 더 나아가 모래알은 많은 분자와 원자로 이루어졌으니 각 모래알의 테두리를 이루는 분자 둘레나 원자 둘레까지 잴 수도 있다. 물론 이 단계까지 가면 불확정성 원리에 의해 정확한 거리 측정은 불가능하게 된다. 그리고 원자를 둘러싼 전자의 위치 변화나 양자요동 등으로 해안선의 길이 자체가 계속 변화할 것이다.

해안선뿐만이 아니라 우주의 많은 것들이 하나의 숫자나 개념으로 포착될 수 없는 복잡성과 변동성을 갖고 있다. 또한 우리가 아예 그 이미지를 직관적으로 그려 볼 수 없는 것도 존재한다. 우주의 일부분도 아니고 전체 모양이 그러하다. 일반 상대성 이론에 따르면 3차원 공간은 중력에 의해 휘어진다. 하지만 공간의 휘어짐을 머릿속에 그리는 것은 불가능하다. 인간은 4차원 이상의 공간을 볼 수 없고 머릿속에 그릴 수도 없으며,[43] 우리에게 지각되는 공간의 3차원을 2차원으로 낮추어 생각할 때에만 공간의 휘어짐을 상상해 볼 수 있다.

아리스토텔레스는 4차원 공간이 존재할 수 없다고 최초로 주장하였다. 천동설을 정립했던 프톨레마이오스도 4차원이 존재할 수 없음을 증명하려고 하였다.[44] 하지만 우주의 휘어짐은 우주의 공간이 4차원 이상이라는 것을 함축할지 모른다. 이렇게 우주는 예전 사람들이 짐작하던 것보다 훨씬 복잡하고 초월적인 것이다. 해안선의 길이를 재거나 우주 공간의 이미지를 그려 보는 것이 어려운 것은 인간의 인식 능력을 넘어서는 우주의 특성 때문이다. 이 어려움은 우리가 어떤 지적 노력을 하거나 관측 장비가 아무리 발전해도 완전히 극복하기는 어렵다.

▌물리적 단서의 한계: 빛의 속도

우주는 빛(전자기파)과 같은 단서를 통해 우리에게 드러난다. 그런데 우주는 이런 단서를 통해 알려질 수 있는 이상의 것으로 보인다. 그렇다면 우주의 모든 단서들을 포착한다 해도 우주에는 우리가 알 수 없는 영역이 남게 될 것이다. 단서의 한계를 보여 주는 대표적인 것이 빛의 속도이다. 우리는 우주 탄생부터 약 138억 년 동안 빛이 여행해 도달할 수 있는 영역만큼만 볼 수 있다. 하지만 전체 우주는 '누벼이은 다중우주'와 같은 형태로 이 영역을 벗어난 곳까지 뻗어 있는 게 거의 확실하다. 빛이 우리에게 다다를 수 있는 '우주의 지평선' 너머의 영역은 어떤 고도의 과학 장비로도 관측할 수 없다. 그러니 "그런 영역에 대한 과학의 답을 너무 많이 믿어서는 안 된다. 최소한 다른 학문들의 답보다 더 믿어서는 안 된다"[45]는 말까지 나온다. 이것은 과학이 원칙적으로 우리가 제기할 수 있는 모든 질문에 답을 줄 수는 없다는 것을 의미한다.[46]

우리 우주 내에도 빛의 제한된 속도 때문에 관찰하지 못하는 영역이 있다. 블랙홀은 중력이 너무 강해 그 중력을 이기고 탈출하는 데 필요한 탈출 속도가 빛의 속도보다 빠르다. 그래서 빛은 블랙홀 밖으로 나오지 못한다. 우리 우주에는 적어도 10억×10억 개의 블랙홀들이 존재한다. 그만큼 우리 우주 내부에도 그 누구도 볼 수 없는 숨겨진 영역들이 상당히 많이 존재한다.[47]

우리는 언어를 통해 자기 의사를 남에게 표현한다. 만약 언어 없이 오직 몸짓만으로 의사를 표현해야 한다면 어떨까. 가령 다윈의 《종의 기원》 내용을 몸짓만으로 전달한다고 상상해 보자. 어쩌면 우주는 우리에 대해 그런 상황인지도 모른다. "우주의 차원에서 봤을 때 이 속도(빛의 속도)는 거북이가 엉금엉금 기어가는 정도에 불과"[48]할지 모른다. 이렇게 빛과 같은 물리적 단서가 우리의 몸짓처럼 우주의 진상을 알리는 데 매우 한계가 큰 수단이라면 그런 단서에만 의존하는 우리가 우주의 본모습을 아는 것은 불가능할 것이다.

▌합리성을 넘어섬: 자연법칙의 변화 가능성

인간은 우주를 직접 감각과 추리를 통해 파악한다. 추리는 논리와 합리성에 근거한 사고 과정이다. 이런 추리 과정으로 우주를 파악할 수 있다고 믿는 것은 우주가 그에 부합하는 합리적인 것이라고 믿기 때문이다. 우주가 이치에 맞지 않는 대상이라면 우리 정신으로 제대로 파악하고 예측할 수 없다. 마치 꿈의 내용은 이치에 맞게 결정되는 것이 아니어서 어떻게 전개될지 짐작하기 힘든 것과 마찬가지이다.

우주는 모든 것을 포괄한다. 따라서 합리성에 부합하는 측면뿐만 아니라 그렇지 않은 측면까지 가지고 있을 것이다. 실제로 과학자들도 인정하는, 합리성을 넘어서는 부분이 존재한다. 자연법칙이 허용하는 다양성이 그러하다. 자연법칙에 부합하는 현상들은 많은데 그중 왜 어떤 현상은 일어나고 다른 현상은 일어나지 않는지 과학은 설명하거나 예측하지 못한다. 가령 전자와 같은 입자를 측정할 때 그것이 가능한 여러 곳 중 어디서 관찰될지는 양자역학 법칙에 근거해서 단지 확률적으로밖에 알 수 없다.

이 외에도 우주는 합리성과 부합하지 않는 더 근본적인 점을 가지고 있을 가능성을 배제하지 못한다. 그것은 바로 자연법칙의 변화 가능성이다. 과학자들은 자연법칙이 영원히 변치 않는다고 전제한다. 이런 전제를 두기 때문에 현재의 우주 상태와 자연법칙을 근거로 빅뱅부터 지금까지의 우주 역사를 재구성할 수 있었다. 또한 우주의 미래에 대해 대동결이나 대파열, 열 죽음 같은 종말론이나 등각순환, 블랙홀 빅뱅, 브레인 충돌 같은 순환론 등 여러 예측을 내놓을 수 있었다.

앞에서 보았듯이 자연법칙 불변이라는 관념의 연원은 신이다. 더이상 신에 의존하지 않는 경우 어떤 근거에서 그 영속성을 믿을 수 있는가 하는 문제가 생긴다. 이성 간의 사랑과 비교해 보자. 사람들은 자주 사랑에서 필연성을 느낀다. 상대방을 만나게 된 것은 운명이고 자기는 그 사람을 사랑할 수밖에 없는 것처럼 생각한다. 사랑에 빠져 있는 사람의 절박한 마음을 보면 그 사랑은 결코 변할 것 같지 않다. 그러니 '사랑은 변하는 것'임은 사랑에 빠져 있을 때의 특성에서 짐작할 수 있는 것이 아니다. 그보다는 시간이 흘러 사랑이 변하는 경우들을 수없이 경험하고 목격해서 내리게 되는 결론이다.

물리법칙의 영속성은 물리법칙 자체만 보면 오히려 사랑보다 확신을 갖기 힘들다. $E = mc^2$ 같은 물리 법칙을 들여다보아도 '변하는 것은 상상도 할 수 없는' 느낌은 들지 않는다. 또한 사랑에서는 운명이나 불가피성을 느끼지만 물리법칙에서는 필연성보다는 우연성을 느낄 뿐이다. 아인슈타인이 $E = mc^2$을 처음 공표하였을 때 사람들은 질량(m)과 에너지(E)가 동일하다는 것을 알고 무척 놀랐다. 그 둘이 같다는 것을 필연적인 것으로 느꼈다면, 그 등가성에 대해 '당연하지'나 '그 당연한 것을 왜 몰랐지'라고 반응했을 것이다. 그런 반응 대신 놀랐다는 것은 그만큼 질량과 에너지가 같은 것이라고는 생각하지 못했기 때문이다.

물리법칙의 우연성은 법칙 속에 포함된 물리상수들에서 더 분명히 확인할 수 있다. 그 상수의 값은 논리적 추론이 아니라 관찰이나 실험을 통해서 구해지며 그런 값을 갖는 이유를 알 수 없다.[49] 예를 들어 $E = mc^2$에 포함된 물리상수 c는 빛의 속도이다. 관측 결과 그 값은 299,792,458m/s로 정해졌다. 이 값이 가령 300,000,000m/s이었다면 필연성을 갖는 값이라고 생각할 수 있었을 것이다.(기억하기도 얼마나 좋겠는가!) 반면 지금의 값은 얼마든지 다른 값일 수 있었는데 우연히 그 값으로 정해졌다고 생각하게 만든다.

필연적인 것은 그래야 할 이유가 있는 것이다. 따라서 그 이유에 따라 앞으로도 계속 그럴 것이라고 믿을 수 있다. 하지만 우연적인 것은 그래야 할 이유가 없이 그렇게 된 것이다. 그러므로 앞으로도 계속 그럴 것인지는 확신할 수 없다. 가령 빛이 꼭 지금의 속도를 가져야 하는 이유가 없는 한, 1000억 년이나 1조 년 후에는 285,124,582m/s 이나 398,175,477m/s와 같은 다른 속도를 가질지도 모를 일이다.

이렇게 자연법칙은 그 자체만 본다면 사랑에서보다도 영속성이나 필연성의 느낌을 받기 힘들다. 그렇다고 자연법칙의 영속성을 믿기 위해 다시 신을 찾을 수도 없다. 물론 과학은 이제 신 대신 다른 존재론적 토대를 모색해 볼 수 있다. 서양 전통 철학의 주류는 변하는 현상의 이면에 결코 변하지 않는 실체나 본질이 있다는 본질주의 철학이었다. 플라톤의 이데아론을 필두로 수많은 철학 학파가 이 범주에 속한다. 이 철학이 주장하는 실체나 본질이 정말 있다면 여기에서 자연법칙의 불변성을 이끌어 낼 수 있을 것이다.

하지만 본질주의 철학 역시 검증될 수 없는 형이상학적 믿음을 전제하고 있다. 이 점은 본질주의 철학과 생성의 철학이 대립하고 있다는 점을 보면 분명해진다. 생성의 철학에서는 참된 실재는 실체나 본질이 아니라 과정이나 생성이라고 본다. 또한 불변하는 본질이란 없으므로 불변하는 자연법칙도 없다고 본다. 그 지지자들은 "모든 것이 진화하는 거라면, 왜 자연의 법칙만은 자연의 변화에 따라 진화하지 않는가"라고 묻는다. 화이트헤드는 더 나아가 "자연의 법칙은 존재하지 않는다. 단지 자연의 일시적인 습성들만이 존재할 뿐이다"라고 주장했다.[50]

지금으로서는 자연법칙의 영속성을 뒷받침할 근거로 유일하게 들 수 있는 것이 자연법칙의 변화는 관찰된 적이 없다는 사실이다. 사랑의 변화는 숱하게 목격되었지만 자연법칙은 그렇지 않다. 인류가 과학적으로 관찰을 행한 몇백 년 동안에 자연법칙의 변화가 목격된 적은 없다. 하지만 이런 관찰들에 근거한 귀납추리는 이미 보았듯이 그 결론이 반드시 옳다는 것을 보장하지 못한다. 더구나 인간이 관찰한 범위는 우주 전체에 비해 시간적 공간적으로 아주 작은 부분에 불과하다. 그 작은 부분의 관찰만 가지고 자연법칙이 우주의 어느 때, 어느 곳에서든 한결같다고 결론 내릴 수는 없다. 사랑이 변하듯 자연법칙도 먼 미래에는 변할지 모른다.

이에 대해 빅뱅 이후 지금까지 138억 년 동안에도 자연법칙은 변하지 않은 것으로 볼 수 있다는 주장이 있다. "우주가 탄생했던 빅뱅 때부터 지금까지 발생해 온 그 많은 사건들이 공통된 법칙으로 설명"[51] 되기 때문이라는 것이다. 하지만 이런 주장에 대해서는 발생했다는 그 사건들 자체가 자연법칙의 불변성을 전제할 때 추리된 것이지 직접 관측된 것은 아니라고 지적할 수 있다. 설혹 정말 138억 년 동안 자연법칙이 불변했다고 하더라도 이런 사실들로부터 귀납적으로 이끌어 낼 수 있는 결론은 '적어도 앞으로 얼마 동안의 천문학적 시간 내에는 자연법칙이 변할 것 같지 않다'는 정도이다. 하지만 시간이 멀어질수록 자연법칙의 불변성을 믿을 수 있는 근거는 약해진다.

예를 들어 앞으로 64억 년 후 태양은 적색 거성의 단계에 접어들 것이다.[52] 이런 '가까운' 미래에 대한 예측은 옳을 가능성이 꽤 크다. 하지만 '초대질량의 블랙홀이 은하 전체의 질량을 흡수하는 데는 10^{30} 년이 걸리고 은하 규모의 블랙홀이 완전히 증발하기까지는 약 10^{100} 년이 걸린다'[53]와 같은 예측은 그렇지 않다. 10^{100}년은 빅뱅 이후 지금까지의 138억 년보다 10^{90}배 정도 긴 시간이다. 빅뱅 이후 지금까지의 시간 동안 물리법칙이 변하지 않았다는 것으로부터 이렇게 긴 시간에도 계속 그럴 것이라고 추론하는 것은 비약을 포함한다. 그 상상하기도 힘든 긴 시간에도 물리법칙이 변하지 않고 남아 있을지 아니면 변할지는 귀납추리로는 정말 판단하기 힘들다.

　과학자들 중에서도 같은 의심을 하는 사람들이 나타나고 있다. 21세기 들어 물리학자들은 "매우 먼 시간과 공간에서는 물리법칙이 달라지지 않을까?" 하는 물음을 제기하기 시작했다.[54] 반면 물리법칙의 불변성이 확고하지 않다는 것을 인정하면서도 그 믿음을 유지하려는 사람들이 있다. 그에 대해 내세우는 근거는, 가령 브라이언 그린의 경우, 그렇게 가정하는 것이 '가장 속 편한 선택'이라는 것에 그친다.[55]

　이들이 자연법칙의 불변성을 그 객관적 근거 이상으로 옹호하는 데는 법칙의 불변성이 부정되면 과학이 위축된다는 우려가 깔려 있다. 하지만 진정한 과학자라면 이런 한계도 외면해서는 안 된다. 그래야 종교 등의 독단에 맞서 온 과학이 또 다른 독단이 되지 않을 수 있다. 물리학과 자연법칙이 역사적 요소를 갖고 있을지 모른다고 파인만이 말하자 인터뷰하던 사람이 물었다. "하지만 그것[자연]을 어떻게 연구하시려고요?" 파인만은 대답했다 "그것은 너무 어려워요. 그 부분은 저도 생각하지 못하겠습니다."[56]

　미래로 갈수록 우주의 상태와 조건에 대해 알 수 있는 것이 점점 더 없어지기 때문에 과학적 예측은 불확실해진다. 여기에 물리법칙의 변화 가능성까지 더한다면 그 불확실성의 정도는 훨씬 커진다. 즉 미래로 멀어질수록 무지의 안개가 짙어지는 정도는 물리법칙의 불변성을 믿는 과학자들이 예상하는 것보다 훨씬 빠를 것이다. 인간의 정신은 이런 무지의 안개에 둘러싸여 있다는 것을 잊어서는 안된다.

03 무지의 범위와 정도

오늘날 과학자나 철학자 들은 인간이 모르는 것이 많다는 데에 기꺼이 동의할 것이다. 하지만 인간 무지의 범위와 정도에 대한 생각에서 차이 나는 부분도 있다.

▌본래세계에 대한 무지(철학의 무지)

전통적으로 철학은 본래세계에 대해 밝히는 것을 목표로 삼았다. 본래세계는 정말로 존재하는 세계로, 진리를 안다는 것은 궁극적인 의미에서 이 본래세계를 안다는 것이다. 이 본래세계는 감각으로 경험되는 경험세계와 일치할 수도 있지만 그렇지 않을 수도 있다. 본래세계에 대해 알아야 우리는 세계나 인간 삶과 관련된 여러 근본 물음들에 대해 답을 할 수 있다. '정말 존재하는 것은 무엇인가', '정신과 물질 중 무엇이 우선하는가', '신은 존재하는가', '도덕과 가치의 근거는 무엇인가', '죽으면 어떻게 되는가', '로봇도 의식을 가질 수 있는가', '태아는 언제부터 인간인가' 등이 그런 근본 물음들이다.

고대의 소크라테스가 '너 자신을 알라'고 외쳤을 때 이것은 이미 '너 자신의 무지를 알라'는 뜻이었다. 그는 자기가 남보다 지혜로운 것은 오로지 이 무지를 깨닫고 있다는 점이라고 보았다. 대신 소크라테스는 이성의 탐구로 이 무지를 해결해 나갈 수 있다는 희망을 갖고 있었다.[57] 그 후 근대 들어 인간 지식의 기원과 한계에 대해서 관념론과 경험론의 논쟁이 오랫동안 이어졌는데 이를 통합시킨 사람이 칸트이다.

칸트는 우리가 감각 기관으로 지각하는 경험세계와 그 배후에 있는

'물자체'를 구분하였다. 그의 물자체가 바로 본래세계와 같은 것이다. 칸트는 물자체에서 기원하는 소재를 바탕으로 인식주관이 구성한 경험세계만을 우리가 알 수 있을 뿐 물자체는 결코 알 수 없다고 보았다. 물자체에서 기원하는 소재를 밀가루 반죽에 비유한다면 인식주관의 형식은 붕어빵 틀과 같다. 이 붕어빵 틀에 반죽을 집어넣어 만들어낸 붕어빵은 경험세계에 해당한다.[58] 붕어빵만 보아서는 붕어빵에 대해 알 수 있을 뿐 이것을 가능하게 한 원재료에 대해서는 알 수 없다. 마찬가지로 우리는 우리의 인식주관으로 구성한 경험세계에 대해서는 알 수 있지만 본래세계는 알 수 없다는 것이다.

철학의 오랜 역사가 이어진 후 등장하여 근대 철학의 정점을 이룬 것으로 평가되는 철학자가 칸트이다. 그 칸트가 본래세계에 대한 인간의 무지는 극복 불가하다고 주장하였다. 여기에서 알 수 있듯이 본래세계의 규명을 고유의 과제로 알았던 철학이 수천 년 이어진 탐구와 논쟁을 거쳐 도달한 것은 근본 물음들에 대한 일치된 답이 아니라 '답을 알 수 없다'는 한계의 인정이었다.

덧붙인다면 과학에서도 본래세계에 관해 인간이 무지하다는 것에 동조하는 과학자들이 있다. 현대의 인지생물학에서도 '우리는 실제로 있는 것을 보는 게 아니라 보이는 것을 보는 것'이라는 관점이 우세하다. 뇌는 바깥 세계와 직접 만나는 일이 결코 없이 특정하게 변환된 전기 신호만을 접할 뿐으로 그 신호는 다른 전기 신호에 의해 간섭받을 수 있다. 따라서 뇌가 꾸며낸 결과물은 바깥 세계의 실상에 절대적으로 의존하는 것이 아니며[59] 그와 다를 수 있다. 그런데도 우리는 뇌가 꾸며낸 결과물만을 안다는 것이다.

▎ 경험세계에 대한 무지(과학의 무지)

경험세계는 우리가 감각 기관을 통해 지각하는 세계로 그 총체가 우주이다. 이 경험세계에 대해 엄격하고 체계화된 방법으로 탐구해 큰 성과를 거두고 있는 것이 과학이다. 칸트는 본래세계와는 달리 경험세계는 과학으로 잘 파악할 수 있다고 생각하였다. 경험세계는 인식주관이 구성한 것인데 그 인식주관이 자기가 구성한 것을 파악하는 활동이 과학이기 때문이다. 이것은 비유하자면 문제를 출제한 자와 문제를 푸는 자가 동일한 상황이다. 문제를 출제한 사람은 출제 과정을 다 잊어버렸다 해도 문제를 놓고 고심하면 결국 답을 찾을 수 있을 것이다.

하지만 실제로는 경험세계인 우주에 대해서도 인간의 앎에 뚜렷한 한계가 있음을 앞에서 보았다. 과학이 우주에 대한 한 질문에 답하면 새로 몇 개의 물음이 생기는 일이 반복되었다. 현재 과학이 밝힌 바에 따르면 태양계의 주위는 막대한 암흑물질이 둘러싸고 있고 우리은하의 중심부에는 거대한 블랙홀이 자리 잡고 있다. 우주 끝까지 암흑에너지가 가득하고 그 밖으로는 관측 불가능한 다중우주가 있을 것이다. 이렇게 우주에는 암흑물질, 블랙홀, 암흑에너지, 다중우주와 같이 인간이 정체를 밝혀내지 못한 것투성이다.

그러니 칸트의 생각과는 달리 본래세계뿐만 아니라 경험세계에 대해서도 인간이 다 잘 밝힐 것이라고 기대를 하기는 힘들다. 철학사의 중요한 한 귀결점은 철학이 그 고유 과제인 본래세계 규명에 있어서 한계를 인정한 것이었다. 이와 비슷하게 근현대의 과학 활동이 귀결되어 가는 한 지점은 과학 역시 그 고유 과제인 경험세계의 규명에 있어서 한계를 갖고 있다는 자각이라 할 수 있다.

뉴턴이 말년에 "나는 해변가를 이리저리 돌아다니며 노는 철없는 소년 … 가끔은 매끄러운 조약돌이나 예쁜 조개껍질을 발견하고 기뻐했지만, 내 앞에 펼쳐진 거대한 진리의 바다는 완전한 미지의 세계였다"라고 말한 것은 단순한 수사가 아닌 진심이었을 것이다. 오늘날에도 많은 과학자들이 "뉴턴의 말이 지극히 옳았음을 뼈저리게 느끼고 있다."[60] 이제 현대 과학은 우리가 모든 것을 알지는 못한다고 가정한다. "과학혁명은 지식혁명이 아니었다. 무엇보다 무지의 혁명이었다."[61]

▌무지는 지성사의 결론

진리를 향한 인류 정신의 갈구는 그 핵심적인 형태가 종교, 철학, 과학으로 나타났다. 이 중 철학과 과학의 귀결점은 인간 정신이 갖고 있는 한계의 인정임을 보았다. 종교의 경우 믿음이 근간을 이루지만 인간의 무지에 대한 자각 또한 보여 준다. 힌두교 경전을 보면 아트만에 대한 조물주의 가르침에 대해 악마는 바로 받아들여 신봉하나 신은 의문점을 발견하고 더 올바른 가르침을 구하길 반복한다.[62] 부처는 '우주는 시간적으로 영원한가', '자아와 육체는 동일한가'와 같은 14가지 근본 질문에 대해 침묵하였다.[63] 오컴 등 투철한 스콜라 철학자들은 신의 섭리는 신의 의지일 뿐, 인간의 이성으로는 범접할 수 없음을 분명히 했다. 신의 섭리는 인간의 어떤 성찰과 지적 노력으로도 알기 힘들다는 것이다.[64]

이렇게 인간 정신을 대표하는 종교, 철학, 과학이 공통적으로 강조하고 있는 것이 무지의 자각이다. 무지의 원인 중에는 인간이 결코 극복할 수 없는 것들이 많다. 귀납추리의 개연성, 빛의 속도 제한, 자연법칙의 변화 가능성 등이 그러하다. 이렇게 무지의 원인을 극복할 수 없다면 그 결과로서의 무지 역시 극복할 수 없다.

마치 침팬지가 아무리 지능이 높다고 하더라도 결코 뉴턴의 운동 법칙을 이해하지 못하는 것처럼 유사하게 인간의 이해에도 상당한 제한이 있다고 보아야 합리적일 것이다.[65] "우리가 양자세계를 '보려고' 하는 것은 마치 땅속에서 살던 두더지가 히말라야산맥의 형성에 대한 설명을 듣는 것과 비슷"[66]하다거나 "우리가 자연과 그 현상들에 대해 알고 있는 것은 흡사 펭귄이 산불이나 핵융합의 효력에 대해 알고 있는 것만큼이나 볼품없는 것"[67]이라는 비유들이 과장만은 아닐 것이다.

특히 인간 인식의 한계는 인간의 생물학적 구조를 생각해 보면 쉽게 수긍이 간다. 인간 두뇌는 한정된 수의 뉴런으로 이루어진 주먹 두개 크기의 조직으로 고유한 원리에 따라 작동한다. 이런 특수한 조직에 의존하는 인간의 감각 경험과 지성이 모든 것을 잘 파악할 것이라고 믿기는 어렵다. 더 구체적으로 인간 두뇌에는 약 1000억 개의 뉴런이 수상돌기 및 축색돌기로 다른 뉴런과 연결된다.[68] 그런데 우리 우주만 보더라도 은하의 수가 2000억 개를 넘어선다. 그러니 단순하게 대응시킬 때 하나의 뇌세포가 수천 억 개의 별로 이루어진 은하 하나를 파악해야 한다. 더구나 다중우주라면 하나의 뇌세포가 수십 개, 수백 개의 우주를 파악해야 할지 모른다. 이것은 마치 거미줄로 코끼리를 포획하려는 것처럼 가망 없는 일로 보인다.

7장

무지에 대한 대처

01 무지의 자각

▌ 자각의 노력이 필요한 이유

인간은 자신의 무지를 깨닫기 어렵다. 무지의 상태는 갑갑하고 불편하므로 제대로 알지 못하는 대상에 대해서도 어떻게든 판단을 내리고 그 판단대로 믿으려 하는 것이 사람의 심리이기 때문이다. 사물이나 현상의 기원을 설명하는 많은 이야기나 설화가 이렇게 해서 나왔을 것이다. 가령 바닷물이 짠 이유는 소금 나오는 맷돌이 바다에 빠진 것이라거나 비 올 때 청개구리가 우는 이유가 물가에 어머니 무덤을 썼기 때문이라는 이야기가 그러하다.

인간이 무지의 상태를 싫어한다는 것은 두뇌의 정보 처리 방식을 보아도 알 수 있다. 망막에는 빛 수용체가 있어 시각정보를 수집한다. 그런데 망막 안쪽의 시신경들이 다발을 이루어 망막을 통과하는 지점에는 빛 수용체가 없다. 이 부분이 맹점으로, 맹점은 수집되는 시각정보가 없으므로 우리의 시각 영상에서 그 자리가 구멍이 뚫린 듯 보여야 한다. 하지만 맹점은 보이지 않는데 두뇌가 망막의 다른 곳들에서 보내온 정보와 자신이 보유하고 있는 데이터베이스를 참조해 맹점 부분에 적당한 영상을 만들어 끼워 넣었기 때문이다. "마음은 자연과 마찬가지로 진공을 싫어하며, 장면을 완성하기 위해 무슨 정보든 채우려고 한다"라는 것이다.[1]

이런 생리학적, 심리학적 기제가 있기 때문에 인간이 자기가 정말 아는 것 이상으로 잘 안다고 확신하는 경우가 그 반대의 경우보다 훨씬 많은 것 같다. 이것은 앎에 대해 엄정한 과학에서도 마찬가지였다. 근대 이후 물리학자들은 몇 차례 물리학이 거의 완성되었다고 착각했다. 19세기 말에는 고전역학과 전자기학이라는 고전물리학의 두 가지 이론 체계로 모든 자연현상을 이해할 수 있다고 믿었다. 그래서 물리학자가 더는 할 일이 없다고 생각했다.[2] 영국의 수리물리학자 켈빈은 1894년에 "이제 물리학에서 더 발견될 것은 없다. 남은 과제는 점점 더 정확한 측정뿐이다"라고 말했다.[3] 미국의 천문학자 사이먼 뉴컴은 1888년 저서에서 천문학에 대해서 "지금 우리는 지식의 한계점에 거의 도달했다"[4]라고 썼다. 1900년 독일의 다비트 힐베르트는 뉴턴 체계에서 눈에 띄는 문제가 23가지뿐이며 이 문제들만 해결하면 우주를 완벽하게 이해하게 될 것이라고 예견했다.[5] 하지만 이러한 언급들이 있은 후 불과 얼마 만에 상대성 이론과 양자역학이 등장하여 물리학의 기반 전체를 바꿔 놓는다.

이후 끈 이론이 등장할 때 다시 이런 자신감이 나타난다. 1970년대에는 "양자 이론, 일반 상대성 이론 그리고 우리가 알고 있는 여러 입자들과 힘들을 하나로 합칠 통일 이론이 발견될 것"이라는 믿음이 있었다.[6] 브라이언 그린은 그가 학생이었던 1984년 10월 옥스퍼드에서 입자물리학의 미래가 얼마 남지 않았다는 의견이 지배적이었다고 분위기를 전한다. "기존의 표준 모델이 실험 결과를 너무나 잘 설명해

주고 있었기 때문에 모든 것이 밝혀지는 건 오로지 시간 문제라고 생각"했다는 것이다.[7]

과학사에서의 이런 잦은 확신들은 얼마나 인간이 자기의 무지를 자각하는 데 취약한 존재인지 보여 준다. 따라서 사람은 자신의 무지를 깨닫기 위해서 의식적으로 노력해야 한다. 물에 빠진 사람이 가라앉지 않으려면 계속 발을 저어야 하듯이 인간도 진리 확신의 달콤한 늪에서 가라앉지 않으려면 계속 노력해야 한다.

▌근본적 무지, 피상적 앎의 자각

고중세의 독실한 종교적 믿음이나 근대의 이성 및 과학에 대한 신뢰에 비할 때 현대인들은 자신의 무지를 어느 때보다 더 잘 깨닫고 있는 것 같다. 가령 지금의 물리학자나 우주과학자 중 그들의 학문이 거의 완성되었다고 생각하는 사람은 찾아보기 힘들다. 그런데 그들을 포함해서 많은 현대인들이 과학의 한계를 인정할 때 무의식적으로 함께 하는 생각이 있다. 그것은 '과학이 우주의 근본은 밝혔는데 세부적으로는 아직 모르는 것이 많다'는 생각이다. 그래서 모르는 것이 방대하지만 우주의 핵심은 파악하고 있는 듯한 느낌을 갖는다. 그리고 앞으로의 탐구로 훨씬 더 많이 알게 되어도 우주에 대한 현재의 근본적인 이해는 바뀌지 않을 것이라고 생각한다. 한 마디로 오늘날의 과학의 무지가 아무리 커도 그것을 '사소한 무지'라고 간주하는 것이다.

하지만 근본 구조와 원리에 대한 몇 가지 앎을 갖는다고 해서 그 대상을 잘 안다고 보기 힘든 경우가 많다. 가령 태양계 밖에도 행성이 존재하는가는 천문학의 오랜 물음이었다. 수 세기 동안 많은 추측이 있었고 외계 행성을 찾았다는 발표도 19세기 이후 여러 번 있었으나 모두 검증을 통과하지 못했다.[8] 그러다가 1992년 최초로 그 존재가 확인되었고 이후 봇물 터지듯 속속 외계 행성이 관측되어 2019년 3월 현재 확인된 것이 약 4000개에 이르고 있다.[9] 그렇다면 이제 인류는 외계 행성에 대해 과거에는 몰랐지만 지금은 '알고 있다'고 할 수 있는가.

현재 인류가 외계 행성들에 대해 알고 있는 것이라고는 그것이 존재한다는 것과 아주 기초적인 몇 가지 특성뿐이다. 그럼에도 그 행성들에 대해 '이제 인류가 알고 있는 천체'로 여기는 것은 잘못이다. 비유하자면 학기 초에 새 담임교사가 처음으로 교실에 들어가서 학생들을 쓱 둘러본 것으로는 그 학생들을 알게 되었다고 말할 수 없는 것과 같다. 한 번 쓱 본 걸로도 학생들이 모두 사람이고 남자나 여자라는 것 등 기본 사실은 확인할 수 있다. 하지만 그런 앎만으로는 결코 담임의 역할을 제대로 할 수 없다. 마찬가지로 외계 행성들에 대해서도 그것들을 정말 알고 있다고 말할 수 있으려면, 지구에 대해 지구과학이라는 축적된 학문이 있듯이, 각각의 행성에 대해 '행성과학'이라 할 만한 것이 정립되어야 할 것이다. 그러니 지금까지 발견된 행성들만 대상으로 해도 지구과학에 버금가는 학문이 4000개 쯤 더 생겨야한다.

더 나아가 모르는 세부 내용이 많다는 것은 현재 그 근본 구조나 원리로 알고 있는 것도 잘못 안 것일 가능성이 있음을 함축한다. 과학자들이 현재 행성의 근본 구조나 원리로 알고 있는 것은 태양계의 몇 개 행성들만 관찰하여 이끌어 낸 것이다. 태양계 밖의 수많은 행성들에 대해 태양계 행성만큼 세부적으로 알게 되었을 때도 행성의 근본 구조와 원리에 대해 지금처럼 생각할지는 알 수 없다. 그러니 수많은 행성들에 대한 세부 지식이 절대적으로 부족한 현재 상황에서 '외계 행성들에 대해 세부 내용은 잘 모르지만 근본적인 것은 안다'고 결코 자신할 수 없다.

2019년 전 세계 200여 명의 과학자가 6개 대륙의 전파망원경을 연결해서, 지구로부터 5500만 광년 떨어져 있고 태양 질량의 65억 배에 달하는 블랙홀을 최초로 촬영해 냈다. 이때 한 방송사의 유명 앵커는 '블랙홀까지 이렇게 다 들여다보았으니 어디서 낭만과 신화를 찾을 수 있을까' 아쉽다는 투로 언급을 했다.[10] 그 지름이 380억km로, 지구에서 태양 거리의 약 250배에 달하는 블랙홀을 반지 정도 크기로 담은 영상을 보고 그 블랙홀을 '다 들여다보았다'고 말하는 것처럼 인류는 자신들의 앎에 대해 침소봉대하기 쉽다.

미국의 천문학자 가스 일링워스는 동료들과 함께 관측 가능한 우리 우주의 가장자리까지 측정해 지도를 그려 냈다. 이런 작업과 관련해 그는 "우리는 중간 크기 정도의 은하에 자리 잡은 볼품없는 이 작은 행성 안에 앉아 있는데도 우주 대부분의 특성을 밝혀낼 수 있어 … 놀라운 따름"이라고 말한 바 있다.[11] 하지만 거대한 은하들의 희미한 빛을 포착해 우주지도 속에 위치시킨 정도로는 우주를 잘 알게 되었고 대부분의 특성을 밝혀내었다고 결코 말할 수 없다.

현재 인류는 우주에 대해 모르고 있는 것이 훨씬 많다. 이런 상태에서는 우리가 우주에 대해 세부 내용만 모르는 것인지 근본 법칙이나 원리도 잘못 알고 있는 것인지 알 수 없다. 그렇다면 우리는 우주에 대해 단지 피상적으로만 알고 있을 뿐 근본적으로는 모른다고 해야 한다. 무지에 대한 자각의 종류에는 '알고 있다고 생각하지만 실은 모름에 대한 자각'도 있지만 '근본적으로 안다고 생각하지만 피상적으로만 앎에 대한 자각'도 있다. 우리에게 필요한 것은 이 둘 모두다.

02 과학자의 한계

▌과학자에 대한 일반인의 신뢰

우리가 자기 자신의 무지를 자각하려면 자기의 한계만 인정해서는 안 되고 우리에게 지식의 원천 역할을 하는 사람들 역시 한계를 갖고 있다는 것을 깨달아야 한다. 가령 고중세의 일반인들은 자신의 생각은 보잘것없지만 신과 통하는 성직자는 그렇지 않다고 생각했다. 그래서 성직자가 알려준 것은 그대로 진리로 생각하고 받아들였다.

오늘날 성직자를 대신하여 지식의 원천 역할을 하는 사람들은 과학자이다. 과학자에 대한 일반인의 신뢰는 매우 커 중세시대 성직자를 대하던 것과 크게 다르지 않다. 일반인들은 양자역학, 상대성 이론, 우주 팽창론 등 현대과학의 주류 이론에 대해 아는 것이 별로 없는 상태에서도 의심치 않고 받아들인다. 바로 과학자 집단이 옳다고 말했기 때문이다.

일반인의 이런 신뢰는 충분히 합리적일 수 있다. 한 관리가 뉴턴에게 어떻게 중력 이론을 내놓게 되었는지 묻자, 뉴턴은 다짜고짜 이렇게 대답했다고 한다. "눈만 뜨면 그 생각뿐이었습니다." 뉴턴의 공책에는 이런 내용도 적혀 있다. "나는 돗바늘을 집어든 후에 눈알과 눈알 뒤쪽의 뼈 사이 공간으로 찔러 넣어 가능한 한 눈알 뒤쪽으로 가져갔다." 빛의 속성을 알고 싶은 마음에 뉴턴은 영원한 어둠 속에 갇힐 위험까지 무릅썼던 것이다.[12]

진리에 대한 과학자들의 이런 집념과 노력, 더불어 과학의 정밀한 방법론 및 검증 체계, 과학이 산출한 결과의 유용성 등을 알고 있기 때문에 현대인들은 과학자를 크게 신뢰한다. 하지만 앞에서 보았듯이 과학자들도 자연과 우주에 대한 앎에 있어서 분명한 한계를 가지고 있다. 오히려 과학자들이 그 전문성 때문에 갖는 취약점도 있을 수 있다.[13] 그러니 자신의 무지를 분명하게 자각하고자 하는 현대인은 과학자의 한계 역시 분명히 깨닫고 있어야 한다.

이런 점에서 볼 때 사람들이 위대한 과학자로 우선 떠올리는 아인슈타인에 주목할 필요가 있다. 아인슈타인은 상대성 이론으로 시간, 공간, 에너지, 질량의 통합을 이루어 낸 인물이다. 우주의 기초를 이루는 이런 요소들 간의 관계를 밝힌 만큼 그의 학문적 기여는 혁혁하다. 이 외에도 광전효과를 해명하여 노벨상을 수상하였으며, 브라운 운동 규명 등의 많은 업적도 남겼다.

그 업적이 대단한 만큼 아인슈타인에 대한 반응 또한 열광적이다. 오늘날 많은 사람들에게 그는 존경을 넘어 숭배의 대상이 되고 있다. 그에 대한 사람들의 태도에는 이미 종교적인 냄새가 나고 있다는 평[14]이 나올 정도이다. 단지 대중들만이 아니라 과학자 중에도 "아인슈타인에 맞서는 것은 위험하다"와 같은 말을 하는 사람이 있다.[15] 하지만 아무리 위대한 과학자라도 그가 인간인 한 오류를 저지를 수밖에 없다. 아인슈타인에 대해서도 그의 업적과 함께 오류도 기억해 둘 필요가 있다. 그래야 그를 맹목적 숭배의 대상이 아닌 한 명의 위대한 과학자로 올바르게 대할 수 있을 것이다. 또한 현대인들이 과학자에게 어디까지 의존할 수 있는지 가늠해 볼 수 있을 것이다.

▌아인슈타인이 범한 오류들

아인슈타인이 범한 대표적인 오류에는 다음의 것들이 있다.

- **양자역학 거부**: 아인슈타인은 양자역학이 자연을 제대로 기술하지 못하는 불완전한 이론이라고 보았다. 자연은 결정론적이고 엄밀한 측정이 가능하고 국소적[16]이다. 그런데도 양자역학은 자연을 확률적이고 불확정적이고 국소적이지 않은 것으로 잘못 이해했다는 것이다. 하지만 이후의 많은 관찰과 실험들은 한결같이 양자역학의 손을 들어 주었다. 예를 들어 양자역학이 자연의 비국소성을 함축하는 양자얽힘 현상이 존재한다고 주장한 데 대해 아인슈타인은 양자얽힘은 '유령 같은 작용'으로, 존재할 리 없다고 반박했다. 하지만 이 기묘한 양자 얽힘 현상이 실재한다는 것이 실험으로 증명되어 아인슈타인의 비판은 힘을 잃게 되었다.

- **우주의 팽창 부정**: 아인슈타인은 1915년에 일반 상대성 이론과 그 안에 포함된 중력장 방정식을 발표한다. 이후 그는 이 방정식이 우주의 팽창이나 수축을 함축한다는 것을 발견한다. 이것은 우주가 정적이고 변하지 않는 것이라는 당시 천문학의 관점과 상반된다. 아인슈타인은 고심 끝에 그 관점과 부합하도록 장 방정식[17]에 우주상수를 집어넣었다.[18] 그의 방정식이 가진 우주 팽창이라는 올바른 함축을 받아들이지 않고 불변하는 우주라는 잘못된 우주관을 지지한 것이다. 하지만 이후 허블의 관측으로 천문학에서 우주팽창설이 급부상하자 그의 방정식에서 우주상수를 다시 뺄 수밖에 없었다.

- **블랙홀의 존재 가능성 부정**: 아인슈타인이 일반 상대성 이론을 발표하자 곧바로 독일의 천문학자 칼 슈바르츠실트는 이 이론을 별에 적용해 블랙홀의 존재 가능성을 밝혔다. 이후 블랙홀의 존재 가능성을 진지하게 받아들이는 사람들이 나타나기 시작했다. 하지만 아인슈타인은 1920년대에는 이런 주장을 무시했으며 1930

년대 들어서는 '뚜렷한 반대를 표현'[19]하였다. 가령 그는 1939년에 별이 중력에 의해 붕괴될 수 없다고 주장하는 논문을 썼다. 물질은 어떤 특정한 점을 넘어서 압축될 수 없기 때문이라는 것이다.[20] 하지만 지금은 블랙홀의 촬영에 성공하는 등 블랙홀의 존재를 의심할 수 없게 되었다.

- **중력파와 중력렌즈의 관측 가능성 부인**: 1916년에 아인슈타인은 그의 일반 상대성 이론에 근거해서 시공간이 뒤틀리면서 발생하는 파동인 중력파의 존재를 예측하였다. 그러다 1930년대에 이르러서는 중력파는 존재하지 않는다며 본래의 예측을 철회하는 논문을 썼다.[21] 하지만 그의 최초 예측 후 100년이 지난 2016년에 중력파가 관측되었다. 중력파의 존재를 부인한 그의 판단이 잘못된 것임이 밝혀진 것이다. 그는 또 1936년에 우주의 거대한 물체가 렌즈처럼 작용하여 빛을 휘게 할 수 있음을 밝혔지만 그런 중력렌즈 현상의 직접 관찰 가능성은 부정하였다.[22] 하지만 1979년에 이 현상 역시 실제로 관측되었다.

이상에서 보았을 때 아인슈타인이 범한 오류들은 결코 작은 것이라고 할 수 없다. 현대 물리학의 두 축은 상대성 이론과 양자역학인데 그중 하나를 인정하지 않았으니 현대 물리학의 절반을 거부한 셈이다. 또한 처음에 우주를 불변하는 것으로 생각한 것은 우주의 한 부분이 아닌 전체 모습에 대해 잘못 파악한 것이다. 그가 존재 가능성을 부정한 블랙홀은 '이론물리학의 총아'[23]이며 "우주에 대한 궁극적인 비밀과 신비를 푸는 문으로 나가는 열쇠"[24]로 평가될 정도로 중요한 천체이다. 그가 부정했던 중력파의 검출은 '힉스 발견과 함께 21세기 물리학 분야의 최고 성과로 인정'되고 있다.

'원숭이도 나무에서 떨어진다'는 말처럼 아무리 어떤 분야에 능통한 전문가라도 간혹 실수를 범하는 것은 피할 수 없다. 하지만 아인슈타인이 범한 오류를 보면 이 말보다는 '승패는 병가지상사 兵家之常事'라는 말이 더 적합해 보인다. 전쟁에서 승리에 못지않게 패배도 흔하듯이 아인슈타인의 주장들에서도 맞음과 틀림이 자주 교차한다. 그가 그러하다면 다른 많은 과학자들도 다르지 않을 것이다.

스포츠에 비유하자면 과학자는 성공률 85%의 페널티킥을 앞둔 호날두라기보다는 타석에 들어선 야구타자에 가깝다. 아무리 훌륭한 타자라도 타율이 4할, 5할을 넘어서기는 힘들다. 그는 가끔씩 안타도 치고 홈런도 치겠지만 헛스윙도 많이 하고 아웃도 많이 당할 것이다. 그리고 자연이 던진 수많은 물음들이 스트라이크 존으로 들어올 때 손도 못 대고 그냥 지켜만 보기도 할 것이다. 그러니 사람들은 아인슈타인 같은 슈퍼타자라 하더라도 매번 안타나 홈런을 쳐 내는 것은 아니라는 것을 기억해야 한다.

▌아인슈타인의 '목걸이' 우주상수

아인슈타인은 자신의 오류들을 피할 수 있었을까? 가능한 경우도 있었겠지만 그러기 힘들어 보이는 것도 있다. 가령 아인슈타인이 우주팽창과 우주상수를 두고 오류를 범하게 된 과정을 더 자세히 살펴보자. 아인슈타인이 1915년에 발표한 일반 상대성 이론에 따르면 중력은 물체의 질량이 주변 시공간을 뒤틀고 휘게 하는 현상이다. 그 왜곡의 정도를 나타낸 것이 중력장 방정식(줄여서 장 방정식)으로 처음 발표한 장 방정식에는 우주상수가 들어 있지 않았다. 이 장 방정식은 시공간의 기하학적 구조(좌변)가 물질과 에너지(우변)에 의해 결정된다

는 의미를 나타내고 있다.[25]

$$R_{\mu\nu} - \frac{1}{2} R g_{\mu\nu} = \frac{8\pi G}{c^4} T_{\mu\nu}$$

$T_{\mu\nu}$: 스트레스-에너지 텐서, $R_{\mu\nu}$: 리치곡률 텐서, R: 리치 곡률, $g_{\mu\nu}$: 계량텐서

아인슈타인은 이 최초 방정식이 우주의 팽창이나 수축을 함축한다는 것을 깨달았다. 방정식대로 질량에 의한 중력만 작용한다면 우주 공간은 외부로 뻗어 나가거나 안으로 수축되는 상태이어야 한다.[26] 정지한 우주 공간은 그 안의 물체들이 서로를 끌어당겨 곧바로 수축하기 시작할 것이기 때문이다.

그런데 당시 천문학자들은 한결같이 우주가 정적이고 영원하다고 믿고 있었다. 아인슈타인도 이 우주론을 받아들였다. 그래서 1917년에 이 우주론에 맞도록 우주상수(람다 Λ)를 첨가한 방정식을 발표하였다. 이런 수정은 그에게 결코 내키는 일이 아니었다. 그는 처음 방정식의 단순함과 명백함을 좋아했는데[27] 우주상수는 이를 훼손했기 때문이다. 하지만 우주의 모습과 맞지 않는 방정식을 고집할 수는 없었으므로 고심 끝에 우주상수를 집어넣은 것이다.

$$R_{\mu\nu} - \frac{1}{2} R g_{\mu\nu} = \frac{8\pi G}{c^4} T_{\mu\nu} \Rightarrow R_{\mu\nu} - \frac{1}{2} R g_{\mu\nu} = \frac{8\pi G}{c^4} T_{\mu\nu} + \boxed{\Lambda g_{\mu\nu}}$$

우주상수는 우주 공간에 퍼져 있으면서 그 공간과 물체들을 밀어내는 힘(척력)을 나타낸다. 아인슈타인이 발표한 애초의 장 방정식은 우주의 수축이나 팽창을 함축했다. 그중에서 우주가 수축하는 경우, 여기

에 우주상수의 척력이 추가되면 수축력과 척력이 균형을 이루어 우주가 정지 상태에 있을 수 있다.[28] 그리고 우주가 팽창하는 경우라면 여기에 척력을 더하면 우주 팽창이 더 가속화된다. 따라서 우주상수가 첨가된 장 방정식은 정지한 우주나 가속 팽창하는 우주를 함축하게 된다. 아인슈타인은 이 두 가능성 중 정지한 우주가 실제 우주와 부합한다고 생각했을 것이다. 그래서 실제 우주와 잘 맞도록 자신의 방정식에 우주상수를 첨가했을 것이다.

이후 아인슈타인은 이 우주상수를 옹호하려고 노력했다. 자신의 일반 상대성 이론에서 우주 팽창이라는 결론을 이끌어 내려 한 프리드만과 르메트르의 주장을 반박하기도 했다. 그런데 천문학에서 크나큰 변화가 일어났다. 1925년에 허블은 우주에 우리은하 외에도 수많은 다른 은하들이 존재한다는 사실을 발견하였다. 1929년에는 이 은하들의 거리와 적색편이를 관측하여 우주가 팽창한다는 사실을 밝혀냈다. 단 몇 년 만에 우주는 하나의 은하로 이루어지고 정지한 것에서 수많은 은하들로 이루어지고 팽창하는 것이 되었다.

그 변화가 극심했지만 천문학자들은 새로운 우주론의 근거가 분명했으므로 금방 받아들였다. 아인슈타인 역시 이것을 수용하였다. 그는 영원히 변하지 않는 우주를 선호했지만 주류 천문학의 변화를 거부할 수는 없었다. 그래서 1929년에 이 새로운 우주론에 맞추기 위해 수정된 장 방정식에서 다시 우주상수를 삭제했다. 우주 팽창은 우주상수가 첨가되기 이전의 최초 장 방정식에 함축된 가능성 중의 하나였기 때문이다.

$$R_{\mu\nu} - \frac{1}{2} R g_{\mu\nu} = \frac{8\pi G}{c^4} T_{\mu\nu} \Leftarrow R_{\mu\nu} - \frac{1}{2} R g_{\mu\nu} = \frac{8\pi G}{c^4} T_{\mu\nu} + \Lambda g_{\mu\nu}$$

삭제 후 그는 처음 방정식에 우주상수를 추가한 것을 '내 일생 최대의 실수'라고 언급하였다.[29] 오히려 우주상수 제거는 직전 입장이 틀렸음을 인정하는 것인데도 실망스러워하지 않았다. 우주 팽창을 인정하는 대신 최초의 장 방정식이 갖고 있던 단순함과 명백함을 되찾을 수 있었기 때문이다. 그는 우주상수를 넣었던 것에 대해 '언제나 가책을 느꼈다. 그렇게 고약한 것이 자연에서 실현될 것이라고 믿을 수가 없었다'라고 말하기도 하였다.[30]

이후 우주상수는 잊혀 갔다. 아인슈타인이 1955년에 죽을 때까지 그러했고, 다시 30여 년이 흐르는 동안에도 마찬가지였다. 그러다가 1998년, 천문학자들은 우주에 대해 다시 놀라운 발견을 하게 된다. 최초의 장 방정식이 함축하는 우주 팽창은 더 정확하게 말하면 점차 팽창 속도가 느려지는 감속 팽창이었다. 그런데 정밀 관측 결과 우주가 감속 팽창이 아니라 가속 팽창을 하고 있다는 것을 발견한 것이다. 가속 팽창은 우주 공간에 끌어당기는 중력 이외에 밀어내는 척력이 있어야 가능하다. 과학자들은 이 척력의 원인에 '암흑에너지'라고 이름 붙였다.

이 암흑에너지의 정체로 거론되는 것 중의 하나가 아인슈타인이 생각한 것과 같은 우주상수이다. 우주상수는 암흑에너지의 척력이 언제 어디서나 일정한 값으로 유지된다는 것을 의미한다. 이런 견해가 현재 가장 많이 지지를 받고 있는데 이것은 오늘날 관측된 거의 모든 우주론적 데이터에 부합하여 현대 우주론의 표준모형이 된 람다시디

엠(ΛCDM) 모형을 보아도 알 수 있다. 이 모형은 암흑물질로는 '차가운 암흑물질(CDM)'을, 암흑에너지로는 '우주상수(람다 Λ)'를 인정하고 있다.

만약 아인슈타인이 살아 있어 이런 상황을 보았다면 어떤 마음이 들까? 아인슈타인은 내키지 않았지만 어쩔 수 없다고 생각하여 우주상수를 그의 방정식에 넣었고 일생 최대의 실수였다면서 뺐다. 그런데 다시 그 '고약한 것'을 그의 방정식에 집어넣게 된 것이다. 더욱이 이번에는 그가 선호하는 정지된 우주가 아니라 가속 팽창하는 우주를 나타내기 위해서이다.

$$R_{\mu\nu} - \frac{1}{2} R g_{\mu\nu} = \frac{8\pi G}{c^4} T_{\mu\nu} \Rightarrow R_{\mu\nu} - \frac{1}{2} R g_{\mu\nu} = \frac{8\pi G}{c^4} T_{\mu\nu} + \boxed{\Lambda g_{\mu\nu}}$$

모파상의 소설 《목걸이》에서 여주인공은 파티에 참가하려고 친구에게 다이아몬드 목걸이를 빌렸다가 잃어버린다. 비슷한 목걸이를 사서 돌려준 후 그 빚을 갚기 위해 온갖 노동에 종사하게 된다. 10년의 세월이 지나 예전의 아름다움을 다 잃었을 때 우연히 그 친구를 만난다. 사연을 들은 친구는 안타까워하며 빌려주었던 목걸이가 가짜였다고 말한다.

이렇게 삶은 때로 인간을 속이고 농락한다. 아인슈타인의 우주상수는 우주 역시 과학자에게 그런 존재일 수 있음을 보여준다. 우주상수를 두고 아인슈타인이 오락가락한 것은 그가 과학적으로 철저하지 않았기 때문이 아니다. 천문학은 아인슈타인의 전공 분야가 아니다. 과학자라도 자기 전공 외 분야에서는 그 분야 과학자들의 관찰 자료와 이론에 의존하는 것은 당연하다. 그런데 그 분야 과학자들도 틀리는 경우가 있다. 1910년대 당시의 관측 장비와 자료로는 어떤 천문학자라도 다른 은하들의 존재를 상상하기 힘들었다. 그러니 유일한 은하인 우리은하가 곧 우주 전체라고 생각하였는데 한 은하 내의 별들은 은하들과는 달리 서로 멀어지지 않는다. 그러므로 당시의 천문학자들이 우주의 팽창을 알아내기는 정말 어려웠고 그들에게 의존했던 아인슈타인도 그러했다.

우주는 100년도 안 되는 시간에 영원히 정지해 있는 것에서 감속 팽창하는 것으로, 다시 가속 팽창하는 것으로 달리 드러났다. 그에 맞춰 천문학자들의 우주론이 급변했고, 이를 따라 아인슈타인의 우주론도 변했다. 이 급변하는 우주론에 부합하려면 우주상수에 대한 입장도 이랬다저랬다 할 수밖에 없다. 그러니 아인슈타인이 우주상수에 대해 일관적이지 못했던 것은 과학적으로 어쩔 수 없었다.

삶은 우리를 속이기도 한다. 이것을 아는 것이 삶에 대한 지혜의 핵심 중 하나이다. 우주 역시 과학자를 속일 수 있다. 아무리 과학자가 오랜 탐구 끝에 이룩한 이론이라도 모파상 소설의 목걸이처럼 가짜로 판명될 수 있다. 과학자 역시 이 사실을 잊지 않는 것이 중요하다. 그런 점에서 볼 때 아인슈타인이 우주상수를 집어넣었던 일을 '최대의 실수'라고 말한 점은 의아스럽다. 이 실수라는 말은 좀 더 주의했다면 피할 수 있는 잘못이라는 의미를 함축하기 때문이다. 하지만 과학자가 우주에 대해 아무리 철저하게 과학적 태도를 유지해도 틀릴 수밖에 없는 경우가 있다. 이 점을 인정하지 않으면 과학적 태도와 거리가 먼 독단으로 흐르기 쉽다. 과학자는 틀리는 것 자체를 자책해서는 안 되고 과학적이지 않게 틀리는 것만을 자책해야 한다. 과학적 태도의 가장 기본은 '우리는 불가피하게 틀릴 수 있다'는 점을 인정하는 것일지 모른다.

그렇다고 이런 한계의 인정이 오늘날 인간의 여러 정신적 활동 중에서 과학이 갖는 우수성을 부정하는 근거는 될 수 없다. 아인슈타인은 그 위대함에 걸맞게 과학의 뛰어남과 한계의 양면을 정확하게 파악해 내었다. "긴 인생에서 한 가지 배운 게 있다면, 실재와 견주어 볼 때 우리의 과학은 모두 원시적이고 유치하다는 점이다. 그래도 과학은 우리가 갖고 있는 것 중에서 가장 소중한 것이다"라고 그는 말했다.[31]

03 열린 태도

자기의 무지를 자각한다는 것은 자기의 현재 생각들이 틀릴 수 있다는 것을 인정하는 것이다. 이는 우주나 다른 사람에 대한 열린 태도와 직결된다. 우주에 대한 열린 태도의 기본은 자기가 아는 것과는 다른 존재가 우주에 존재할 수 있다는 것을 인정하는 것이다. 그리고 타인에 대한 열린 태도는 내가 아닌 상대방의 의견이 옳을 수 있다는 것을 인정하는 것이다.

▎모르는 존재에 대한 열린 태도

우주에 대한 우리의 앎 중 가장 기본이 되는 것은 '무엇이 존재하는가'에 대한 앎이다. 여기서도 우리는 틀릴 수 있다. 예전 사람들은 상상도 못했던 공룡, 미생물, 코로나 바이러스, 외계 은하 등을 지금은 분명히 존재한다고 믿고 있다. 그러니 지금 우리가 알지 못하는 어떤 것이 존재할 가능성을 항상 염두에 두어야 한다. 하지만 몰랐던 존재를 인정하는 것은 결코 쉬운 일이 아니다. 블랙홀의 수용 과정은 이

점을 잘 보여준다.

블랙홀 수용의 단계

인류는 수십만 년 전에 탄생한 이후 약 230년 전까지만 해도 블랙홀 같은 것을 거의 상상도 하지 못했다. 불교 경전《열반경》에 나온 '보살이 대열반에 머물면 삼천대천세계를 겨자씨 속에 넣는다'는 대목 정도가 유사할 뿐이다. 블랙홀은 이론에서도 관측에서도 그 존재 가능성이 전혀 알려지지 않은 존재였다.

그러다 1783년 영국의 존 미첼이 처음으로 '중력이 너무 강해 빛조차 탈출하지 못하는 검은 별'의 개념을 제시한다. 12년 후에 프랑스의 피에르 시몽 라플라스도 비슷한 아이디어를 발표했다. 이들의 검은 별 이론은 당시 과학계의 정설이었던 뉴턴역학에 기반한 것이었다. 그럼에도 당시에는 '상상 속에서나 가능한 일'로 간주되어 다른 과학자들의 반대와 무시 속에 잊히고 만다.[32]

그로부터 120여 년이 지난 1916년, 독일의 칼 슈바르츠실트는 아인슈타인의 일반 상대성 이론에서 블랙홀을 유도해 낸다. 강한 중력으로 물체의 반지름이 일정 거리(슈바르츠실트 반지름) 내로 줄어들면 그 속을 알 수 없는 특이점이 나타난다는 것이다. 그리고 1930년에 인도 태생의 수브라마니안 찬드라세카르는 당시 존재가 알려져 있던 백색왜성을 통해 블랙홀이 우주에서 실제로 어떻게 형성될 수 있는지를 제시한다. 1939년에 미국의 로버트 오펜하이머 등은 이 설명을 더 발전시켜 백색왜성의 질량이 태양 질량의 1.4~3배이면 중성자별이 되고 3배를 넘어서면 블랙홀이 된다고 결론 내린다.

1920년대와 1930년대에는 이렇게 젊은 학자를 중심으로 블랙홀의 실재 가능성에 대한 주장이 나오기 시작했다. 하지만 당시 가장 명성

이 높은 일반 상대론 전문가인 아인슈타인과 아서 에딩턴은 블랙홀의 존재 가능성에 대해 반대 입장을 분명히 한다.[33] 그들의 영향력으로 블랙홀 연구는 위축되고 이런 상황에서 2차 세계대전이 발발하자 블랙홀 연구는 중단되고 만다.[34]

2차 세계대전 이후 1960년대에는 새로 발전한 탐사 기술을 바탕으로 퀘이사, X선 천체, 펄사와 같은 놀라운 천체들을 발견한다.[35] 이 중 퀘이사는 그 천체의 중심에 거대한 블랙홀이 있다고 추측되었다. 이렇게 관측 증거들이 늘어나면서 1960년대 말엽이 되면 블랙홀은 점점 사실로 인정받게 되며 마침내 2019년에 최초로 블랙홀의 촬영에 성공한다. 지금의 과학자들에 따르면 블랙홀은 우주에 진짜로 있을 뿐 아니라 잔뜩 있다.[36] 적어도 10억×10억 개의 블랙홀들이 존재할 것으로 예상되고 있다.[37]

단계별 존재 판단

블랙홀 수용의 역사에서 크게 세 시기를 구분해 볼 수 있다. ① 인류 탄생부터 1783년 이전까지로, 블랙홀이 이론상으로도 관측으로도 알려지지 않은 시기, ② 1783년에서 1960년대까지로, 이론상으로 블랙홀의 존재 가능성이 알려졌으나 관측 증거는 찾기 힘든 시기, ③ 1960년대부터 지금까지로, 블랙홀의 관측 증거도 나온 시기가 그것이다.

이 중 ③의 시기에 있는 과학자들은 블랙홀의 존재를 인정한다. 이론상으로 존재 가능하고 관찰 증거도 있으니 이렇게 당연히 인정해야 한다. 문제는 ②의 시기이다. 이 시기의 많은 과학자들은 블랙홀의 존재 가능성을 부인했다. 심지어 아인슈타인은 블랙홀을 인정하지 않기 위해서 애초에 자신이 그 존재를 예언했던 중력파의 관측 가능성조차 부인했다. 중력파의 관측은 블랙홀의 충돌 같은 사건 때 가능할 것으

로 생각했기 때문이다.[38]

　이런 과학자들을 어떻게 평가해야 할까. 이론상으로는 존재 가능한데 관찰 증거는 없는 것들은 둘 중 하나일 것이다. 첫째는 이론상으로 가능할 뿐 실제로는 존재하지 않는 경우이고 둘째는 실제로 존재하는 경우이다. 이 두 가능성 중 어느 것이 맞는지 검증할 수 없으므로 어떤 과학자들은 판단 내리기를 중단한다. 하지만 어떻게든 판단을 내리려는 과학자도 있다. 이때 그 과학자는 더 이상 갖고 있는 정보들에서 논리적으로 판단을 이끌어 낼 수 없으므로 보통 자신의 직관을 발휘하여 판단을 내린다. 이때 과학자의 직관은 그의 세계관 등에 기초한 것으로 그 옳고 그름을 객관적으로 알 수 없다. 따라서 그 직관에 근거한 판단도 옳은지 그른지 객관적으로 알 수 없다.

　이런 객관적일 수 없는 판단을 내리는 자체가 과학자로서 잘못을 범하는 것은 아니다. 객관적인 판단만 내리려 하면 우리는 많은 중요한 문제들에 대해 아무 견해도 갖지 못할 것이다. 더 나아가 과학 활동 자체가 불가능해질 수도 있다. 과학 활동의 핵심 중 하나는 가설 세우기인데 과학자가 객관적인 판단만 해야 한다면 가설 세우기가 불가능해진다. 잘못은 이런 종류의 판단을 내리는 데 있는 것이 아니라 이렇게 내린 판단에 대한 태도에서 나타날 수 있다. 객관적 검증이 불가능한 상황인데도 자기 판단만이 확실하게 옳다고 간주한다면 이는 잘못된 태도이다.

　②의 시기에 아인슈타인 등은 '우주는 단순하고 합리적이다'와 같은 직관을 가지고 있었을 것이다. 그래서 블랙홀처럼 '엉뚱하고 기이한 것'은 존재할 리 없다고 여겨 부정했다.[39] 이런 직관은 적어도 그 당시에는 옳은지 그른지 판명되지 않았다. 따라서 그들이 이런 직관에 의존해 판단을 내린 것을 잘못이라고 할 수 없다. 문제는 당시 아

인슈타인 등이 블랙홀의 존재를 반박하는 데 있어 상당히 단호했다는 점이다. ②와 같이 블랙홀이 이론상으로는 존재 가능한데 관측 증거는 없는 시기라면 단호한 판단이 아니라 '블랙홀은 존재할 것이다'나 '블랙홀은 존재하지 않을 것이다'와 같은 유보적 판단들만이 타당할 수 있다.

인류가 블랙홀을 상상하지도 못했던 ①의 시기에서는 블랙홀의 존재를 지지하거나 부정하는 판단들 자체가 없었다. 하지만 이런 시기에도 블랙홀과 관련하여 정당화되는 판단과 그렇지 않은 판단을 찾을 수 있다. 만약 당시에 살았던 과학자가 확고한 태도로 '우주에는 우리가 알고 있는 것들만 존재한다'는 판단을 내렸다면 그 판단은 정당화되기 힘들다. 반면 '우주에는 우리가 전혀 알고 있지 못하는 어떤 것이 존재할지 모른다'는 판단을 내렸다면 이 판단은 정당화된다.

이렇게 블랙홀 수용의 ①~③ 시기에 따라 정당화되는 판단은 달라진다. 인류는 블랙홀에 대해서 현재 ③의 시기에 와 있다. 따라서 현재는 '블랙홀은 실제로 존재한다'라고 판단하는 것이 타당하다. 그런데 과학에서 문제되는 다른 존재들 중에는 현재 ②의 시기에 있는 것도 있다. 대표적인 것이 다중우주이다. 이것들은 현재 이론상으로는 존재 가능성이 높다고 예측되지만 관찰 증거는 없다. 이런 상황에서 '다중우주는 존재할 것이다'라는 판단이나 '다중우주는 존재하지 않을 것이다'라는 판단은 모두 정당화될 수 있다. 다만 어떤 판단을 내리든 자기 판단이 틀릴 수 있다는 점을 인정해야 할 것이다.

아쉽게도 블랙홀 수용 과정에서 있었던 완고한 배척은 지금도 반복되고 있는 듯하다. 가령 테그마크는 다중우주론 관련 논문을 썼을 때 프린스턴의 원로 교수에게서 편지를 받았다. 편지에는 "당신은, 만약 이런 활동을 당신의 진지한 연구와 완전히 분리하지 않는다면, 아마

완전히 그만두고 술집이나 그런 비슷한 곳들로 보내 버리지 않는다면, 당신의 미래가 위기에 처할 수도 있다는 것을 알아야 합니다"[40]라고 쓰여 있었다. 인간이 이런 독단에 빠지기 쉽다는 것이 드러났으므로 그만큼 주의가 필요하다.

인류가 현재 ①의 시기에 있는 것도 있을까? 그 가능성을 배제할 길은 없다. 인류 탄생 후 수십만 년 동안 인간이 우주에서 발견할 수 있었던 것은 늘 비슷했다. 그러다 최근의 불과 100~200년 동안에 블랙홀을 비롯해서 중성자별, 외계행성, 외계은하, 성간 먼지, 암흑물질 등등 그 존재를 전혀 몰랐던 수많은 것들이 쏟아져 나왔다. 우주의 창고문은 이제 막 열린 것인지도 모른다. 그러니 블랙홀처럼 상상도 못한 어떤 것이 앞으로 우주에서 또 발견될 수 있다는 것을 기억해야 한다. 마치 로마인이 '아직 알지 못하는 신들'을 위한 제단도 마련해 두었듯이 미지의 존재에 대해 열린 마음을 갖는 것이 올바른 과학적 태도일 것이다.

▌반대 의견에 대한 태도: 에딩턴과 호킹

상반되는 견해들만 있을 뿐 증거는 없는 상황이라면 직관상 아무리 자기 견해가 옳아 보여도 '내가 틀리고 상대방이 옳을 수 있다'는 열린 태도를 취해야 한다. 물론 이것은 쉽지 않다. 자기 입장이 오랜 시간을 들여 탐구하여 이끌어 낸 것이라면 더욱 그렇다. 하지만 가령 한 과학자가 평생에 거쳐 한 주제만을 연구했다고 해도 우주의 거대함과 복잡함을 보았을 때 그런 노력만으로 그의 견해가 참이라는 것은 보장되지 않는다. 그러니 그런 경우에도 열린 태도를 유보할 수 있는 근거는 없다.

과학자가 객관적 증거가 없는 상황에서 반대 의견에 취하는 상반적 태도를 에딩턴과 호킹에게서 발견할 수 있다. 그 태도들이 미친 영향이나 가져온 결과를 보면 열린 태도의 필요성을 더 잘 느낄 수 있다.

에딩턴의 비난과 호킹의 내기

아서 스탠리 에딩턴은 영국의 천체물리학자로 항성의 내부 구조와 진화 연구에 큰 공헌을 하였다. 1935년 1월 인도 출신의 젊은 학자 찬드라세카르가 왕립천문학회 회의에서 발표를 할 때 그는 학계의 지도적 위치에 있었다. 찬드라세카르는 백색왜성이 태양질량의 1.4배를 넘기면 중력을 견디지 못하고 붕괴된다고 발표했다. 블랙홀의 형성 원리와 존재 가능성을 보인 획기적인 내용이었다.

　그러나 이어 연단에 오른 에딩턴은 찬드라세카르의 발표가 수학만을 사용해 유도된 것으로 물리적이지 않고 불합리하다고 반박한다. 그 반박은 그의 통상적인 독설을 훨씬 넘어서는 말투로 이루어졌다.[41] 에딩턴을 존경하며 교류도 해 왔던 찬드라세카르는 그의 신랄한 발언과 청중의 동조하는 반응에 크게 당혹했다.[42] 같은 해 7월 중순에 열린 국제 천문학 연합대회에서도 비슷했다. 찬드라세카르 본인의 기억은 이랬다.

　"에딩턴은 한 시간 동안 강연하면서 내 작업을 광범위하게 비판하고 웃음거리로 만들었다. 나는 사회를 보고 있던 러셀에게 쪽지를 보내서 답변을 하고 싶다고 전했다. 러셀은 쪽지에 쓴 답장에서 '그러지 않는 것이 좋겠소'라고 말했다. 그래서 나는 답변할 기회조차 얻지 못한 채 동정심 어린 청중의 눈길을 받아야 했다."[43]

　반대 의견에 대한 에딩턴의 이런 태도와 대조적인 것이 호킹의 대응이다. 영국의 이론물리학자인 호킹은 블랙홀도 복사로 증발하여 사라진다는 이론으로 블랙홀 연구의 한 획을 그었다. 여기서 더 나아가 그는 "블랙홀이 증발하면 거기 갇혀 있던 정보 조각들도 우리 우주에서 사라져 버린다"[44]라고 주장한다. 하지만 정보 소실은 양자역학과 양립하기 어려워서 정보가 정말 소실되는지에 대한 논쟁이 오랫동안 벌어지게 된다.

그러던 중에 호킹은 내기를 한다. 1997년에 정보 소실이 일어나지 않는다는 존 프레스킬과 지는 사람이 백과사전을 사 주기로 계약을 한다. 이 내기는 호킹의 패배로 끝났다. 2004년에 호킹은 "정보는 블랙홀에서 새어 나와 궁극적으로는 증발물 속에서 나타나는 것 같다"[45]라고 인정한다. 그 정보를 읽어 내기는 매우 어렵지만 보존된다고는 볼 수 있다는 것이다.[46] 패배를 인정한 호킹은 프레스킬에게 야구 백과사전을 사 주었다.

호킹은 백조자리 X-1이 블랙홀인지를 두고도 1974년 내기를 했다. 호킹은 블랙홀이 아니라는 데 걸고 킵 손은 맞다는 데 걸었다. 이 내기 역시 호킹이 킵 손에게《펜트하우스》1년 치 구독권을 사 주면서 끝난다. 호킹이 패배를 인정한 날을 킵 손은 기억한다. "1990년 6월의 어느 날 밤 … 스티븐 호킹과 그 가족들과 친구들이 칼텍의 내 사무실에 난입해 내기 계약서가 보관된 액자를 발견하고는, 그 위에 패배를 인정하는 쪽지를 호킹의 지장과 함께 남겼다."[47]

차이의 이유

에딩턴은 심각했고 호킹은 경쾌했다. 에딩턴이 상대편을 가혹하게 비난했던 것은 무엇보다 블랙홀의 존재를 인정하는 상대 입장이 틀렸다는 확신이 있었기 때문일 것이다.[48] 이 확신은 객관적인 관찰 증거가 없는 상태에서 주로 직관에 의존해 이루어졌다. "별이 이렇게 터무니

없는 방식으로 행동하지 못하도록 막는 자연의 법칙이 분명히 있을 것이다!"[49]라는 에딩턴의 말에서 그가 직관에 의존해 블랙홀은 없다고 확신했음을 알 수 있다.

이에 대해 호킹은 객관적 증거가 없는 상황에서 블랙홀에 대한 자기 직관이 틀렸을 가능성도 고려했다. 호킹은 백조자리 X-1에 대해 내기를 걸 때 사실은 X-1이 블랙홀일 것이라고 판단했었다. 그러면서도 "블랙홀에 투자를 한 것이 많아 보험을 들길 원"[50]해서 자기 입장과 반대로 내기를 걸었다. 보험으로 만일의 사태에 대비하듯이 호킹은 진리라고 느끼는 것이 실은 아닌 것으로 판명될 경우에 대비하고자 하였다.

진리를 확신하는 사람일수록 에딩턴처럼 반대 주장에 대해 분노와 혐오를 느낄 것이다. 그가 보기에 반대 주장은 거짓임이 분명하기 때문이다. 문제는 진리에 대한 확신감이 실제 진리를 보증하지 않는다는 것이다. 확신감이 결코 그 판단의 옳음을 보장하지 못한다는 것은 고정관념이나 편견에 '틀림없다'는 느낌이 강하게 동반되는 경우가 많다는 것을 보아도 알 수 있다. 과학은 바로 이 '직관은 틀릴 수 있다'는 정신에 서 있다. 직관은 틀릴 수 있으니 관찰과 실험 같은 객관적 근거로 진위를 결정해야 한다. 에딩턴의 대응은 과학의 이 기본 정신에 위배된다. 비록 찬드라세카르에 대한 그의 분노와 비난이 진리를 중요시하는 마음에서 발생했다 하더라도 이 점이 변명이 되지는 못한다.

실제로 그의 행동은 도리어 진리에 해가 되었다. 당시 최고 권위자에게 조롱을 당한 일은 젊은 연구자에게는 치명적인 굴욕과 좌절감을 안겨 주었다.[51] 에딩턴의 주장이 취약했음에도 주요 과학자들은 아웃사이더인 찬드라세카르에 반대해 에딩턴을 지지했다.[52] 결국 찬드라세카르는 더 이상 블랙홀 연구를 하지 못하고 연구 주제를 바꾼다. 그가 블랙홀 연구를 계속할 수 있었더라면 훨씬 큰 업적을 쌓았을지 모른다. 그가 규명한 '찬드라세카르 한계'도 천체물리학 교과서에 실리기까지 20년 이상이 걸렸다.[53] 정확히 그 시간만큼은 아니겠지만 블랙홀 연구가 상당히 지연된 것이다.

'지옥으로 가는 길은 선의로 포장되어 있다'는 말이 있다. 비슷하게 '오류로 가는 길은 진리에 대한 확신으로 포장되어 있다'고 말할 수 있다. 이것이 에딩턴이 걸은 길이다. 같은 잘못이 동서고금에서 숱하게 발견된다. '만물의 근원은 수'이고, 수를 통해 보이지 않는 우주의 원리를 이해할 수 있다고 보았던 피타고라스학파는 그들의 수 개념에 반하는 무리수가 발견되었을 때 큰 충격에 빠졌다. 그들은 무리수의 존재를 발견한 히파수스가 끝까지 주장을 굽히지 않자 학파의 규율을 어겼다는 이유로 그를 배신자로 몰아 바다에 빠뜨려 죽였다.[54] 중세시대의 종교전쟁 역시 객관적 증거 없이 직관에만 의존해 진리를 주장할 때의 오류와 결과를 잘 보여준다. 인류는 엄청난 희생 후에 비로소 진리에 대한 자기의 직관이 틀릴 수 있다는 점을 인정했고 비로소 종교전쟁을 끝낼 수 있었다.

반면 호킹은 진리를 두고 내기를 했다. 내기는 주로 재미를 위해 한다. 상대방이 틀린 주장을 한다고 믿는다면 어떻게든 빨리 그의 잘못을 고쳐 주어야 할 것이다. 그런 상대방과 한가하게 내기나 하는 것은 진리를 가볍게 여기는 모습으로 보일 수 있다. 하지만 '진리'와 '진리라고 내가 믿는 것'은 다르다. 아무리 내 입장이 옳고 상대편 입장이 틀린 것으로 느껴져도 나와 상대방의 차이가 '진리 주장자'와 '거짓 주장자'의 차이인지는 지금은 알 수 없다. 상대방은 나와 마찬가지로 진리일 가능성이 있는 주장을 하는 자이다. 그러니 진리를 중요시하는 사람이라면 내 주장과 함께 상대방의 주장도 존중하지 않을 수 없다.

　과학자는 열심히 탐구하여 스스로 진리라고 최대로 믿을 수 있는 결론에 도달해야 한다. 그리고 이런 결론에 도달해서는 역설적이게도 그 결론이 여러 가능한 견해들 중의 하나이며, 틀릴 수도 있다는 '가벼운' 마음을 가져야 한다. 호킹의 내기에서 그런 태도를 읽을 수 있다. 틀릴 가능성은 과학자가 벗어날 수 없는 운명이니 좀 더 가볍고 즐겁게 탐구 활동에 임하는 것도 지혜일 것이다. 가령 러셀은 "내가 틀릴 수도 있기 때문에 나는 나의 믿음을 위해서 죽을 생각이 전혀 없다"라고 말했다.[55]

▎열린 태도를 유지하는 방법

실제로 아는 것보다 더 잘 아는 것으로 착각하기 쉬운 것이 인간이다. 이런 우리가 아는 것은 안다고 알고, 모르는 것은 모른다고 알려면 어떻게 해야 할까? 또 아직 알려지지 않은 존재와 나와 다른 의견에 열린 태도를 유지하려면 어떻게 해야 할까? 무엇보다 인간의 인식 능력에는 한계가 있고, 자기의 현재 판단이 틀릴 수 있다는 점을 반복해서 떠올려 볼 필요가 있다. "거울을 정면으로 바라보고 다음과 같이 계속해서 스스로 확언하는 것이다. 나는 틀릴 수 있다 … 나는 심각하게 틀릴 수 있다."[56]

　다음으로 인류의 앎이 어떻게 변해 왔는지를 떠올려 보는 방법도 있다. 역사는 사람들이 확고하게 옳다고 생각했던 믿음들도 나중에 틀린 것으로 판명되는 경우들을 반복하여 보여준다. '지구가 우주의 중심이다'라거나 '지구는 편평하다'는 믿음이 그러하다. 천재지변이

나 역병, 장애의 발생이 인간의 잘못 때문이라는 생각, 사람들 사이에는 귀천의 차이가 있다는 생각 등도 한때는 당연시되었다. 이런 역사를 떠올려 봄으로써 지금 보기에는 너무도 당연한 생각들도 먼 훗날에는 틀린 것으로 판명될 가능성이 있다는 것을 잊지 않을 수 있다.

이상에서 우주와 세계관에 대한 무지의 원인 및 대처 방법에 대해 알아보았다. 우주와 세계관에 대해 우리가 근본적으로 무지의 상태에 있다면 사람들이 가장 근본적인 문제로 생각하는 '죽음'과 '삶의 의미'에 대해서는 무슨 말을 할 수 있을까. 이 점을 다음의 장들에서 살펴보자.

8장

다중우주에서의
죽음

죽음은 누구에게나 문제이다. 하지만 죽음이 더 문제되는 사람이 있다. 러시아 소설 속의 이야기로 기억한다. 어느 추운 밤에 마차가 폭설에 갇히게 되었다. 구조의 가능성은 희박해지고 타고 있던 귀족은 다가오는 죽음 앞에서 몸부림치고 괴로워하는데 마차를 몰던 하인은 조용히 잠자듯이 죽음을 맞는다. 이처럼 이생에서 더 많이 가진 자일수록 잃을 것이 더 많아 죽음은 더 견디기 힘든 것이 된다. 진시황이 죽음을 더 두려워했던 것도 천하를 잃어야 했기 때문이다.

시대로 따진다면 오늘날의 우리는 진시황과 비슷한 처지에 있다. 우리 시대는 이전의 어느 시대보다도 평화롭고 풍족하다. 현대과학은 놀라운 기술들을 하루가 멀다 하고 선보이고 있다. 그러니 가능한 한 오래 살아 더 많이 누리고 싶다. 특히 급속히 발달하는 의료기술은 암과 같은 불치병 정복은 물론이고 거의 영생을 보장할지도 모른다.[1] 이런 가능성을 목격하고도 그 혜택을 누리지 못하고 떠날 것이다. 이때의 심정은 살날이 며칠 안 남은 홀로인 사람이 복권 당첨 소식을 들은 것과 같을지도 모른다.

이렇게 우리 시대에는 죽음이 더 문제되니 답할 필요성은 더 커졌다. 그리고 이 우주에서 우리가 찾을 수 있는 의미는 무엇인가 아는 데에도 죽음에 대한 고려는 꼭 필요하다. 나는 죽음 이후 어떻게 될까? 인간이 오랫동안 품어 온 이 물음에 대해 현대 우주과학은 어떤 대답을 할 수 있을지 살펴보자.

01 나의 반복 가능성

죽음이 큰 문제로 느껴지는 것은 죽음 이후 영원히 소멸한다고 생각하기 때문이다. 작은 소유물 하나를 잃어도 속상한 것이 우리 인간이므로 자기를 통째로 잃게 하는 죽음이 큰일이 아닐 수 없다. 죽음에 대한 대처 중에는 이런 생각이 잘못되었음을 들어 죽음의 문제를 해소하려는 노력이 있어 왔다. 그중 하나는 죽음으로 내가 소멸한다는 것은 겉으로만 그럴 뿐 실제로는 죽음 후에도 내가 지속된다고 보는 것이다. 영혼불멸설처럼 이 입장은 나를 영원히 파괴될 수 없는 실체와 같은 것으로 본다. 다른 하나는 죽음으로 내가 소멸하기는 하지만 다시 반복하여 존재할 수 있다고 본다. 즉 죽음으로 인한 나의 소멸을 영원한 것으로 보는 것은 잘못이라는 것이다.

　죽음 이후에 대한 이 세 입장은 형이상학적 믿음의 성격을 띤다. 따라서 이 중 어느 것이 맞는지는 확실하게 입증되지는 않을 것이다. 그래도 그중 더 타당해 보이는 것이 어느 것인지 짐작해 보게 하는 단서는 있다. 그 단서를 살펴보자.

▎잠과 죽음

죽음 이후를 짐작할 수 있는 한 방법은 살아생전과 비교해 보는 것이다. 사람들은 살아 있는 동안에는 자기의 존재를 한평생 지속되는 실선과 같이 연상한다. 출생 즈음의 어느 시점부터 자기가 존재하기 시작하여 줄곧 이어져 오다 죽음과 함께 사라진다고 본다. 이렇게 계속 지속되던 것이 사라졌으니 한번 사라진 이후 다시 나타나기를 기대하기는 어려워 보인다. 삶이 존재의 지속인 것에 대응시켜 볼 때 죽음은 비존재의 지속으로 보는 것이 타당할 것이다.

하지만 정말 살아있을 때 나의 존재가 지속되는가? 만약 나의 본질이자 동일성의 근거가 육체라면 그렇게 볼 수 있다. 나의 육체는 태어나서 죽을 때까지 계속 유지되다가 죽음과 함께 분해되기 때문이다. 하지만 앞에서 보았듯이(4장) 나는 근본적으로 육체라기보다는 나의 의식들이 귀속되는 의식주관이다. 그런데 나는 매일 잠을 자고 잠자는 동안에는 꿈도 잘 꾸지 않는다. 이때 나의 의식은 사라지고 없으므로 그 의식들이 귀속되는 의식주관 역시 존재한다고 보기 힘들다. 가령 데카르트도 신을 끌어들여 당시의 통념과 맞추려 하기 전까지는 의식이 있을 때만 내가 존재한다고 생각했다. "'내가 있고 내가 존재한다'는 것은 확실하다. 그러나 얼마나 오랫동안 확실한 것인가? 그것은 내가 생각하는 동안은 확실하다. 왜냐하면 내가 생각하기를 멈춘다면 동시에 존재하기도 멈추고 말 것이기 때문"[2]이라는 것이다.

이렇게 나라는 의식주관은 꿈도 없는 잠에 들면 사라지지만 잠이 깨면 다시 존재하기 시작한다. 이런 잠을 평생 동안 자고 깨기를 반복하니 나의 존재는 실선이 아닌 점선처럼 이어져 간다. 만약 살아있는 동안에도 내가 존재하지 않는 때가 있다는 것이 믿기지 않는다면 가장 행복하거나 고통스러웠던 때를 떠올려 보면 된다. 사랑하는 이를 잃어 너무도 슬펐을 때, 도저히 자기가 그 슬픔에서 헤어 나오지 못할 것처럼 느껴지던 그 당시에도 그 슬픔은 툭툭 끊겨 있다. 그때에도 나는 잠이 들곤 했기 때문이다. 도저히 내가 슬퍼하지 않을 수 없는 일인데 자는 동안에는 그 슬픔이 감쪽같이 사라진다. 그렇다면 그동안 내가 있었다고 볼 수 있겠는가.

살아생전의 내가 이렇게 무無 위에 듬성듬성 놓인 징검다리 돌들과 같다면 죽음 이후의 나도 없는 상태로 지속된다고 보기는 힘들어진다. 내가 한평생 실선처럼 이어지는 것이라면 나의 있음과 없음 사이에는 깊은 심연이 놓여 있을 것이다. 내가 오직 탄생 즈음에 한번 무에서 유로 왔다가 오직 죽음 때 한번 유에서 무로 간다면 유와 무 사이의 간극은 작을 수 없다. 하지만 실제로 나는 매일 어렵지 않게 나의 있음과 없음을 넘나든다. 너무도 쉽고 빈번하게 생기고 없어지는 존재이니 무無는 나에게 아주 익숙한 것이다. 그러므로 죽음으로 인한 무 역시 나를 다시 유로 되돌릴 수 없게 만드는 것은 아닐 것이다.

그렇다고 죽음이 잠과 같이 가벼운 것은 아니다. 죽음은 유와 무를 넘나들던 내가 무로 넘어간 다음 유로 넘어오기 매우 힘들게 되는 사태일 수 있기 때문이다. 그럼에도 이제 우리는 죽음으로 인한 무에서 유로 되돌아오기 힘든 이유가 나의 있음과 없음 간의 본질적인 차이 때문이거나 유와 무 간에 극복할 수 없는 심연이 놓여있기 때문이라고 생각할 필요는 없게 되었다. 대신 나의 있음과 없음은 조건의 차이로 발생하는 것으로 죽음은 잠에 비해 나의 있음으로 되돌아 올 조건 마련이 더 힘들게 되었다는 식으로 생각할 수 있다.

이것은 죽음 이후 내가 언젠가 다시 존재할 수도 있다는 것을 의미한다. 이것이 가능하다는 증거가 있다. 바로 지금 내가 존재하고 있다는 것이 그 증거이다. 한 번 존재했다는 것은 다시 존재할 수 있다는 것을 증명해 준다. 이 점을 잘 살펴보기 위해 타임머신의 경우를 상상해 보자.

▌타임머신과의 비교

타임머신은 시간여행을 가능하게 하는 장치이다. 이 장치는 웰스의 소설《타임머신》, 영화〈백 투 더 퓨처〉등 수많은 소설과 영화, 게임에 등장하며 인간의 상상력을 한껏 자극하였다. 그런데 과거와 미래를 모두 오갈 수 있는 '올 타임 타임머신'이 실제로 존재할 수 있는지에 대해서는 의견이 분분하다. 미래로의 여행은 속도가 빨라지거나 중력이 커지면 시간이 느려진다는 상대성 이론 효과를 이용하면 된다. 하지만 과거로의 여행에 대해서는 웜홀 이용 등의 방법으로 가능하다는 사람들이 있는 반면 시간의 일방향성이나 타임 패러독스를 들어 근본적으로 불가능하다고 주장하는 사람도 있다.

이런 타임머신이 과학적으로 실제 가능한지에 대해 확실하게 답할 수 있는 경우가 있다. 바로 타임머신을 실제로 목격했을 때이다. 이런 경우를 상상해 보자. 어느 날 길가에 세워진 날개 달린 버스를 발견하고 호기심에 올라탔다. 운전석 기기들을 이리저리 만져 보았는데 내려 보니 조선시대였다. 조상들과 한바탕 소동을 벌인 후 간신히 다시 버스에 올라 현재로 돌아왔다. 그런데 안도의 한숨을 쉬면서 버스에서 내리자마자 갑자기 버스에서 불이 나 다 타버렸다.

내가 이런 경험을 했다면 타임머신이 존재 가능함을 확신할 수 있다. 지금은 타임머신이 없어졌다 하더라도 언젠가 과학기술이 고도로 발달하면 만들 수 있다고 믿을 수 있다. 반면 타임머신을 한 번도 본 적이 없는 사람은 이런 확신을 가질 수 없다. 지금까지 한 번도 목격되지 않은 것은 기술의 부족 때문일 수도 있지만 '둥근 사각형'처럼 원리적으로 존재할 수 없는 것일 수도 있기 때문이다. 만약 타임머신이 후자와 같은 것이라면 앞으로 어떤 일이 있더라도 영원히 존재할 수 없다.

'한 번 존재했음'은 '원리상 존재할 수 있음'을 함축한다. 원리상 존재할 수 있는 것은 두 번이고 세 번이고 반복하여 존재할 수 있다. 그러니 나의 현재 존재는 내가 원리상 반복하여 존재할 수 있다는 것을 보여준다. 다만 나를 존재하게 만드는 조건이 무엇인지는 세계관에 따라 달리 볼 것이다. 유물론자(물리주의자)라면 두뇌와 같은 특정한 형태의 물질 조직이 그 조건이라 생각할 것이고 유신론자라면 신의 의지가 무엇보다 필요하다고 할 것이다. 그 조건이 무엇이든 그 조건이 갖추어지면 나는 다시 존재하게 된다.

02 '죽음 이후는 무' 추론과 반박

앞 절에서는 원리상으로 보았을 때 나는 반복하여 존재할 수 있음을 보았다. 하지만 아무리 원리상으로 가능하다고 해도 필요한 조건들이 다시 갖추어지지 않으면 나는 반복하여 존재할 수 없을 것이다. 현대의 주류를 형성하는 죽음관도 죽음 이후는 무라고 보는 것인데 그 바탕에 깔린 생각이 바로 이것으로 보인다. 즉 현대인들은 나의 반복이 원리적으로 불가능해서라기보다는 나의 존재 조건이 죽음 이후 다시 갖추어지는 일은 없을 것이라는 생각에서 나의 반복을 부정하는 것으로 보인다. 그들의 추론을 재구성해보면 다음과 같다.

전제 1: 나의 두뇌의 작용으로 나의 의식이 생긴다.(물리주의[3])
전제 2: 내가 죽으면 나의 두뇌는 영원히 붕괴된다.
결론: 내가 죽으면 나의 의식(나)은 영원히 소멸한다.

이 추론이 올바른지에 대해서 다중우주론과 상관없는 비판과 이에 근거한 비판을 모두 생각해 볼 수 있다.

▌다중우주론에 근거하지 않은 반박

이 추론에 대해서 먼저 전제 1이 경험적으로 참인 판단인지 불확실하다는 반론이 있다. 전제 1의 물리주의는 기능적으로 작동하는 물리적인 뇌가 있기 때문에 생각하고 느끼는 내가 존재한다고 본다. "당신의 즐거움, 슬픔, 소중한 기억, 야망, 자존감, 자유의지 이 모든 것들이 실제로는 신경세포의 거대한 집합 또는 그 신경세포들과 연관된 분자들의 작용에 불과하다"는 것이다.[4]

물리주의자들은 두뇌의 변화가 감정이나 인지의 변화를 가져온다는 수많은 실험 및 관찰이 그들의 주장을 뒷받침한다고 본다. "이를 입증하는 증거들은 간단하지만 거부할 수 없는 것들이다. 몇 개만 나열해 보자. 뇌에 손상을 입으면 의식에 이상이 생긴다"[5]라고 말한다. 실제로 외상이나 치매, 뇌종양 등으로 두뇌가 손상 되었을 때 의식도 손상되는 사례들이 많이 보고되고 있다. 또한 두뇌에 약물이나 전기 자극을 가했을 때 그 사람이 큰 쾌감을 느끼는 등의 현상도 많이 관찰되었다.

하지만 그 실험과 관찰들은 '두뇌는 의식주관의 중요한 도구이다'라는 반물리주의적 명제에 의해서도 잘 해명이 된다. 두뇌가 손상됐을 때 사고나 인식에 결함이 생기는 것은 두뇌라는 도구를 사용하여 인식 활동을 하던 의식주관이 그 도구가 고장나 제대로 기능하지 못한 것으로 이해할 수도 있다는 것이다. 마치 컴퓨터를 이용해 모든 정보를 분석하고 처리하는 사람이 컴퓨터가 오작동할 때 잘못된 판단을

할 수밖에 없는 것과 같다.[6]

물리주의가 이런 반대 입장을 재반박하려면 의식이 두뇌에서 어떻게 발생하는지를 구체적으로 보이면 된다. 하지만 두뇌에 대한 수많은 연구가 이루어진 지금에 이르러서도 과학은 이 물음에 답하지 못하고 있다. "뇌 속에 있는 1000억 개나 되는 신경세포 각각이 어떻게 기능하느냐에 대한 정확한 정보를 모두 모았더라도 뇌가 어떻게 의식을 만들어내는지에 대해서는 과학적으로 적절한 설명이 불가능하다. 생리학자를 괴롭히는 의문은 이 점에 있다"[7] 이런 상황이니 물리주의자는 "구체적으로 어떻게 그렇게 되는지는 모르겠지만" 의식이 뇌의 복잡한 작용에서 생긴다는 것은 분명해 보인다고 말할 수밖에 없다.[8] 하지만 이런 정도의 근거로는 철학자 콜린 맥긴처럼 "뇌는 의식을 낳기에 적당하지 않다는 것이 너무나도 자명하지 않은가?"[9]라고 주장하는 사람들을 설득시킬 수 없다.

이렇게 앞의 추론은 전제 1이 확실히 참인지 불분명하므로 결론이 참인지도 알 수 없다. 그리고 앞의 추론에 대한 또 하나의 반박은 전제 1, 2가 눈, 코, 귀와 같은 특정한 감각 기관의 감각 경험에서 도출된 판단이어서 그런 감각 기관으로 경험되는 세계에서만 들어맞는다는 것이다. 그런데 죽으면 나는 그 특정한 감각 기관을 더 이상 사용하지 않는다. 따라서 죽음 이후에도 내가 의식하는 세계가 있다면 그 세계에는 '전제1, 2'가 더 이상 맞지도 틀리지도 않고 다만 무의미할 뿐이다. 이것은 마치 어떤 게임에서의 경험에 근거한 판단은 그 게임 속에서만 유의미할 수 있는 것과 마찬가지이다. 게임 속 경험만으로는 게임 밖의 세상은 짐작할 수 없다.[10] 이와 비슷하게 살아 있을 때의 경험을 바탕으로 죽은 이후에 대해 예측하는 것은 불가능할 것이다.

▌ 동시적 다중우주론에 근거한 반박

사람들은 다중우주에 대해 처음 들었을 때 매우 놀라고 정말일까 궁금해한다. 그렇지만 이 호기심과 관심은 오래가지 않는다. 우주가 몇 개이든 '내 인생하고는 아무 상관이 없는 얘기야'라고 생각하기 때문이다. 하지만 다중우주론은 인생의 중대사인 죽음에 대해 다시 생각해 볼 것을 요구한다. 현대인의 '죽음 이후는 무' 추론에 대해서도 마찬가지이다. 최근의 과학 이론 중 죽음에 대한 함의가 가장 큰 것은 다중우주론일 것이다.

먼저 다중우주 어딘가에 나와 똑같은 신체와 두뇌를 가진 복제본이 있다는 동시적 다중우주론이 옳다고 해 보자. 그러면 위 추론의 전제 1인 '나의 두뇌의 작용으로 나의 의식이 생긴다'라는 물리주의는 반박될 것이다. 물리주의에 따르면 동일한 두뇌에서는 동일한 의식이 발생해야 한다. 따라서 지금의 내 두뇌에서 나의 의식이 발생하듯이 나의 두뇌와 똑같은 복제본의 두뇌에서도 나의 의식이 발생해야 한다. 즉 나의 복제본 또한 나이어야 하는데 그렇게 보기 힘들기 때문이다.

양자역학의 비결정성을 고려할 때 다른 다중우주에 있는 나의 복제본이 처한 상황은 여기 지구에 있는 나의 상황과 차이가 날 것이다. 따라서 그 복제본이 감각하는 것과 지구의 내가 감각하는 것에도 차이가 날 것이다. 이 경우 복제본 역시 나라면 나는 지구에 있는 나의 감각과 함께 복제본의 감각을 동시에 가져야 한다. 하지만 이런 다중 감각에 대한 경험을 우리가 하는 것 같지 않다. 가령 내가 커피와 홍차 중에서 한참 망설이다 커피를 마셨다면 다중세계의 복제본 중에는 홍차를 마신 경우가 있을 것이다. 그럼에도 나는 커피맛만을 느낄 뿐 복제본이 느낄 홍차맛 같은 것은 느끼지 못한다. 그렇다면 복제본과 나는 서로 다른 사람으로 보아야 한다. 내가 감각하지 않는 것을 감각하는 사람을 나라고 볼 수는 없기 때문이다.

이렇게 다중세계에 나의 복제본이 지금 존재하고 있다면 그는 내가 될 수 없다. 물리주의에 따르면 그는 곧 나이고 그래서 나는 다중 감각을 가져야 하는데 그렇지 않은 것이다. 따라서 나의 복제본이 있는 동시적 다중우주가 사실이라면 물리주의는 틀렸다.

'죽음 이후는 무' 추론의 전제 1인 물리주의가 틀렸다면 비물리주의가 옳은 것이 되는데 비물리주의에는 유신론, 주관적 관념론 등 여러 종류가 있다. 이 중 어떤 것이 옳은지는 또 따져 보아야 한다. 하지만 대개의 비물리주의는 나의 죽음 이후를 영원한 무라고 보지 않는다. 대신 죽음 이후 나는 어떤 형태로든 지속되거나 반복된다고 본다. 따라서 나의 복제본이 있는 동시적 다중우주론이 옳다면 '죽음 이후는 무'라는 생각도 틀릴 가능성이 크다.

▌시간적 다중우주에 근거한 반박

다중우주가 시간적으로 배열되어 있다는 시간적 다중우주론이 옳다고 해 보자. 이 시간적 다중우주는 전제 1의 물리주의와 상충되지 않는다. 다른 시간적 다중우주에 나의 복제본이 있다 해도 그 복제본을 나로 보는 데 문제가 없기 때문이다. 대신 전제 2의 '내가 죽으면 나의 두뇌는 영원히 붕괴된다'는 반박된다. 전제 2는 '내가 죽으면 나의 두뇌는 붕괴된다'는 주장뿐만 아니라 '나의 두뇌와 똑같은 두뇌가 다시는 만들어지지 않는다'는 주장까지 함축하고 있다. 이 중 앞의 주장은 과학적으로 예측된다고 할 수 있다. 뒤의 주장 역시 복잡하기 그지없는 나의 두뇌가 언젠가 똑같이 다시 만들어질 것이라고는 쉽게 상상할 수가 없다는 점에서 꽤 그럴듯하게 들린다.

하지만 시간적 다중우주에서 물질입자들이 나의 지금 두뇌와 같은 형태로 결합할 확률은 극도로 작긴 하지만 존재한다. 우리 우주의 모든 입자가 똑같은 방식으로 다시 모일 확률을 $1/(10^{10}$의 118승)으로 추론하게 하는 계산이 있다.[11] 이 계산대로라면 시간적 다중우주가 10^{10}의 118승 번 생길 때마다 평균 1번씩 우리 우주와 완전히 똑같은 우주가 생긴다. 그리고 우리 우주의 모든 입자가 아니라 나의 두뇌를 이루는 입자들만 똑같이 결합되는 경우라면 그보다 훨씬 적은 수의 시간적 다중우주만 반복되어도 된다.

이렇게 시간적 다중우주에서 지금의 나의 것과 똑같은 두뇌가 다시 발생한다면 물리주의에 근거할 때 그 두뇌에서는 바로 나의 의식이 다시 발생하게 된다. 달리 말해 내가 다시 존재하게 된다. 물리주의에서는 "뇌가 같으면 같은 사람이고 뇌가 다르면 다른 사람"[12]으로 다른 시간적 다중우주에서 발생하는 나와 두뇌가 똑같은 사람을 내가 아니라고 부인할 길이 없다.

반대로 물리주의가 틀리다면 시간적 다중우주의 두뇌에서는 나의 의식 대신 다른 누군가의 의식이 나타나거나 아무 의식도 발생하지 않을 것이다. 대신 이렇게 비물리주의가 맞을 경우 나는 나의 복제본이 아닌 다른 형태로 지속되거나 반복될 가능성이 있다. 그러니 시간적 다중우주가 옳다면 물리주의는 옳을 수도 있고 그를 수도 있는데 어떤 경우이든 나의 죽음 이후에 대해 무라고 주장하기는 힘들다.

오늘날 매우 많은 사람들이 '죽음 이후는 무' 추론을 받아들이지만 그 추론은 실은 이렇게 취약하다. 다중우주론을 전제하지 않더라도 이 추론을 반박할 수 있는데 다중우주를 전제하면 더욱 그렇다. 초기 기독교는 심판의 날에 신이 죽은 나의 육체를 다시 부활시킴으로써 나를 부활시킨다고 믿었다.[13] 다중우주는 예전에 신이 할 것이라고 생각했던 이런 역할을 대신하는 것일 수 있다.

03 유물론에서의 죽음 이후

현대의 주도적 세계관은 유물론(물리주의)이다. 유물론이 옳은지는 입증되지 않았지만 그래도 많은 현대인들은 유물론을 자신의 세계관으로 고수할 것이다. 따라서 이들에게 죽음은 어떤 모습일지 알기 위해 유물론 관점에서 죽음 이후에 초점을 맞추어 보자.

흔히 유물론에 입각하면 죽음 이후는 영원한 무라고 생각한다. 하지만 앞의 장(4장)에서 논의했듯이 유물론은 '나의 탄생의 희박한 확률 문제'를 해결하려면 시간적 다중우주의 존재를 주장해야 한다. 그리고 이 시간적 다중우주는 나의 재탄생을 함축한다. 따라서 유물론은 나의 재탄생을 허용할 뿐 아니라 꼭 필요로 한다고까지 말할 수 있다. 유물론이 맞다면 나는 언젠가 다시 나타나게 될 것이다.

지금까지 유물론자들은 '나의 탄생의 희박한 확률 문제'를 자각하지 못했기 때문에 우주는 일회적이고 나의 죽음 이후는 무라고 쉽게 생각했다. 그들이 우주는 일회적이라고 주장할 때 중요하게 근거한 것은 '엔트로피'와 '열 죽음' 개념이다. 하지만 그들의 생각대로 이 개념들이 우주는 일회적이라는 주장을 정말 잘 뒷받침해 주는 것이라면 유물론이 타당한 세계관일 가능성은 대폭 줄어들었을 것이다.

유물론자들에게 다행스럽게도 이 '엔트로피'나 '열 죽음' 개념들에 근거해도 시간적 다중우주는 충분히 가능해 보인다. 이제 이 점을 상세히 살펴보자. 이 가능성을 확인함으로써 유물론은 세계관으로서 존립 가능해진다. 또한 달갑지는 않지만 불가피하다고 여겼던 '죽음 이후는 영원한 무'라는 유물론의 통상적 죽음관을 더 이상 고수할 필요가 없으며 고수해서도 안 된다.

❚ 열 죽음과 허무의식

단어 중에는 듣기만 해도 기분이 울적해지는 것들이 있다. 과학 용어에는 그런 말이 드문데 '열 죽음'은 그런 말이다. 열역학 제2법칙에 따르면 우주의 엔트로피는 계속 증가한다. 그러다 엔트로피가 최대인, 우주 공간에 희미한 열이 완전히 균일하게 퍼져 있는 열평형에 이른다. 이후에는 어떠한 눈에 띄는 흐름도 변화도 더 이상 찾을 수 없어서 이 열평형 상태를 '열 죽음'이라고도 한다. 오늘날 거론되는 '대동결Big Freeze'도 비슷한 개념으로 볼 수 있다.

열 죽음은 그 장면 자체만으로도 막막함이나 공허감을 느끼게 한다. 여기에 더해 열 죽음은 한 번 다다르면 영원히 지속된다고 생각되었다. 우주의 미래를 이렇게 전망하면 무덤덤하기는 힘들다. 19세기 중반에 엔트로피 개념 정립에 기여했던 W. 톰슨, H. 헬름홀츠, 클라우지우스 등은 그래서 우주 종말에 대해 비관적이고 우울해했다고 한다.[14] 오늘날 현대인들이 느끼는 허무감의 밑바탕에도 이 열 죽음의 그림자가 있는 것으로 보인다.

열 죽음이 미래에 실제 닥친다 해도 우리는 보지 못한다. 우리는 대개 백 년도 가기 전에 죽을 텐데 그 이후로도 최소 수백억 년 이상이 지나야 이 상태가 될 것이기 때문이다. 그때는 이미 인류도 멸종하고 지구도 태양도 모두 사라진 후이다. 그럼에도 나의 죽음을 떠올릴 때 느끼는 우울감이나 허무감과 비슷한 감정을 열의 죽음에서도 느끼게 된다. 내가 나의 죽음으로 우주에서 사라지는 것과 비슷하게 열의

256

죽음으로 세상의 모든 것이 깡그리 사라지기 때문이다. 첫 번째 죽음인 나의 죽음 이후에 두 번째로 열 죽음이라는 우주의 죽음이 닥쳐 혹시 남아 있을지 모를 나의 희미한 흔적마저 완전히 지워 버린다. 그러니 열 죽음은 나를 '두 번 죽이는 일'일 수 있다.

▍ 볼츠만 우주와 볼츠만 두뇌

그런데 열 죽음의 도래는 믿지만 그것이 영원히 지속된다고 보지 않은 사람들이 나타났다. 그중 한 명이 엔트로피의 통계역학적 정의를 만든 볼츠만이다. 볼츠만에 따르면 전 시간을 놓고 볼 때 우주는 대부분 최대 엔트로피의 열 죽음 상태에 있다. 그러다 오랜 시간이 지나는 동안 우연히 엔트로피가 낮아지는 방향으로 큰 열적 요동이 일어나면([그림 8-1]의 A_1 시기) 새로운 우주가 탄생한다. 이 우주는 엔트로피가 낮은 상태에서 출발하여 열역학 제2법칙에 따라 점점 엔트로피가 증대되어 가다가([그림 8-1]의 A_2 시기) 다시 열 죽음에 이르게 된다. 이렇게 전체 우주는 오랜 시간 간격을 두고 발생과 소멸을 반복하는데(A의 반복) 우리 우주는 그중 하나라는 것이다.

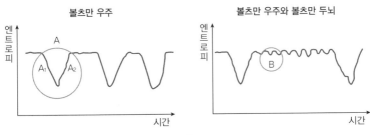

[그림 8-1] **전시기 우주에서의 엔트로피 변화**[15]

이런 우주들을 '볼츠만 우주'라고 부른다. 볼츠만 우주는 시간적 다중우주의 한 형태로 볼 수 있다. 그런데 열 죽음의 우주 공간에서 볼츠만 우주가 우연히 반복적으로 만들어진다면 같은 방법으로 자기가 우주 속에 있다고 착각하는 두뇌만이 덩그러니 만들어질 수도 있을 것이다.[16] 이 두뇌를 '볼츠만 두뇌'라고 하는데 볼츠만 두뇌는 돌연히 우주 공간에 나타나 잠깐 동안 몇 가지 생각 정도를 하다가 곧 다시 우주 공간으로 사라진다.

볼츠만은 볼츠만 우주를 발생시키는 원인으로 열적 요동만을 생각했지만 양자요동 역시 같은 결과를 가져올 수 있다. 이 두 종류의 요동 모두에서 볼츠만 두뇌는 볼츠만 우주가 생성되는 것(그래프의 A)보다 훨씬 쉽고 빈번하게 생성될 수 있다(그래프의 B). 볼츠만 우주가 생성되려면 우주를 이루고 있는 모든 것들이 우연히 동시에 생성되어야 한다. 그러기 위해서는 열적 요동이나 양자요동이 매우 광범위하고 복잡하게 일어나야 한다. 이에 비해 볼츠만 두뇌는 인간 두뇌 정도의 신경조직과 연결망만 발생시키는 요동이면 된다. 물론 이 정도의 요동이 발생할 확률도 매우 낮지만 우주 전체가 우연히 발생할 확률에 비교한다면 상대적으로 훨씬 높다.

이것은 우리 우주가 열 죽음을 맞은 이후 먼저 발생할 것은 볼츠만 우주보다는 볼츠만 두뇌일 가능성이 훨씬 크다는 것을 의미한다. 더 나아가 지금을 기준으로 할 때 직전의 열 죽음 상태에서 발생한 것도 실제 우주보다는 볼츠만 두뇌였을 가능성이 훨씬 크다는 것을 의미한다. 그 가능성대로라면 지금 나는 실은 볼츠만 두뇌로서 우주 공간에 둥둥 떠 있으면서 마치 실재하는 우주 속에서 신체를 갖고 살아가고 있는 것처럼 착각을 하고 있는 것이 된다.

이런 생각은 상당히 곤혹스럽다. 그래서 우리가 볼츠만 두뇌는 아니며 실제로 세상 속에 존재하고 있다는 것을 입증하려는 많은 노력들이 있었다. 하지만 확실한 성공을 거두지는 못했다. 그만큼 볼츠만 두뇌는 쉽게 반박하기 힘든 것이다. 그리고 볼츠만 두뇌의 가능성을 단순히 해결해야 할 골칫거리가 아니라 긍정적으로 볼 여지도 있다. 열 죽음 이후에 볼츠만 두뇌가 생성된다면 열 죽음은 영원히 지속되는 상태가 아니게 된다. 즉 볼츠만 두뇌는 열 죽음이라는 우주의 죽음을 극복할 수 있게 해 준다.

더 나아가 볼츠만 두뇌는 나의 죽음도 극복 가능하게 해 줄 수 있다. 먼 훗날 우리 우주가 열 죽음에 이른 이후 오랜 시간이 지나 생겨날 볼츠만 두뇌들은 대부분 나의 두뇌와 다를 것이다. 그래도 볼츠만 두뇌가 반복하여 생기다 보면 언젠가는 나의 두뇌와 똑같은 두뇌가 생길 것이다. 이 경우 '의식은 두뇌의 산물이다'라는 유물론이 옳다면 이 볼츠만 두뇌에서는 바로 나의 의식이 발생하게 된다. 즉 내가 다시 존재하게 된다. 물론 그때의 나는 몸도 없이 두뇌만 허공 속에 떠서 몇 가지 생각을 하는 정도일 수 있지만 그래도 존재한다는 것은 분명하다. 이렇게 볼츠만 두뇌는 나의 죽음이 더 이상 영원하고 절대적인 것이 아니게 해 준다.

한 연구에 따르면 열 죽음의 상태에서 볼츠만 두뇌가 발생하는 데 걸리는 시간은 열적 요동이 일어날 때는 $(10^{10})^{69}$년, 양자요동이 일어날 때는 $(10^{10})^{50}$년 정도 된다고 한다.[17] 따라서 이 볼츠만 두뇌가 반복되다가 나의 두뇌와 똑같은 두뇌가 만들어지는 데 걸리는 시간은 $\{(10^{10})^{69} \times$ 볼츠만 두뇌의 총 종류 수$\}$년이거나 $\{(10^{10})^{50} \times$ 볼츠만 두뇌의 총 종류 수$\}$년이 될 것이다. 이런 시간 간격으로 나는 덩그러니 두뇌만 있는 형태로 잠시 동안 의식을 갖고 있다가 사라지기를 반복할 것이다. 그렇게 불완전한 방식으로나마 죽음을 극복할 것이다.

이런 방식으로 존재하는 것이 불만족스럽다면 더 기다리면 된다. 그러면 훨씬 더 긴 시간 간격으로 발생한 볼츠만 우주에서 실제로 몸을 가진 채 일생을 살게 될 것이다. 한 계산에 따르면 양자요동에 의해 볼츠만 우주가 열의 죽음에서 다시 발생할 시간은 $\{(10^{10})^{10}\}^{56}$년이라고 한다.[18] 그러면 나의 몸과 두뇌가 만들어지는 볼츠만 우주가 생겨나기까지는 $[\{(10^{10})^{10}\}^{56} \times$ '나의 몸과 두뇌가 생겨나기까지 평균적으로 필요한 볼츠만 우주의 개수']년이라는 더 오랜 시간이 필요하다.

열 죽음이 영원히 지속되지 않고 열 죽음으로부터 볼츠만 두뇌나 우주, 그리고 나까지 다시 발생한다는 이런 주장은 매우 황당하게 들릴 것이다. 그렇게 느껴지는 한 이유는 그 소요 시간이 우리의 시간 감각으로 보았을 때 터무니없이 길기 때문이다. 하지만 그렇게 본다면 '열 죽음은 영원히 지속된다'는 주장은 훨씬 더 황당하다. 이 주장은 무한한 시간 동안의 사건에 대해 주장하고 있기 때문이다. 아무리 열 죽음에서 새로운 존재가 나타나는 시간이 길다 해도 영원과 비교해서는 1/10도 1/100도 1/100억도 안 된다.

현대의 저명한 물리학자나 우주학자의 글을 보면 "아무리 기이하고 터무니없는 사건이라 해도 발생 확률이 0이 아닌 한 반드시 일어난다"[19]라는 취지의 말을 거듭 발견하게 된다. 열 죽음의 상태에서 양자요동으로 발생하는 볼츠만 두뇌나 우주는 그 확률이 아무리 작더라도 언젠가는 생겨날 것이다. 그리고 유물론이 옳다면 열 죽음으로부터 나 역시 언젠가 다시 발생할 것이다.

내가 다시 발생할 시간이 너무 길다는 것은 걱정할 필요가 없다. 나의 죽음 이후 다시 존재할 때까지의 시간은 내가 전혀 의식하지 못하기 때문이다. 나로서는 오늘 죽어 당장 내일 다시 발생하거나, 수천

겁 이상의 시간이 걸려 다시 발생하거나 그 차이를 전혀 느끼지 못할 것이다.

열 죽음은 나의 죽음 이후 먼 훗날에 닥쳐올 우리 우주의 죽음이다. 그 죽음은 영원히 계속될 것이라는 생각 때문에 더욱더 우리를 암울하게 했다. 하지만 열 죽음은 영원할 수 없으며 그로부터 새로운 두뇌나 우주가 발생할 것이다. 그럼으로써 우주의 죽음이 극복되고 유물론이 맞다면 나의 죽음까지 극복된다. 이런 가능성이 있으므로 유물론자는 열 죽음에 대해 더 이상 허무하거나 우울하게 느낄 필요는 없다.

04 우주여행의 방법

다중우주론에 따르면 관측 가능한 우리 우주 이외에 수많은 다중우주가 있을 가능성이 크다. 그중에는 우리 우주와는 전혀 다르거나 어떤 점에서 더 나은 우주도 많이 있을 것이다. 이런 소식은 매우 놀랍다. 하지만 곧 세계 몇 위 부호의 재산이 급증했다는 소식처럼 공허하게 들리기도 한다. 다중우주가 있다 한들 무슨 소용인가. 우리가 거기에 가 보기라도 할 수 있나 하는 의문이 들기 때문이다. 과연 다중우주를 여행할 방법은 없는지 따져 보자.

▌우주선 이용

우주를 여행하는 가장 잘 알려진 방법은 우주선을 이용하는 것이다. 우리 우주 너머의 '누벼이은 다중우주'는 존재할 가능성이 가장 크고, 우리 우주와 물리법칙과 물리상수가 같아 지구의 우주선이 그대로 작동되는 다중우주일 것이다. 그러니 이 우주를 우선 우주선 여행의 목적지로 삼아 보자. 그곳에 가려면 우리 우주의 가장자리를 넘어서야 한다. 지구에서 그 가장자리까지의 거리는 약 465억 광년이다.[20] 138억 년 전 최초의 빛이 출발한 지점이 그동안의 우주 팽창으로 지금은 138억 광년보다 훨씬 더 먼 거리에 있는 것이다.

우주선의 이동거리는 '속도×시간'으로 계산된다. 인류가 만든 우주선의 최고 속도는 보이저 1호의 초속 17km로 초속 30만km인 빛의 1/17,600이다. 이 속도로 우리 우주 끝까지 가려면 지구에서 보기에 '465억 년×17,600 = 약 800조 년'을 가야 한다. 이는 우주선 탑승자가 보아도 마찬가지이다. 이 정도 빠르기의 속도에서는 시간 지연 효과가 1년에 0.4초도 되지 않는다.[21]

이래서는 탑승자의 수명 내에 우리 우주 끝에도 다다르지 못한다. 그러니 앞으로 우주선의 속도를 최대한 향상시켜야 한다. 하지만 빛의 99.999999%까지 우주선의 속도를 높여도 지구에서 보기에 우주선은 465억 년 이상을 가야 한다. 우주선 탑승자의 입장에서는 특수상대성이론의 효과로 가야 할 거리가 1/7000으로 줄어들지만[22] 그래도 665만 년을 가야 한다. 이것은 인간의 자연수명을 한참 지나친 시간이다.

그러니 우주선의 속도 개선과 함께 탑승자의 수명 연장도 함께 시도해야 한다. 그런 방법으로 자주 거론되는 것이 인공동면이다. 인체의 온도를 영하 196도까지 낮추면 신진대사가 사실상 멈추면서 동면 상태가 되어 노화 진행을 막을 수 있다. 이렇게 하면 탑승자의 수명을 수백 년이나 수천 년 늘리는 것도 가능하다.[23] 하지만 인공동면 상태를 665만 년까지 유지하도록 인공동면 기술을 발전시키는 것은 결코 쉽지 않을 것이다.

탑승자의 수명을 늘리는 또 하나의 방법은 생물학적인 몸을 기계로 대체하는 것이다. 두뇌의 모든 정보 역시 컴퓨터 가상 공간에 옮겨놓는다. 이렇게 해서 탑승자가 사실상 영생을 누릴 수 있게 되면 몇백만 년이나 몇천만 년의 우주여행도 충분히 감당할 수 있게 된다.[24] 문제는 두뇌 정보를 모두 컴퓨터로 옮긴다고 의식 또한 옮겨질 것인가이다. 아무리 과학이 발달해도 근본 원리상 이것이 불가능할 수도 있다.

이렇게 우주선의 속도와 탑승자의 수명 늘리기에 한계가 있다면 우주선으로 다중우주까지 질러가는 방법은 없는지 모색해 보아야 한다. 그 한 방법으로 거론되는 것이 웜홀을 지름길로 이용하는 것이다. 웜홀은 블랙홀과 화이트홀, 또는 블랙홀과 다른 블랙홀을 연결하는 통로이다. 가령 우리 은하수 은하 내의 블랙홀과 다중우주의 블랙홀을 연결하는 웜홀이 있다면 은하수 은하에서 바로 다중우주로 갈수도 있다.

이에 대해 킵 손 같은 과학자들은 웜홀이 실제 존재하더라도 이를 통한 여행은 거의 불가능하다고 말한다. "기본적으로 웜홀의 벽이 너무 빨리 붕괴되기 때문에 어떤 것도 통과할 수 없다"라는 것이다. 하지만 진보된 문명이라면 여행이 가능한 웜홀을 만들 수도 있다는 것을 부정하지는 않는다.[25]

순간이동 방법도 생각해 볼 수 있다. 〈스타트렉〉 같은 SF물에 나오는 순간이동 기술이 있다면 우주선을 다중우주로 순간이동시킬 수 있을지 모른다. 순간이동은 서로 얽혀 있는 두 양자가 아무리 멀리 떨어져 있어도 한 입자의 위치나 운동량, 스핀과 같은 특성이 결정되면 다른 곳에 있는 입자의 특성도 즉시 결정되는 양자 얽힘 현상을 이용한다.

현재 양자 얽힘을 이용해 정보를 순간 이동시키는 실험이 개별 양자 수준에서 성공하였다.[26] 하지만 우주선이나 사람 같은 복잡하고 큰 물체를 이루는 무수한 양자들을 동시에 착오 없이 순간 이동시키는 것은 웬만한 기술 발전으로는 불가능하다. 또한 이 방법을 사용하려면 얽힌 양자들을 미리 목적지에 보내야 하는데 이때의 전송 속도는 빛의 속도를 넘어설 수 없다. 우리 우주 가장자리로 우주선을 순간 이동시키는 데도 얽힌 양자들을 먼저 보내는 데 걸리는 시간이 465억 년이다. 이 시간까지 포함시킨다면 순간 이동 속도는 직접 우주선을 빛의 속도에 가깝게 가속시키는 것에 비교해서 빠르다고 볼 수 없다.

이상을 볼 때 과학기술이 앞으로 아무리 발전해도 한 사람의 수명 내에 다중우주까지 여행하는 것은 불가능할 수 있다. 설혹 가능하다 해도 과학기술이 훨씬 발전한 먼 후손에게나 가능하다. 현재의 우리에게는 우주선을 타고 다중우주에 갈 방법이 없다.

▌ 죽음으로 도달하기

지금은 우주선으로 다중우주에 갈 수 없으니 우리에게 다중우주는 결코 가 볼 수 없는 곳이고 그런 점에서 있다 해도 없는 곳이나 마찬가지인가. 어쩌면 지금도 사용 가능하고 이미 사용했을지도 모르는 다른 방법이 있을지 모른다. 작품 속이지만 이 방법을 알고 의도적으로 사용한 인물이 있다. 생텍쥐페리의 《어린 왕자》에서 어린 왕자가 그의 장미가 있는 소행성으로 돌아가기 위해 택한 방법은 죽음이다.

"알다시피, 거긴 너무 멀어. 그래서 나는 이 몸을 가지고는 갈 수가 없어. 너무 무겁거든."[27]

그래서 어린 왕자는 노란 독사에게 일부러 물린다. 그렇다면 우리의 죽음도 우리를 다중우주에 가게 하는 방법이 될 수 있을까? 오늘날의 주도적 세계관인 유물론(물리주의)이 맞다면 나의 죽음 이후에 다중우주에 나의 두뇌와 똑같은 두뇌가 우연히 다시 만들어질 때 나 역시 그 다중우주에 다시 존재하게 된다. 유물론이 틀리다면 나는 영혼과 같은 비물질적인 것으로서 물리적 거리를 쉽게 극복하므로 역시 다중우주에 출현할 수 있다. 불교에서 중생이 삼천대천세계를 윤회하는 것과 유사하게 나는 죽음을 통해 다중우주들을 이리저리 옮겨 다니는 것일 수도 있다.

이렇듯 물리주의가 맞든 틀리든 죽음은 내가 다른 다중우주에 나타날 방법이 될 수 있다. 물론 물리주의가 맞다면 나는 컴퓨터가 리셋되듯 초기화되어 다중우주에 나타날 것이고 불교의 윤회론이 맞다면 예전의 업을 지고서 나타나는 등 차이가 있을 것이다. 또한 유물론이 맞았을 때 이 방법의 사용 여지는 훨씬 커진다. 유물론이 틀렸을 때는 죽음 이후 나의 행로가 다중우주를 떠도는 것과 전혀 다른 것일 수도 있기 때문이다.

이런 죽음을 통한 우주 여행 방법은 사용하기 쉬운 것이 아니다. 어린 왕자는 이 방법을 의도적으로 사용하면서도 '눈처럼 하얗게 질리고' 무서워 그 자리에 주저앉기도 한다.[28] 우리는 이 방법에 대해 어린 왕자와 같은 확신도 갖고 있지 못하며 이 방법으로 어떤 다중우주에 갈지 선택할 수도 없다. 우리 우주보다 나은 다중우주를 구경하게 될지도 모르지만 훨씬 험한 다중우주에 나타나게 될 수도 있다. 그러니 이 방법은 의도적으로 사용할 만한 방법은 아니다. 대신 실제로 우리가 이 방법을 통해 다중우주를 옮겨 다니고 있는 '다중우주 여행자'인지 모른다는 점은 알고 있을 필요가 있다. 그러니 다중우주를 나와 아무 상관이 없는 곳이라 생각할 수 없다.

05 우주 대 죽음

우주는 너무나 거대하다. 이에 비하면 우리 인간은 너무도 작아 보인다. 칼 세이건이 탄식했듯이 태양계 저쪽에서만 보아도 창백한 푸른 점에 불과한 지구라는 한 행성에서 모든 인간이 살았고 모든 역사가 이루어졌다. 하지만 우리 인간의 운명에도 우주에 맞먹을 만큼 막막하고 끝없는 것이 있다. 바로 죽음이다. 우주가 그런 것처럼 죽음도 깊이 모를 심연으로 우리를 둘러싸고 있다.

고구려의 25개 고분 속의 벽화에는 600여 개의 별이 그려져 있다. 여기서 옛사람들이 죽음과 우주를 연관 지어 보았을 것이라고 짐작할 수 있다. 반면 많은 현대인들은 우주와 달리 죽음은 단순하고 명료한 것이라고 생각한다. 죽음은 나의 완전한 소멸이며 죽음 이후는 영원한 무이다. 죽음은 삶에서 가능했던 모든 것이 불가능해진 상태일 뿐이라는 것이다. 그들의 이런 생각은 현대의 주도적 세계관인 유물론 (물리주의)에 근거한 것이다.

하지만 유물론의 함축을 철저하게 따져 보면 유물론의 관점에서 죽음 이후를 영원한 무로 보기 어렵다. 마치 먹구름이 끼면 번개가 치듯이 나를 이루던 물질 조직이 다시 똑같이 갖추어지면 나는 반드시 다시 발생할 수밖에 없다. 죽음 이후가 무가 되는 것은 유신론이나 이원론 같은 비유물론적 세계관이 옳을 때 오히려 가능하다. 나를 영혼과 신체의 결합으로 보는 이원론이 맞다면 나의 죽음 이후 내 두뇌가 똑같이 다시 발생해도 그 두뇌에서 나의 의식이 다시 발생할지는 보장되지 않는다. 또한 유신론에서는 신이 죄에 대한 처벌의 일환으로 죽은 자를 구원하지 않고 영원한 사망의 상태로 둘 때와 같이[29] 신이 그렇게 의지할 때 죽음은 영원한 무가 된다.

물론 비유물론의 세계관들에서는 죽음 이후를 무가 아닌 다른 것으로 보는 경향이 훨씬 강하다. 인류가 죽음 이후를 무로 본 것은 주로 유물론 때문이었다. 그런데 유물론도 실제로는 그런 함축을 갖지 않는다는 것을 이제 알게 되었다. 그러니 어떤 세계관이 옳든 죽음 이후를 영원한 무로 볼 수 있는 여지는 크지 않다. 그렇다면 세계관에 대해서 불가지론의 입장에 설 때에도 죽음 이후에 대해서는 불가지론을 취할 필요 없이 '죽음 이후가 영원한 무는 아닐 것이다'라고 생각하는 것이 타당할 것이다.

죽음 이후가 무가 아니라면 죽음은 새로운 가능성을 열어 줄 것이다. 이 가능성 면에서도 인간에게 속하는 것 중 죽음만이 우주와 견줄 만할 것이다. 우주의 탁월한 가능성은 우리 인간의 앎을 넘어서 있다. 마찬가지로 죽음이 여는 가능성은 삶에서보다 훨씬 크고 근본적일 수 있다. 살아 있는 동안에는 우리 우주의 극히 일부만을 여행할 수 있지만 죽은 이후에는 다중우주에까지 도달할 수 있다. 특히 비유물론이 옳은 경우 나는 지금과는 전혀 다른 형태로 존재하게 될지도 모른다. 가령 힌두교의 경전 우파니샤드에 따르면 "마음의 복수성은 표면적인 것이며 실제로는 오직 하나의 마음만이 존재한다." 그래서 죽음으로 나의 정신은 이 큰 하나의 마음으로 돌아간다고 본다.[30] 이때 내가 경험하고 느끼는 것은 살아있을 때 알게 되는 것과는 질적으로 다를 것이다. 소크라테스의 다음 말을 보면 그 역시 죽음에서 새로운 차원의 가능성을 엿보았음을 알 수 있다.

> 영혼이 그 자체로 돌아가야만 사물들을 그 자체에 있어서 볼 수 있는 것이네…. 우리가 이 지혜에 도달하게 되는 것은 우리가 살아 있는 동안이 아니고 우리가 죽은 다음의 일이네.[31]

물론 죽음이 여는 새로운 가능성이 매우 고통스럽고 부정적일 수 있다. 중세 유럽인들은 죽음 이후 지옥에 떨어질 가능성을 떠올릴 때마다 서늘한 공포를 느끼곤 했다 한다. 베르나르 베르베르의 소설《죽음》에는 죽음을 탐험하고 돌아온 자가 두려움에 떨면서 다른 사람들에게 "여러분 죽지 마세요. 죽은 다음은 정말 끔찍하답니다"라고 외치는 대목이 나온다. 그러니 '죽음 이후는 무'라는 믿음을 되돌리는 것은 봉인되었던 판도라의 상자를 다시 여는 것과 비슷할 수도 있다.

다만, 체험을 통해 죽음 이후의 삶을 희망적으로 보는 사람들도 있다. 임사체험자나 신비주의자들처럼 죽음 이후의 상태를 직간접적으로 체험했다는 사람들의 증언은 상당히 일치한다. "힌두교에서, 신플라톤주의에서, 수피즘에서, 그리스도교 신비주의에서, 휘트먼주의에서 우리는 똑같은 것으로 상기되는 어조를 발견한다. 그래서 신비적 언사들에는 영원한 일치가 있다."[32] 그것들은 대부분 '밝은 빛, 전체와 하나가 되는 느낌, 희열'과 같이 그 체험을 긍정적으로 묘사했다. 그들은 "진리가 너희를 자유케 하리라"[33]나 "지식이 있으면 머지않아 최고의 평화에 도달할 것이니라"[34]라고 말한다. "천상의 기쁨은 골수까지 관통하는 어떤 것"[35]이라고도 한다. 반면 득도에 이르렀다는 구도자나 임사체험을 한 사람들 중에서 그 내용이 부정적이었던 사람의 비율은 극히 낮다.[36]

물론 임사체험이나 신비체험, 종교적 체험은 주관적인 것으로 과학적 차원이나 본래적 차원에서 실재와의 부합 여부를 알 길이 없다. 그럼에도 객관적 탐구의 길이 한계선에 다다랐을 때 그 너머를 바라봄에 있어 이런 체험담을 절망보다는 희망을 선택하는 근거로 삼는 사람이 있다면 그것을 불합리하다고만 말하기는 어렵다.

9장

유물론에서 본
삶의 의미

오늘날의 우리는 우주와 삶에서 어떤 의미를 찾을 수 있을까. 우주에서 신령함을 느끼던 고중세나 공허감을 느끼던 근대처럼 그 의미를 생각할 수는 없다. 대신 우주에 대한 현대 과학의 연구와 새롭게 깨닫게 된 무지는 초월적 우주를 보여 주므로 이런 우주에서 가능한 의미를 모색해 볼 필요가 있다.

우주와 삶에서 기대할 수 있는 의미는 세계관에 따라서도 많이 달라진다. 현대 과학과 양립할 수 있는 세계관은 여러 가지이지만 이 중 두드러지게 타당성을 갖춘 세계관을 찾기는 힘들다. 따라서 세계관에 대해서는 불가지론의 입장에 서서 우주와 삶의 의미를 모색할 필요가 있다. 그런 노력은 다음 장에서 하고 이번 장에서는 유물론이라는 세계관을 취할 때 찾을 수 있는 의미를 따져 볼 것이다. 그것은 이런 작업이 불가지론에 입각해서 의미를 찾을 때 선행적으로 필요하기 때문이다. 또한 오늘날의 주도적 세계관이 유물론이기 때문이기도 하다. 오늘날의 많은 사람들은 그 타당성의 한계에 대한 지적에도 불구하고 계속 유물론을 견지할 가능성이 크다. 따라서 그들이 자기의 세계관에서 어떤 의미까지 찾을 수 있는지 제시해 보는 것은 의의가 있을 것이다.

01 단일우주 유물론에서의 삶의 의미

유물론은 전체 우주를 단일우주로 보는 입장과 다중우주로 보는 입장에 따라 찾을 수 있는 의미가 달라진다. 우주를 우리 우주 하나뿐인 단일우주로 보는 입장은 우주가 빅뱅으로 시작하여 열의 죽음으로 끝난 다음 영원히 그렇게 지속된다고 믿는다. 이런 단 한 번의 우주라고 했을 때 유물론의 관점에서는 우주와 삶에서 어떤 의미를 찾을 수 있을까? 의미는 우리에게 소중하고 깊은 만족을 느끼게 하거나 목표를 부여하는 것으로 크게 두 종류로 나눌 수 있다. 하나는 깊은 만족이나 행복감의 충족 등 자기 행복과 관련된 의미이고 다른 하나는 도덕적 성취나 의무 이행 등 도덕과 관련된 의미이다. 앞에서는 이 가운데 자기 행복과 관련된 의미에, 뒤에서는 도덕적 의미에 초점을 맞추어 살펴보자.

▮ 객관적 의미의 부재

예전에 인류는 우주에 객관적 의미가 있다고 생각했다. 우주가 객관적 의미를 가지려면 그것이 만들어진 목적이나 이유가 있어야 한다. 집과 비교해 본다면 집은 인간이 그 속에서 편안하게 생활할 수 있게 하려는 목적에서 만들어졌다. 이 애초의 목적이 집의 의미가 된다. 집을 짓거나 유지하려는 자는 집이 이런 의미를 잘 충족시키도록 노력해야 한다.

유물론에 따르면 우주의 발생에는 어떠한 목표나 이유, 의도도 없었다. 단지 초기조건에 물리법칙이 우연히 작용하여 그에 따라 변화해 나갈 뿐이다. 자연과 우주는 "단지 물질이 끝도 의미도 없이 벌이는 호들갑"[1]이다. 빅뱅에서 열의 죽음에 이르기까지 우주는 목적이나 설계 없이 출발하여 궁극적 지향점 없이 진행되어 왔으니 객관적 의미가 들어설 자리가 없다.[2] 그런 만큼 우주는 각 개인이 우주 속에서 획득할 수 있는 의미와 사명에 대해서도 알려주는 바가 없다. "우주는 우리의 이상, 우리의 성취, 우리의 가치관, 심지어 우리의 존재 자체에 무관심하다."[3]

그러니 물리학자와 우주과학자에게 삶의 길을 물어도 소용이 없다. 우주를 과학적으로 잘 설명하고 예측할 수 있는 사람이라 해도 그로부터 인간 삶의 의미나 목표에 대해 알아낼 수는 없다. 우주에 대한 정확한 사실적 이해가 삶의 가치에 대한 이해를 높여 주지는 못한다.[4] 과학자들 스스로도 이 점을 잘 알고 있다. 앨런 구스는 "인생의 목적은 우주의 창조 의도로부터 유추되는 것은 아니므로 이에 대한 질문에 대해 물리학자에게 현명한 답을 구하려는 생각은 버려야 한다"라고 했다. 아인슈타인 역시 삶의 의미에 대한 물음에는 아무런 답변도 하지 않았다.

▌개인적, 주관적 의미

유물론적 관점에서 보면 우주에는 객관적 의미가 없다. 따라서 삶의 의미가 우주의 객관적 의미에만 근거할 수 있다면 인간의 삶 전체가 무의미해질 것이다. 우리는 단지 "임의로 생겨난 하찮고 덧없는 존재로서 광대하고 비인격적인 우주 속을 표류"[5]하는 존재일 뿐이게 된다. 하지만 삶의 의미가 꼭 우주의 객관적 의미가 전제될 때 가능한 것은 아니다. 객관적 의미가 없다고 생각해도 삶에서 뿌듯함과 충만함, 기쁨을 느낄 때도 있다. 이런 감정들은 절대적이지 않더라도 분명

의미 있는 것들을 보여 준다. 우리는 또한 스스로 목표를 세우고 그것을 달성하기 위해 힘껏 노력하고 경쟁하기도 한다. 이것은 목표하는 것을 의미 있게 생각하지 않는다면 이루어질 수 없는 일이다.

목표의 설정과 추구는 우리가 무엇인가를 선호하거나 욕구하고 긍정적으로 느끼기 때문에 가능하다. 이 선호나 욕구, 느낌은 모두 각 개인의 의식 속에 나타나므로 결국 각 개인의 의식이 의미의 최종 근원이라 할 수 있다. 그러므로 우주에서 의미는 빅뱅 때부터 존재한 것이 아니라 생명과 의식의 발생 이후 비로소 나타났다고 볼 수 있다.

욕구나 선호, 느낌은 사람마다 다르다. 따라서 이것들이 의미의 근원이라면 의미 역시 사람마다 달라진다. 이런 관점을 흔히 주관주의 의미론이라 한다. 더 나아가 의미는 각 개인에 있어서도 변화하고 자주 모호해지기도 하다. 사람의 욕구나 선호 등은 일정하지 않기 때문이다.

흔히 주관적 의미는 객관적 의미에 비해 불완전한 것으로 생각한다. 하지만 주관적 의미가 이전 시대에 믿었던 우주의 객관적 의미보다 나은 측면도 있다. 우주에 객관적 의미가 있고 각 개인의 의미가 이에 근거한다면 개인의 의미 역시 객관적인 것이 될 수 있다는 장점이 있다. 하지만 부정적으로 보자면 이런 경우 의미는 외부에서 주어지는 것이며 각 개인은 그 의미에 종속되는 존재가 된다. 그 경우 "당신이 신적인 존재가 짠 계획의 일부라는 것이 당신의 의미라고 한다면 당신은 … 내가 타자가 짠 계획의 일부라는 것이 어떻게 내 삶에 의미를 주는가?"라고 물을 수 있을 것이다.[6]

그러니 우주에서 객관적 의미를 못 찾는다는 점을 아쉬워만 할 것은 아니다. 전통 사회에서 생각했던 것처럼 우주가 신의 영광이나 도덕적 이상 같은 하나의 목적과 방향만을 보여 준다면 답답할 수 있다.

객관적 의미가 지배하는 우주는 마치 모든 사람들이 인민복을 입어야 하는 사회처럼 획일적으로 느껴질 수 있다. 그러니 삶에 객관적 의미가 존재하지 않는 것을 기쁘게 생각할 수도 있다. 그 덕분에 나는 내 나름의 의미를 창조할 자유를 누릴 수 있다.[7]

주관적 의미는 각 개인의 의식에 최종적으로 근거한 의미로 여기에 속하는 것들은 다양할 수 있다. 즐거움, 기쁨, 쾌락 같은 긍정적인 느낌들은 그 자체가 의미 있는 것들이다. 이런 느낌의 원천이 되는 대상이나 활동, 각 개인이 욕구하거나 선호하는 것들, 원하는 것의 성취나 목표의 달성 또한 의미가 된다. 축구 선수는 골을 넣었을 때 펄쩍펄쩍 뛰며 기쁨을 표현한다. 그때의 기쁨과 이 기쁨을 가능하게 한 골인이 그에게 의미가 되는 것은 분명하다.

프로이트는 "우리의 마음에 안정과 의미를 부여하는 것은 일과 사랑이다"라고 생각하였다.[8] 그렇다면 일과 사랑이 프로이트에게 의미 있는 것이다. '똑딱거리는 시계들, 먹을거리와 커피, 새로 다린 드레스와 따뜻한 목욕물, 잠들기와 깨어나기'에서 의미를 느끼는 사람도 있고[9] '새벽에 쨍한 차가운 공기, 꽃이 피기 전 부는 달큰한 바람, 해질 무렵 우러나는 노을의 냄새'에서 그러는 사람도 있다.[10]

▎의미의 기반으로서의 우주

유물론자는 우주의 객관적 의미를 인정하지 않는다. 대신 자기의 욕구나 선호, 느낌에 근거해서 주관적 의미를 찾을 수 있다. 그렇다면 우주는 이런 개인적이고 주관적인 의미들과 어떤 관계가 있을까? 우주는 종종 이 주관적 의미들을 위협하고 훼손하는 존재로 나타난다. 노자가 《도덕경》에서 "천지는 어질지 않다. 만물을 모두 풀강아지로 여긴다"[11]라고 말한 것처럼 우주는 우리를 함부로 대하는 것 같다. 가령 지난 2억 5000만 년 동안에 운석이 여섯 번이나 지구와 대규모로 충돌하여 공룡 등 많은 종류의 생명을 절멸시켰다.[12] 이런 우주에 우리에 대한 처분이 맡겨져 있다는 사실은 현대인에게 큰 불안감을 안겨준다.[13]

하지만 우주는 나의 의미에 대한 위협이기 이전에 절대적 기반이다. 우주가 없이는 내가 의미를 누리는 데 필요한 것들은 물론이고 아예 나 자체가 존재할 수 없었다. 그러니 우주 속의 삶을 "어떤 항구, 어떤 피난처로도 향하지 않는, 노도 나침반도 조타수도 없이 그저 한동안 떠돌다가 파도 속으로 실종되는 배"[14]라고 비유하는 것은 적절하지 않다. 바다는 배를 침몰시킬 뿐이지만 우주는 우리의 삶을 없애기 이전에 먼저 발생시켰다. 가령 현대 천체물리학은 인간이 별에서 기원한 원소로 이루어졌다는 것을 밝혀냈다. 우리 인간은 바로 별의 자식[15]으로 우주를 낯설고 대립적으로만 보는 것은 '출생의 비밀'을 모르고 하는 생각이다.

사람들의 주관적 의미는 그들의 욕구, 선호, 취향, 목표의식이 그렇듯이 제각각이다. 우주는 우리가 추구할 인생의 의미를 직접 보여주지 않는다. 대신 이런 다양한 의미의 기반이 되어 준다. 산을 좋아하는 사람에게는 그들이 오를 거대한 산이 있고 학문을 좋아하는 사람에게는 평생 연구해도 다하지 않는 문젯거리가 있다. 음악 애호가에게 그들이 귀 기울일 만한 선율을 이루는 전자기파장이 존재한다. 이 모두를 우주가 제공한다.

우주가 각 개인이 제각각의 의미를 추구하는 기반이 될 수 있는 것은 하나의 객관적 의미로 향해 있지 않기 때문이다. "목적이 없는 우주는 우리를 더욱 놀라운 존재로 만들어 주고 우리가 자신의 행동에 의미를 부여하게끔 만들어 준다."[16] 비유한다면 우주는 광활한 운동장과 같다. 운동장은 그 자체가 축구나 야구 같은 운동 경기가 아니지만 그런 다양한 경기가 열릴 수 있게 해 준다. 마찬가지로 우주는 의미의 기반이 될 뿐 직접 의미를 보여 주지 않는다. 그러니 운동장을 보고 왜 운동 경기를 안 보여 주냐고 탓할 수는 없다. 운동 경기는 그 운동장에서 바로 우리가 펼쳐야 할 것이다.

▌의미의 한계로서의 죽음

우리는 더 이상 바람이 남지 않을 정도로 충분한 의미를 누리길 원한다. 그런 의미를 얻는 방법으로 크게 두 가지를 제시해 볼 수 있다. 첫째는 짧은 시간일지라도 절대적 의미를 누리는 것이다. '순간에서 영원을 느낌'과 같이 완전한 충족감을 주는 절대적 의미를 대면하면 그 시간이 짧더라도 '다 이루었다'는 마음이 들 것이다. 그런데 이런 절대적 의미를 획득했다는 사람들은 그 순간이 신의 영접이나 득도와 같은 종교적 체험에서 이루어졌다고 주로 증언한다. 우주의 객관적 의미를 발견하고 그에 부응했을 때 절대적 의미를 느꼈다고 말하는 경우도 있다.

　하지만 신과 같은 초월적 존재나 우주의 객관적 의미를 부정하는 유물론자는 이런 절대적 의미를 믿기 어렵다. 유물론에서 가능하다고 보는 것은 주관적이고 개인적인 의미들인데 이런 의미들은 그 각각으로는 완전한 충족감을 주지 못한다. 그렇지만 이런 유한하고 불완전한 의미로도 충분한 의미에 이르는 방법은 있어 보인다. 그것은 이 유한한 의미들을 계속해서 모아 가는 것이다. '티끌 모아 태산'이듯 유한한 의미들이 모이고 모이면 언젠가 충분한 의미가 될 것이다. 물론

의미는 문자 그대로 모을 수 있는 것은 아니다. 의미를 '모아 간다'는 것은 '의미를 계속해서 누려 간다'는 뜻이다. 각각의 의미는 누린 다음에는 지나가지만 그 의미를 누린 사람의 기억 속에는 함께 남을 수 있다. 만약 자기가 누린 의미들을 모두 기억한다고 했을 때 그 의미가 더 이상의 의미를 바라지 않는다고 할 정도로 많다면 충분한 의미라 할 수 있을 것이다.

하지만 이 방법에도 중대한 장애물이 있다. 바로 죽음이다. 유물론이 맞고 우리 우주만 있을 뿐이라면 우리는 죽은 후 영원히 무의 상태에 놓이게 된다. 그러면 유한한 의미들조차 계속해서 모아갈 수 없다. 우리가 모을 수 있는 의미는 탄생부터 죽음까지 지금의 일생에서 누리는 것들이 전부이다.

더 나아가 죽음이 이 한 번의 삶 동안 획득하는 유한한 의미들마저 위협한다는 시각이 있다. 밀란 쿤데라에 따르면 "모든 일이 단 한 번만 일어난다면 전혀 일어나지 않는 것과 마찬가지"[17]로 모든 것이 죽는다면 '그 전에 우주나 인류, 혹은 어떤 개인이 존재했는지는 중요하지 않다'[18]는 것이다. 이런 비관적 생각을 하는 것은 죽음 이후에서 느끼는 공허감이 매우 커 삶의 의미를 대할 때조차 이런 생각이 전이되기 때문일 것이다.

이에 대해 죽음으로 더 이상의 의미 획득이 불가능하게 되더라도 한 번 사는 동안의 의미는 본래대로 누릴 수 있다는 입장이 있다. 우리가 현세에서 추구하는 목적들이 영원하지 않다는 사실은 그것들을 무의미하게 만들지 못하며[19] "삶이 가치 있을 수 있다면 삶은 짧더라도 가치 있을 수 있다"[20]라는 것이다. 설령 합산할 것이 더는 없는 때가 오더라도 "긍정적 순간들을 합산한 결과는 0이 아니다"라고 그들은 말한다.

이렇게 죽음이 한 번 사는 동안의 의미들까지 위협한다는 견해와 그 의미들에는 영향을 미치지 않는다는 견해가 있다. 하지만 어느 입장이든 죽음이 더 이상의 의미 추구를 불가능하게 하여 인간이 획득할 수 있는 의미의 총량을 제한한다는 것은 인정한다. 즉 죽음이 우리가 바라는 충분한 의미를 불가능하게 한다는 것이다. 삶의 의미에 관한 모든 대화에서 죽음보다 더 많이 거론되는 것이 없는 것은 이 때문이다.[21]

절대적 의미가 불가능하다고 해도 유한한 의미가 계속될 수 있다면 인간은 공허감이나 결핍을 느끼지 않았을 것이다. "소멸에 대한 우리의 염려가 완전히 사라진다면 삶의 의미를 위태롭게 만드는 듯 보이는 것들의 상당 부분이 사라질 것이다."[22] 이런 이유 때문에 죽음을 피하거나 어떤 식으로든 불멸할 가능성은 우리를 크게 고양시킨다.[23] 하지만 단 하나의 우주만 존재한다고 보는 유물론에서는 이런 가능성을 인정할 길이 없다. 그러므로 그런 유물론자는 삶의 유한성과 함께 충분한 의미 획득은 불가능함을 인정할 수밖에 없다.

이 경우 그는 어떻게 살아야 할까. 불교의 〈불설비유경〉에 부처가 비유를 든 안수정등岸樹井藤 이야기가 나온다. 한 나그네가 사나운 코끼리에 쫓겨 우물 안 덩굴井藤에 매달려 있는데 흰쥐와 검은쥐가 덩굴을 번갈아 갉아 먹고 있었다. 그런데도 나그네는 절벽의 나무岸樹에서 떨어지는 벌꿀의 달콤함에 정신이 팔려 있다는 것이다. 여기서 무서운 코끼리는 예고 없이 목숨을 앗아가는 무상의 세계이고 흰쥐와 검은쥐는 생명을 재촉하는 낮과 밤이다. 벌꿀은 재물욕, 색욕, 명예욕, 식욕, 수면욕의 5가지 욕망인 오욕五慾의 충족을 말한다. 이 이야기는 죽음이라는 운명이 다가오는데도 당장의 쾌락에 연연하는 인간의 어리석음을 지적하기 위한 것이다.

그렇다면 그 사람은 어떻게 했어야 현명할까. 만약 그가 그런 곤경에서 벗어날 방법이 있다면 벌꿀을 맛보는 대신 그 방법을 실행하려 노력해야 할 것이다. 이것이 부처가 권하는 길이기도 하다. 하지만 그런 방도가 전혀 없다면 그 자리에서 벗어나려는 쓸데없는 노력을 한다거나 피할 수 없는 죽음을 걱정하기보다 떨어지는 벌꿀의 달콤함에 집중하는 것이 현명할 것이다.

우리 우주만 존재하고 죽음 이후는 영원한 무라고 보는 유물론자가 취할 길은 후자이다. 벌꿀은 넓게 보면 우리가 삶에서 획득할 수 있는 여러 의미들이다. 인간의 어떤 노력으로도 죽음 이후의 영원한 무가 불가피한 상황에서 인간은 최대한 살아 있는 동안 만나는 의미들에 집중할 필요가 있다. 그 의미들이 공허감이나 걱정에 물들어 퇴색하도록 두어서는 안 된다. "진리, 좋음, 아름다움, 완벽함을, 우주가 이것들을 파괴하리라는 사실에 아랑곳없이 사랑해야"[24]하며 본래의 가치만큼 빛을 발하도록 해야 한다. 하지만 그런 향유가 비장함의 색조를 띠는 것은 어쩔 수 없을 것이다.

▌태어남의 '원죄'

앞에서 살펴본 삶의 의미들은 우리에게 만족감이나 행복을 주는 것들이었다. 그런데 의미 중에는 이런 '자기의 행복과 관련된 의미' 외에 도덕적 의미가 있다. 자기 행복과 함께 도덕적 성취는 바람직한 삶을 이루는 데 꼭 필요한 요소로 간주되어 왔다. 가령 칸트는 '저 하늘의 빛나는 별'과 함께 '내 마음 속 도덕률'을 인간이 숭고하게 여길 만한 가치로 받아들였다. 유교의 선비들은 도덕적 인격 완성을 삶의 핵심 목표로 삼았다. 이 정도는 아니더라도 악행을 하지 않고 도덕적 의무를 이행하는 정도의 도덕적 의미 추구는 모두가 해야 한다는 것이 인류사회의 암묵적 합의라 할 수 있다. 그렇다면 단일우주를 전제하는 유물론자의 경우 이 도덕적 의미를 어떻게 추구하고 획득할 수 있을지 따져보자.

'만약'의 역사

우리는 흔히 지난 역사에 대해 '만약'을 생각해 보고는 한다. 역사 속에 실제와는 다른 일이 있었다고 가정했을 때 그 후의 역사는 어떻게 되었을까 생각해 보는 것이다. 이때 가정하는 상황은 '고구려가 삼국을 통일했다면…', '히틀러가 권력을 잡지 않았다면…' 등과 같이 그랬으면 좋았을 것이라고 바라는 상황이다. 그런 점에서 역사에 대해 '만약'을 생각해 보는 것은 자기의 과거에 대해 '그때 이랬더라면' 하고 후회하는 것과 비슷하다.

그런데 이렇게 가정해 본 역사에서 사람들이 흔히 예상하는 결과들 말고 공통되게 나타나는 결과가 있다. 그것은 '나는 태어나지 못했다'는 것이다. 오래전의 역사일수록 이런 결과는 분명히 나타난다. 나의 조상의 수는 세대를 올라갈수록 2^n배로 많아진다. 그래서 1000년 이상 거슬러 올라가면 한반도의 대다수 사람들이 나의 조상이 된다. 그 중 한 명만 달라졌다면 나는 존재할 수 없었다. 예를 들어 김춘추가 김유신의 둘째 여동생이 아니라 예정대로 첫째 여동생과 결혼했다면 나는 태어나지 못했을 것이다. 또한 가까운 과거라도 내가 잉태되기 전이라면 사소한 변화만으로도 나는 태어나지 못했을 수 있다. 가령 내 부모가 잠자리에 든 시간이나 분위기가 조금만 달라졌다고 해도 나 대신 다른 사람이 될 수정란이 만들어졌을 것이다.

이렇게 '만약'의 역사에서는 내가 태어나기 힘들다. 이 점을 알고 나서도 역사에서 '만약'의 상황을 계속 바랄 수 있을까? 가령 "과학이 중세 1000년 동안 계속 발전했다면 지금 우리는 더 오랫동안 더 윤택하게 살았을 것이라고 생각"하는 사람이 있지만[25] 만약 정말 그랬더라면 그는 태어나지 못했을 것이다. 이 사실을 알고도 그는 중세시대에도 과학이 발전하길 계속 원할 수 있을까? 그 답은 그런 바람이 자기 이익의 관점에서의 바람인지 도덕적 관점에서의 바람인지에 따라 달라질 것이다. 먼저 자기 이익의 관점에 선 사람은 '만약 역사가 달라졌다면 나에게 더 좋았을 것이다'는 마음에서 그런 역사를 바란다. 예를 들어 '고구려가 통일을 했더라면'이라고 바라는 것은 '그랬더라면 현재 우리나라가 더 부강해서 나의 처지도 더 나았을 것'이라고 생각하기 때문이다.

하지만 정말 고구려가 통일을 달성했다면 그는 태어나지도 못했을 것이다. 역사의 격동 속에서 죽는 이와 살아남는 이가 달라져 혼인관계도 크게 달라지기 때문이다. 이렇게 자기에게 더 좋을 것이라 생각해서 바랐던 만약의 역사는 실은 그의 탄생 자체를 불가능하게 해 엄청난 손해를 끼친다. 그러니 그가 정말 자기 이익을 잘 지키려면 역사가 실제와 다르길 바라서는 안 된다. 어떤 만약의 역사도 실제 역사보다 자기에게 더 좋기 힘들다.

도덕적 관점에서 만약의 역사를 바라는 사람의 경우는 그런 역사가 사람들의 고통을 줄이는 등 도덕적으로 더 바람직하기 때문에 바란다. 가령 '히틀러가 자기 꿈대로 화가로 살았더라면…' 하고 바라는 것은 '그랬다면 유대인 학살과 제2차 세계대전은 안 일어났을 것이고 수많은 사람들의 고통도 없었을 것'이라고 생각하기 때문이다. 이것은 나 아닌 다른 사람의 이익을 먼저 고려한 것이므로 도덕적 관점에 선 것이라 할 수 있다.

문제는 역시 그 가정된 역사에서 나는 탄생하지 못했을 것이라는 점이다. 히틀러가 화가에 머물렀다면 나치즘이 득세하지 않았을 것이고 일본 제국주의의 발흥 양상도 달라졌을 것이다. 그 여파는 우리 역사에도 미쳐서 나의 조부모나 부모의 삶이 조금이라도 달라졌을 것이고 그러면 나는 태어나지 못했을 것이다.

이런 결과가 나타나므로 도덕적 관점에서 만약의 역사를 바랐던 사람들은 심적 태도일 뿐이지만 선택을 해야 한다. 자신이 태어나지 못하더라도 도덕적으로 바람직한 역사를 계속 바랄 것인가 아닌가 하는 선택이다. 자기의 탄생과 올바른 역사 중에서 후자가 더 중요하다는 사람이라면 만약의 역사를 바랄 수 있다. 반면 자기의 탄생이 더 중요한 사람이라면 더 이상 역사가 실제와는 달랐길 바라서는 안 된다. 자신이 태어나지 못한다는 것을 감수하겠다는 사람만이 역사가 실제와는 달랐길 진정으로 바랄 수 있다.

나의 탄생 자격

단일우주 유물론자의 관점에서 보았을 때 나는 아주 희박한 확률을 뚫고 태어났다. 이렇게 희박한 확률이 적중하여 내가 탄생했다고 믿을 때 품을 만한 적절한 마음으로 사람들은 주로 '감사'를 말한다. 자칫 태어나지 못할 뻔한 내가 태어났으니 "이 행운과 만난 초천문학적 확률에 놀라움과 고마움을 표해야만" 하며[26] 나의 존재가 "우주의 기적이라는 사실을 명심하고 매순간을 감사하며 행복하게 살아야" 한다는 것이다. 호킹도 "우리는 이 지각을 가지고 우주의 위대한 설계를 감상할 수 있는 한 번뿐인 삶을 살고 있으며, 나는 이를 대단히 감사히 여긴다"라고 말했다.[27]

물론 세상에 태어나는 것을 나쁜 일로 보는 사람들도 있다. 가령 데이비드 베네타에 따르면 "태어남은 혜택이 아니라 항상 해악"이다.[28] 그들은 희박한 확률에도 자기가 탄생한 것은 지독한 불운으로, 정말 한탄할 만한 일로 여길 것이다. 하지만 여기서는 논의의 편의상 자기의 탄생을 좋은 것으로 보는 입장에 초점을 맞추어 보자.

태어남이 좋은 이유는 나에게 큰 이익이 되는 삶을 주었기 때문이다. 그리고 그 이익은 나의 노력이 아니라 믿기 어려울 정도의 행운에 따른 것이다. 그러므로 그 행운에 감사하는 마음을 가지는 것이 당연해 보인다. 하지만 도덕적 관점에서 보면 나를 탄생시킨 실제 역사는 도덕적으로 가장 바람직한 역사는 아니다. 그 역사는 전쟁과 학살 같은 수많은 범죄들로 얼룩져 있다. 그런 범죄들이 없었다면 역사가 달라졌을 것이고 나도 태어나지 못했을 것이다. 그러니 도덕적 관점에서 보면 나의 탄생을 기뻐하고 감사할 수만은 없게 된다.

물론 나에게 역사상의 범죄들에 대한 책임이 있는 것은 아니다. 그 범죄들은 내가 일으키지 않았으며 그 범죄가 일어난 당시 나는 존재하지도 않았다. 하지만 그런 범죄들이 있음으로써 내가 태어날 수 있었다는 점에서 나는 그 범죄들의 수혜자이다. 더욱이 내가 수혜를 입는 대신 부당하게 태어날 기회를 잃은 피해자가 있다.

예를 들어 우리나라 옛이야기 중에는 도미부인이나 우렁각시 같은 관탈민녀官奪民女 설화가 많다. 그런 설화는 실제로 지배층인 관료가 강제로 백성의 아내를 빼앗아가는 일이 많았기 때문에 생겨났을 것이다. 관료가 부당하게 백성의 아내를 끌고 가 자기 자식을 낳게 했을 것이고 그 유전자가 이어져 내가 태어났을 것이다. 만약 그런 부당 행위가 없었다면 백성의 아내는 원 남편의 자식을 낳아 대를 이었을 것이다. 그러면 그 유전자를 이은 누군가가 태어나고 나는 태어나지 못했을 것이다.

백성의 아내가 원 남편의 아이를 낳는 경우와 끌려가 관료의 아이를 낳은 경우 중 도덕적으로 바람직한 것은 당연히 전자이다. 따라서 백성의 아이와 관료의 아이 중에서 태어날 자격이 있었던 것은 백성의 아이라고 할 수 있다. 이것은 그 유전자를 이은 후손들의 경우도 마찬가지이다. 그러니 관료 아이의 후손인 나는 백성 아이의 후손이 태어날 기회를 가로챈 셈이라고 할 수 있다.

태어날 자격이 안 되었음에도 태어났으므로 나의 태어남은 부당이득이다. 그러니 내 탄생에 대해 엄청난 행운이었다고 감사하기만 할 수 없다. 감사만 하는 것은 나를 있게 한 역사상의 범죄들을 모두 외면하는 것이다. 나보다 태어날 자격이 더 크지만 태어나지 못한 많은 사람들을 생각한다면 나의 탄생에 대해 미안함의 마음도 가져야 한다.

기독교 등의 유일신교에서는 '원죄' 개념이 있다. 아담과 이브가 금단의 열매를 따 먹어서 그들의 후손인 모든 인간이 날 때부터 갖게 된 죄가 원죄라고 한다. 비슷하게 우리 우주만 있다고 믿는 유물론자는 지금의 우리들 모두가 더 자격이 있었던 인간들 대신 태어났다는 점에서 일종의 '원죄'가 있음을 부정하기 힘들 것이다. 생명의 역사와 인류의 역사에서 수많은 고통과 죄가 있었기 때문에 내가 태어날 수 있었다는 점은 나의 책임은 아니지만 도덕적으로 매우 꺼림칙한 일이다. 믿을 수 없을 정도로 희박한 확률을 뚫고 태어난 것이 나이다. 그럼에도 그 탄생에 대해 놀라고 감사하기만 할 수는 없고 도덕적 꺼림칙함과 미안함을 느껴야 한다는 것은 슬픈 일이다. 단일우주 유물론자의 관점에서 본다면 나의 삶은 그 탄생부터 도덕적 의미의 큰 훼손을 보여 주면서 시작하는 것이다.

▌도덕적 의미 추구의 어려움

도덕적 관점에서 보았을 때 내가 어떻게 해서 태어났는가보다 더 중요한 것은 태어나서 어떻게 살아가는가이다. 단일우주 유물론자도 자기의 탄생에 대해서는 도덕적으로 떳떳함을 느낄 수는 없겠지만 탄생 이후 올바른 도덕적 판단과 행동을 하며 살아간다면 일정 정도 도덕적 의미를 획득할 수 있을 것이다. 문제는 단일우주 유물론의 관점에 섰을 때 올바른 도덕적 판단과 행동을 과연 할 수 있는가이다.

미래의 인류를 모두 바꾸는 방법

서기 4000년이나 5000년경의 인류 문명이 어떤 모습일지는 상상하기 어렵다. 하지만 그때 살아갈 인류는 지금의 내가 모두 바꿀 수 있다. 한 방법은 나의 결혼 상대자를 다른 사람으로 바꾸는 것이다. 그러면 나의 자식들이 바뀌고 자식들이 결혼해 낳을 손자, 손녀도 바뀐다. 이렇게 계속되어 나의 모든 후손들이 바뀌게 된다.

후손들이 모두 아이를 2명씩 갖는다면 나보다 n세대 아래 후손들의 수는 '2^n'명이 된다. 한 세대를 평균 30년으로 잡으면 가령 서기 4000년에는 '$(4000-2020)/30 = 66$'이므로 계산상 2^{66}명의 후손을 갖게 된다. 2^{66}명은 약 7378경 7000조 명으로, 그때의 인류 수가 수백억 명에 달한다 해도 그보다 훨씬 큰 수이다. 이런 괴리는 후손들의 수가 많아짐에 따라 후손들끼리의 혼인도 자주 발생하기 때문에 생긴다. 그런데 이렇게 가계도상에서 후손들이 많이 겹칠 수밖에 없을 정도라는 것은 그때의 인류들 중 나의 후손이 아닌 사람은 남아 있기 힘들다는 것을 보여 준다. 그러니 '먼 미래에 나의 모든 후손들이 바뀐다'는 것은 '먼 미래에는 모든 인류가 바뀐다'는 것을 의미하게 된다.

더욱이 내가 결혼 상대자를 바꾸면 다른 사람들의 결혼 관계도 연쇄적으로 바뀌게 된다. 내 결혼 상대자가 A에서 B로 바뀌면, 원래는 B와 결혼했을 B´는 C 와 결혼하고, C와 결혼했을 C´는 D와 결혼하게 되는 식이다. 이런 연쇄반응은 결혼했을 사람이 안하게 된 경우와 결혼 안 했을 사람이 하게 된 경우에 닿을 때까지 계속된다. 다른 사람들의 결혼 관계가 이렇게 변화하면 그들이 낳는 자식 역시 달라진다. 그러면 그들의 후손이기도 한 먼 미래의 인류가 또 모두 바뀌는 것이다.

미래의 인류를 모두 바꾸기 위해 나 대신 타인의 결혼 관계만 바뀌게 해도 된다. 가령 열심히 소개팅을 주선하여 한 쌍의 결혼이라도 성사시키면 미래의 인류가 바뀌게 된다. 또 꼭 나나 남의 결혼 관계를 바꾸어야 하는 것도 아니다. 여자의 난자는 한 달 정도면 교체되고 남자의 정자도 수십 일이면 모두 바뀐다. 그러므로 출산 목적의 잠자리 날짜를 한 달 이상 변동시키는 방법을 사용할 수 있다. 그러면 다른 수정란이 만들어져 먼 미래의 인류도 바뀔 수 있다.

더 나아가 이보다 훨씬 짧은 시간으로도 같은 결과를 가져올 수 있다. 정자와 난자의 수정 과정을 보면 아주 사소한 변화로도 수정란이 달라질 것이라고 추측하게 한다. 수정에 성공하는 정자는 약 2억 마리 중 한 마리로 다른 정자들과 특성이나 위치 등에서 거의 차이가 없다. 그래서 몇 초의 시간 차이나 한 번의 몸 뒤척임으로도 바뀔 수 있다. 그러니 내가 잠자리에 드는 시간이나 몸동작을 약간만 달리하는 것도 미래의 인류를 바꾸는 한 방법이 될 수 있다.

내가 아이를 낳을 처지가 아니라면 다른 사람들이 낳을 아이를 이런 식으로 바꾸는 방법도 생각해 볼 수 있다. 운전할 때 신호등이 바뀌어 뒤차들이 경적을 울려 대더라도 1분만 차를 정지시킨 채 견뎌

보자. 그러면 많은 뒤차 운전자들의 귀가 시간과 기분이 조금씩이라도 달라질 것이고 이것은 그들의 잠자리 시간이나 분위기에도 미세한 영향을 미칠 것이다. 그러면 그날 만들어지는 수정란들도 달라져 미래의 인류가 바뀌게 된다.

이 모든 방법이 번거롭다면 훨씬 간단한 방법도 있다. 앞으로 손을 내밀어 공기를 한번 휘저어 주는 것이다. 혼돈 이론에 따르면 브라질에 있는 나비의 날갯짓이 텍사스에 돌풍을 일으킬 수도 있다.[29] 그렇다면 나비 날갯짓보다 큰 나의 손짓도 어느 먼 곳의 기상을 크게 변화시킬 수 있다. 이런 기상 변화는 사람들의 일정에 크고 작은 변경을 가져온다. 그중에는 예정과 다른 시간에 집에 돌아와 잠자리에 든 시간이 달라진 부부도 있을 것이다. 그러면 다른 수정란이 만들어져 미래의 인류도 모두 바뀔 수 있다.

지금의 내가 미래의 인류를 모두 바꿀 수 있는 방법에는 이렇듯 여러 가지가 있다. 하지만 실은 의도적으로 어떤 방법을 쓸 필요도 없다. 내가 살아가며 사소한 선택을 행하는 그 많은 순간순간 미래의 인류 또한 계속 바뀔 것이기 때문이다.

도덕적 판단의 불가능성

내 사소한 행동 하나로도 먼 훗날의 인류가 모두 바뀐다는 것의 도덕적 함축은 매우 크다. 도덕적으로 올바른 행위의 기준에 대해서는 논쟁이 계속되고 있다. 하지만 현재 태어나 있는 사람과 앞으로 태어날 가능성이 있는 사람들이 모두 도덕적 고려의 대상이 된다는 것과 '모든 사람들의 이익을 공정하게 증진시키는 행위'가 도덕적으로 올바르다는 것에 대해서 다수가 동의할 것이다.[30] 따라서 여기서도 그런 기준을 전제하여 보자.

    나의 행위가 현재 존재하는 사람들의 이익을 공정하게 배려하는 것은 결코 쉽지 않다. 그것은 자신의 행위가 가져올 결과의 전체를 잘 판단하기가 쉽지 않기 때문이다. 가령 자선 행위가 상대방에게 미칠 영향에 대해서도 당장 금전적으로 도움이 되는 측면과 상대방의 수치심이나 의존심을 불러일으키는 부정적 측면 중에서 어떤 것이 큰지를 두고 설왕설래한다. 그러니 행위의 영향을 받는 사람이 여럿이고 또 그 결과까지 고려해야 한다면 그만큼 도덕적 판단은 어려워진다. 가령 나중에 사제가 된 요한 쿠에흐베르거라는 소년이 1894년에 강에 빠진 4세 아이를 구해 주었는데 그 아이는 바로 히틀러였다.[31]

    앞으로 태어날 가능성이 있는 사람에게는 그 이익에서 절대적인 것이 태어날 기회를 얻는 것이다. 따라서 그런 사람들의 이익을 공정하게 배려하려면 무엇보다 그들 중 태어날 자격을 더 갖춘 사람이 태어나게 해야 할 것이다. 하지만 그러려면 나의 행위가 대대로 어떤 종류의 사람을 태어나게 할지 모두 예측해야 한다. 이것은 실제로 불가능하다. 가령 내가 결혼을 하느냐 하지 않느냐에 따라 먼 미래의 인류가 모두 바뀐다. 그중 어느 쪽 인류에 태어날 자격이 큰 사람들이 더 많은가에 따라 내가 결혼을 하는 것이 도덕적으로 정당한지의 여부가 갈릴 수 있다. 하지만 나는 그에 대한 판단을 제대로 할 수 없다.

    앞으로 태어날 가능성이 있는 사람들의 이익을 증진시키는 행위에 대한 판단도 불가능한 것은 마찬가지이다. 가령 내가 결혼을 하는가 하지 않는가에 따라 달라질 인류 중 어느 쪽이 평균적으로 더 행복한 인류일지 예측할 수 없다. 조지프 엘린은 "참으로 가치 있는 삶이란 그 삶이 있었음을 기뻐할 이유를 과반수 사람들이 발견하는 그런 삶이다"[32]라고 썼다. 하지만 이때의 사람들로 모든 탄생 가능한 사람들도 포함한다면 나의 어떤 삶이 수십 억, 수백 억을 훌쩍 넘어설 그들 중 과반수가 기뻐할 삶인지 알 수 없다.

이렇게 나는 나의 행동이 지금 존재하는 사람들의 이익을 공정하게 증진시킬지 알기 어렵고 특히 앞으로 태어날 자격이 더 있고 더 행복할 인류를 태어나게 할지 전혀 판단할 수 없다. 이런 결론은 단일우주 유물론의 입장에서 보았을 때 부정하기 힘들다. 따라서 이 입장에서 본다면 내가 태어난 이후 올바른 도덕적 판단과 행동을 하며 살아감으로써 도덕적 의미를 획득하는 것은 사실상 불가능하다.

도덕적 취약성: 후회의 비도덕성

나의 조그만 행동 변화로도 너무 쉽게 먼 훗날의 인류가 바뀐다는 점은 인간이 도덕적 판단에서 무능한 존재가 되게 할 뿐 아니라 도덕적 심성이나 의지에서 취약한 존재가 되게 한다. 그것은 인간이 자주 후회를 하는 존재라는 점 때문이다. 후회는 과거에 잘못 선택한 일을 계속 되새기며 '그때 이렇게 했더라면'이라고 생각하며 느끼는 부정적인 감정이다. 후회는 미래에 대한 걱정과 함께 어리석은 일로 간주된다. 후회한들 과거를 돌이켜 고칠 수 없는데도 시간을 쓰고 감정을 낭비하기 때문이다. 대신 후회는 도덕과는 별 관련이 없는 감정으로 생각되어 왔다. 하지만 실제로는 후회는 도덕적으로 큰 문제가 있다.

영화 〈비긴 어게인〉의 한 장면일 것이다. 아빠가 사춘기 딸에게 충고한다. '나는 부주의하여 이른 나이에 너를 낳아 기르느라 제대로 꿈을 펴지 못했다. 그래서 후회하니 너도 주의하라'고. 아빠의 자상해 보이는 충고이지만 이 말은 실은 딸에게 무서운 말이다. 아빠의 후회는 다시 과거로 돌아가서 아기를 나중에 갖기로 선택할 수 있었으면 좋겠다는 바람을 함축하고 있다. 하지만 정말 그렇게 된다면 딸은 세상에 존재할 수 없다. 아빠가 나중에 가질 아이는 그 딸이 아닌 다른 사람이다. 그러니 아빠의 후회에는 '지금의 딸은 태어나지 못하지만 내 꿈을 이루는 삶이면 좋겠다'는 마음이 함축되어 있다.

물론 아빠는 이런 함축을 제대로 인식하지 못했을 것이다. 후회를 하는 사람들은 흔히 과거의 선택으로 결과한 현재의 어떤 한 측면만을 바라보고 아쉬워한다. 그래서 과거로 돌아가 선택을 바꾸면 현재의 다른 점들은 똑같고 아쉽게 생각하는 그 측면만 달라질 것으로 착각한다. 하지만 실제로는 현재의 모든 것이 변하게 된다. 에펠탑을 구경하려다가 타지마할을 구경하기로 행선지를 바꾸면 보이는 모든 풍경이 바뀌는 것과 같다. 파리 시가지 속의 타지마할을 보게 되는 일은 벌어지지 않는다.

그렇듯 후회의 대상인 내 과거의 선택이 달라지면 나 아닌 다른 사람들도 큰 영향을 받게 된다. 특히 큰 변화는 세상에 태어나는 사람이 달라진다는 점이다. 내 자식뿐만이 아니라 다른 사람의 자식도 바뀔 수 있다. 가령 내가 놓친 걸 후회하는 어떤 기회를 과거로 돌아가 잡는다면 나 대신 그 기회를 잡았던 사람은 다른 인생 역정을 걷게 되고 그가 낳는 자식도 다른 사람으로 바뀔 것이다.

이것은 내 후회가 함축하는 바람대로 과거로 돌아가 선택을 바꾸게 된다면 현재 존재하는 수많은 사람들이 순식간에 사라지게 된다는 것을 의미한다. 이런 결과는 그것만 놓고 본다면 집단학살의 결과와 다를 바 없다. 그러니 후회가 함축하는 바람은 용납하기 힘든 것이다. 이 점은 나 역시 타인의 후회에 함축된 바람을 용납할 수 없을 것이라는 점에서도 확인된다. 후회가 함축하는 바람들이 모두 이루어진다면 나는 수많은 다른 사람들 중 누군가의 후회만으로 순식간에 세상에서 사라지게 될 것이기 때문이다.

그러니 후회는 혐오, 증오, 시기, 오만 등과 마찬가지로 도덕적으로 악한 감정일 수 있다. 혐오 등이 타인을 해하거나 업신여기는 태도를 함축하는 것처럼 후회는 타인의 존재 부정을 함축한다. 그러니 후회를 해도 소용없다는 점은 다행스럽다. 하지만 실현되지 않더라도 악한 감정을 갖는 것은 그 자체로 바람직하지 않다. 그런데 인간은 심지어 후회의 함축을 알게 되었을 때조차 후회하는 것을 쉽게 멈추지 못한다. 나의 후회가 함축하는 바람대로 된다면 현재 존재하는 수많은 사람들이 사라진다는 것을 알면서도 후회에 시달리는 것이다. 이렇게 도덕적으로 악해 보이는 감정을 수시로 갖게 된다는 것은 인간이 그만큼 도덕적으로 취약한 존재임을 말해 준다.

02 다중우주 유물론에서의 삶의 의미

오늘날 유물론자 중에는 다중우주를 인정하는 사람들도 있다. 그들의 다중우주 유물론은 단일우주 유물론과는 달리 '나의 탄생의 희박한 확률 문제'를 해결할 수 있다. 그런데 나의 복제본이 있는 동시적 다중우주는 새로이 '많은 나의 문제'를 발생시켜 유물론의 설득력을 약화시킨다. 따라서 유물론자는 이런 문제가 없는 시간적 다중우주를 선호할 만하다. 따라서 시간적 다중우주를 인정하는 유물론의 관점에 섰을 때 우주와 삶의 의미를 어떻게 볼 수 있는지 살펴보자.

▌개인적, 주관적 의미의 반복

내가 충분한 의미에 이를 수 있는 한 방법은 절대적 의미를 획득하는 것이다. 그런데 유물론이 옳다면 단일우주일 때 그런 것처럼 다중우주일 때도 각각의 우주에서 객관적인 목표나 이유, 의도를 발견하기 어렵다. 객관적 의미를 발견하기 어려우므로 그에 기반하는 절대적 의미도 찾기 힘들다. 이렇게 유물론의 입장에서는 단일우주이든 다중우주이든 우주에서 절대적 의미를 획득하기는 불가능하다.

대신 유물론적 관점에서 볼 때 다중우주에서 내가 누릴 수 있는 의미는 단일우주에서와 마찬가지로 개인적이고 주관적인 의미이다. 그런데 시간적 다중우주에서는 나의 죽음 이후 언젠가 나의 두뇌와 같은 두뇌가 다시 발생하여 나 역시 다시 출현할 수 있다. 그러면 그 미래의 나는 다시 그 우주에서 개인적, 주관적 의미를 누리게 될 것이다. 이렇게 생을 거듭하여 의미를 누리므로 그 전체를 다 합친다면 더 이상의 의미를 바라게 되지 않을 정도로 충분한 양의 의미에 도달할 수 있다.

물론 시간적 다중우주에서 반복해 태어났을 때 나는 이전 생에 누렸던 의미들에 대해 기억하지 못하고 단지 현재 생에서의 의미만을 알고 느낄 것이다. 하지만 알고 있고 기억하는 의미만이 내가 누린 의미라고 볼 수는 없다. 이것은 현재 생만을 보아도 그러하다. 미국의 40대 대통령이었던 로널드 레이건은 노년에 알츠하이머 병에 걸려 자신이 대통령이었던 사실도 기억하지 못하게 되었다. 그렇더라도 알츠하이머에 걸린 레이건은 여전히 예전에 대통령이었고 그 직에 따른 여러 의미들을 누렸던 사람임에 변함이 없다. 그러니 현재 생에서 한 사람이 누리는 의미의 총량은 그가 더 이상 기억하지 못하는 의미까지 포함하여 계산해야 한다.

마찬가지로 내가 생을 거듭하여 살아왔다면 내가 누린 의미의 총량에는 기억하지 못하는 이전 생에서의 의미 또한 포함될 것이다. 그렇다면 내가 기억하는 의미는 양적으로 제한되어 있을지라도 나는 실제로는 충분한 의미를 누리는 존재일 수 있다. 마치 손에 낀 반지만이 가진 귀금속의 전부라고 알고 있는 사람이 있는데 실제로는 그 사람

소유의 보물창고가 있을 수 있는 것과 같다.

내가 비록 이전 생의 의미들을 기억할 수 없다 하더라도 많은 의미를 누려 왔을 것이고 앞으로의 반복되는 삶에서도 많은 의미들을 누리게 될 것이라는 생각은 할 수 있다. 이런 생각의 연장선상에서, 여러 번 반복되는 삶들에서 내가 누릴 의미들을 모두 모아 본다고 상상했을 때 그 정도면 충분한 의미라고 생각할 수 있다.

충분한 의미에 이르는 방법에는 절대적 의미 획득 이외에 이렇게 불완전한 의미라도 반복하여 계속 누려 가는 방법이 있다. 단일우주를 전제할 때는 이 방법을 쓸 수 없는데 죽음으로 내가 영원한 무의 상태에 놓이게 되어 더 이상 의미를 누릴 기회가 없기 때문이다. 이에 반해 시간적 다중우주에서는 죽음 이후에 재탄생을 반복하여 이 방법으로 충분한 의미에 이를 수 있다. 그러니 다중우주로서의 우주는 개개인이 각자의 다양한 의미를 추구할 수 있는 토대일 뿐 아니라 각 개인이 충분한 의미를 누릴 수 있게 하는 토대도 된다.

생이 반복된다는 생각은 오래전부터 있었다. 고대 힌두교는 86.4억 년을 한 주기로 순환하는 매우 정교하고 자세한 우주론을 갖고 있었으며[33] 불교도 윤회설을 가르쳤다. 과학적 관점에서도 주장이 있었는데 그 시초는 니체의 영원회귀설이다. 니체는 세계가 무한한 시간 안에서의 유한한 조합인 이상, 한 번 있었던 일은 반드시 무한 회에 걸쳐서 반복된다고 보았다. 이때 반복되는 삶은 그때마다 똑같다. 지금의 삶이 행복하고 만족스러운 사람은 영원토록 반복해서 그런 삶을 누릴 것이고 힘들고 괴로운 사람은 영원토록 반복해서 그 멍에를 써야 한다. 따라서 어떻게든 지금의 삶을 긍정하는 것이 중요하다. 마치 기독교의 예정론자들이 '내가 구원받았다'는 것을 보여주는 징표를 찾기 위해 애쓰듯이 니체에게도 지금의 삶이 긍정할 만한 것임을 확인하는 것이 매우 중요했다.

하지만 니체의 생각과는 달리 시간적 다중우주에서의 나의 삶들은 지금과 똑같지는 않을 것이다. 니체 시대에는 자연과학에서 결정론이 주도적이었던 시대이므로 그 역시 결정론적 관점에서 영원회귀를 생각했을 것이다. 즉 니체는 나를 탄생시키는 물리적 과정은 언제나 동일하므로 이 과정이 결정짓는 이후의 나의 삶 역시 똑같게 된다고 보았을 것이다.

이와 달리 현대과학에 입각해 판단해 본다면 시간적 다중우주에서의 나의 재탄생은 반드시 모든 것이 지금과 똑같아야만 가능한 것이 아니다. 두뇌의 경우 나의 의식이 있게 하는 독특한 구조(뇌지문)만 같으면 세밀한 부분에 다른 점이 있어도 모두 나를 발생시킬 것이다. 설혹 나의 재탄생의 순간이 이번 우주에서의 탄생 때와 완전히 같다고 하더라도 곧 양자역학적 우연성에 따라 두 우주는 달라지게 된다. 그러니 태어난 이후의 삶은 지금과는 달라질 것이다.

지금의 삶만 보아도 사소한 우연이 삶의 행로를 크게 바꾸는 것을 목격하곤 한다. 다중우주에서는 그런 우연들이 그 우주 속의 나의 삶이 지금과는 다르게 전개되도록 작용할 것이다. 그렇다면 나는 다른 다중우주에서 지금과는 다른 개인적, 주관적 의미들을 추구하고 누리면서 살아갈 것이다. 그러니 이번 삶의 모습이 마음에 안 든다고 하여 시간적 다중우주에서 반복될 나의 삶 모두가 그럴 것이라고 걱정할 필요는 없다.

▎도덕적 의미 훼손의 약화

단일우주 유물론자에 비해 다중우주 유물론자는 자신이 태어나지 못하더라도 도덕적으로 바람직한 '만약'의 역사를 바랄 것인가의 문제에 있어서 좀 더 쉽게 긍정적으로 답할 수 있다. '만약'의 역사가 실제 역사가 된다면 나는 이번 우주에서는 태어나지 못하겠지만 내가 좀 더 자격을 갖춘 다른 우주에서 태어날 기회가 있기 때문이다. 이렇게 나는 단일우주가 아닌 다중우주일 때 내가 가진 전부가 아닌 부분만을 걸어도 도덕적으로 올바른 역사를 바랄 수 있게 된다.

단일우주 유물론의 관점에서는 나는 더 자격이 있는 사람들 대신 태어났으므로 탄생부터 도덕적 의미를 훼손하였고, 나의 탄생에 대해 미안한 마음을 가져야 했다. 다중우주 유물론에서도 우리 우주만을 보면 나는 나보다 태어날 자격이 있는 사람 대신 태어났다는 점에서 같다. 그런데 더 자격 있었던 그 사람 역시 우리 우주는 아닐지라도 다른 시간적 다중우주에서 태어날 기회를 가질 것이다. 그러므로 우리 우주에서 내가 대신 태어났다는 것이 그의 태어날 기회를 모두 박탈한 것은 아니다. 따라서 나의 탄생이 도덕적 의미를 훼손한 정도나 미안해해야 할 정도는 덜해진다.

후회 역시 도덕적으로 덜 악한 감정이 될 수 있다. 후회는 그것이 함축하는 바람대로 내가 과거로 돌아가 선택을 바꾼다면 현재 존재하는 수많은 사람들이 순식간에 사라지게 된다는 점에서 도덕적으로 문제 있는 감정이었다. 그런데 다중우주에서는 내 후회에 함축된 바람처럼 되었을 때 탄생을 박탈당하게 되는 사람들이라도 언젠가 다중우주에서 다시 태어날 기회를 가질 수 있다. 그만큼 그들이 모든 것을 빼앗기는 것은 아니게 되므로 내 후회의 악함 정도도 덜어지게 된다.

이렇게 유물론의 관점에 섰을 때 단일우주에 비해 다중우주인 경우 나의 탄생이나 후회가 도덕적 의미를 훼손하는 정도는 줄어든다. 이것은 다중우주가 단일우주보다 태어날 기회가 더 많기 때문이다. '쌀

독에서 인심난다'는 속담은 재화가 풍족할 때 사람들은 더 쉽게 도덕적일 수 있다는 의미이다. 이와 비슷한 일이 삶의 기회가 많아질 때도 일어나는 것이다.

도덕적 행위를 판별하고 실천해서 적극적으로 도덕적 의미를 획득해 나가는 것에서는 어떨까? 단일우주 유물론에서는 먼저 현재 살고 있는 사람들의 이익을 공정하게 배려하는 것이 쉽지 않았다. 자신의 행위가 그들에게 가져올 결과를 전체적으로 판단하기가 쉽지 않기 때문이다. 그런데 이런 사정은 다중우주 유물론에서도 마찬가지이다. 내 행위가 현재 살아 있는 사람들에게 미칠 영향은 다중우주가 있든 없든 달라지지 않기 때문이다.

앞으로 태어날 가능성이 있는 사람들에 대해서는 더 자격이 있는 사람과 더 많은 행복을 누릴 사람들이 태어나도록 행위를 선택해야 한다. 하지만 단일우주 유물론에서는 나의 행동이 어떤 사람을 태어나게 할지 전혀 판단할 수 없었다. 이런 사정 역시 다중우주 유물론에서도 마찬가지이다. 더구나 시간적 다중우주의 경우 나의 행위가 이후의 다중우주에까지 영향을 미칠 가능성을 배제할 수 없다. 나의 행위는 이번 우주의 물리적 상태를 조금이라도 변화시킬 텐데 이런 변화는 우주의 종말 시기와 양상에 미묘하게라도 차이를 가져올 것이다. 그에 따라 이후의 시간적 다중우주의 발생 시기와 양상도 달라져 태어날 사람도 달라질 것이다. 따라서 나의 지금 행위가 이후의 다중우주에서 누구를 태어나게 할 것인가까지 예측해야 도덕적으로 옳은 행위를 잘 판단할 수 있는데 이것은 사실상 불가능하다.

단일우주 유물론에서는 특히 앞으로 태어날 가능성이 있는 사람들의 이익을 잘 고려하기 어려워 올바른 도덕적 판단과 행동을 할 수 없다. 이런 어려움은 다중우주 유물론에서 더해진다. 이런 점을 볼 때 다중우주 유물론에서도 도덕적으로 판단하고 행동함으로써 도덕적 의미를 획득하는 것은 요원한 일이라고 할 수 있다.

▍다중우주에서의 충분한 의미 획득

유물론에 입각할 때 전체 우주가 다중우주라면 나는 나의 탄생에 더 떳떳할 수 있으며 후회의 도덕적 악함 정도도 덜해진다. 대신 도덕적 판단과 행위를 하는 것은 여전히 불가능해 도덕적 의미를 추구해 나가기는 어렵다. 칸트는 《실천이성비판》에서 도덕적 완성을 향한 부단한 전진에 필요하다는 점에서 영혼불멸을 요청했다. 그런데 다중우주 유물론에서는 영혼의 불멸과 비슷하게 나의 계속적인 반복 가능성을 인정하면서도 그런 반복이 도덕적 의미 추구의 토대를 강화시킨다고 볼 수는 없다.

이렇게 다중우주 유물론의 관점에서 보았을 때 우리 삶에서 도덕적 의미 획득은 불가능하므로 이것을 포기하고 대신 자기 행복과 관련된 의미를 잘 누릴 궁리를 해야 한다. 그렇다고 이것은 내가 극단적 이기주의자나 악인처럼 행동해도 된다는 것을 함축하지 않는다. 왜냐하면 그런 행동은 자기 스스로 즐겁지 않거나 타인의 비난을 유발해 행복을 잘 누릴 수 없게 만들기 때문이다. 나는 여전히 흔히 도덕적 행위라고 여겨지는 행위를 하고 도덕적으로 선한 사람으로 주위의 사람들에게 보여야 한다. 다만 이제 그렇게 하는 이유를 도덕적 의미에서 찾을 수 없고 자기만족이나 행복에서 찾아야 한다.

유물론자라면 자기 행복과 관련된 의미만을 추구하되 그런 의미 중에서도 절대적 의미는 포기해야 한다. 대신 개인적, 주관적 의미를 가급적 많이 획득하려 노력해야 할 것이다. 이때 이런 추구가 일회적으로 끝날지 계속 반복될 수 있을지는 전체 우주가 단일우주인가 시간적 다중우주인가에 따라 달라진다. 시간적 다중우주를 믿는 유물론자라면 내가 다중우주 여행자로서 시간적 간격을 두고 이 우주 저 우주를 옮겨 다니며 반복해 산다고 볼 수 있다. 각각 다르게 반복되는 이런 삶 속에 나는 그때그때 다른 개인적, 주관적 의미들을 누릴 것이다. 이것은 마치 목걸이를 한 알 한 알 꿰어 나가는 것과 비슷하다. 한 생에서 한 의미를 찾아 꿰고 다른 생에서는 또 다른 의미를 찾아 꿴다. 그러다 보면 전체를 조망하는 눈으로 볼 때는 더 이상 바랄 것 없이 충분한 의미의 목걸이가 탄생할 것이다.

물론 이 목걸이를 나는 직접 체험하지는 못한다. 내가 직접 기억하고 느낄 수 있는 것은 현재의 다중우주에서의 의미뿐이다. 하지만 내가 직접 볼 수 있는 것이 목걸이를 이루는 보석 중 하나만일 때라도 전체 목걸이는 존재할 수 있으며 또 나는 그것을 생각할 수 있다. 마찬가지로 다중우주 유물론에서는 내가 획득할 수 있는 충분한 의미를 직접 체험할 수는 없지만 그 존재를 알고 생각할 수 있다는 점에서 단일우주 유물론과 다르다.

영화 〈첫키스만 50번째〉에서 단기 기억상실증에 걸린 여주인공 루시는 항상 하루치만의 사랑을 기억할 수 있다. 하지만 비디오테이프 등을 통해 헨리와의 사랑이 오랫동안 이루어져 왔음을 알게 된다. 마찬가지로 우리도 이 생에서 누리는 한정된 의미만을 기억하지만 다중우주 유물론이 맞다면 여러 생을 통해 충분한 양의 의미들을 획득할 수 있음을 알 수는 있다. 따라서 자신이 유물론자라면 이런 충분한 의미의 가능성을 간과하지 말아야 할 것이다. 유물론자라고 해서 꼭 의미의 제한을 받아들여야 하는 것은 아니다.

10장

불가지론에서 본 삶의 의미

01 마땅한 세계관

▌ 불가지론

코페르니쿠스 혁명 즈음부터 시작하여 지금까지 인류의 주도적 세계관으로 자리 잡아 온 것은 유물론이다. 앞 장에서는 이 유물론의 입장에서 볼 때 추구 가능한 삶의 의미는 무엇인지 살펴보았다. 그런데 현대 과학이 이룩한 많은 업적에 근거해 따져 보았을 때 유물론이 다른 세계관에 비해 더 큰 설득력을 가진 것은 아니다. 유신론의 경우 오늘날 흔히 생각하는 것보다는 타당성이 있지만 그 역시 한계가 있었다. 이 책에서 본격적으로 논의하지 않았지만 그 외의 다른 세계관들 중에서도 유물론과 유신론에 비해 더 설득력 있는 세계관을 찾기는 어렵다.

이렇게 확실하게 옳아 보이는 세계관을 찾기 힘든 것은 무엇보다 우리가 우주에 대해 알고 있는 것이 매우 적기 때문일 것이다. 과학은 가까이에 있는 지구에 대해서는 많은 것을 밝혔지만 당장 태양계나 우리은하 정도만 가도 아는 것이 급속도로 떨어진다. 그 밖의 우주에 대해서는 약간의 추상적인 지식만을 갖게 되었을 뿐이다. 이렇게 우주에 대해 아는 바가 극히 적으면서 어떤 세계관이 옳은지 판단하기는 어렵다.

현재 과학이 축적한 우주에 대한 지식은 양적으로는 많아 보이지만 비율로는 아주 낮을 것이다. 가령 1000조각짜리 그림 퍼즐에서 몇십 개의 퍼즐 조각만을 갖고 있는 것에 비유해 볼 수 있다. 이 경우 갖고 있는 조각들을 어떻게 배치해 봐도 전체 퍼즐이 나타내는 형상을 알기는 어렵다. 몇십 개 퍼즐들을 이리저리 배열하다 보면 형상 비슷한 것들이 만들어지긴 할 것이다. 하지만 이것들이 전체 형상에 가까운지, 단지 부분적인 형상인지를 확인할 방도는 없다.

이렇게 올바른 세계관이 무엇인지 판단하는 데 필요한 앎이 절대적으로 부족한 상황에서 세계관에 대해 우리가 취해야 할 타당한 입장은 불가지론이다. 오늘날 과학자들은 '모르는 것은 모른다고 인정'하는 것을 과학 정신의 한 핵심으로 여긴다. 철학자들도 모름의 자각을 중요한 지혜로 본다. 그리고 그들 모두는 우주에 대한 인간의 지식이 매우 한정적임을 인정한다. 그러면서도 많은 과학자와 철학자는 여러 세계관 중에서 유물론이 옳다는 것은 의심할 여지가 없다는 태도를 취한다. 이것은 멀리 있어 흐릿한 대상에 대해 "저것이 동물인지 아닌지는 잘 모르겠어. 하지만 고양이임에는 틀림없어"라고 주장하는 것처럼 말이 안 되는 것이다.

인간의 현재 인식 능력으로 판단할 수 없는 문제에 대해서는 판단 유보의 상태로 남겨 두는 것이 진실에 부합한다. 그런 태도를 취할 때 적합한 우주관은 '초월적 우주'라는 관점일 것이다. 우주의 드러난 부분은 거대하고 극단적으로 다양하며 기묘하고 탁월한데 더 많은 부분이 무지에 잠겨 있기 때문이다. 그리고 세계관으로는 불가지론이 마땅해 보인다. 여러 세계관들 중에서 두드러지게 설득력을 갖춘 세계관은 없어 보이고, 초월적 우주라는 우주관에 부합하는 것이 불가지론이기 때문이다.

▌가설적 세계관의 실용성

여행자가 낯선 사막에서 갈림길에 도달했다. 한 길은 마을로, 다른 한 길은 계속 사막으로 이어져 있다는 것은 알 수 있지만 어느 길이 마을로 가는 길인지는 모른다. 이때 그가 마을로 가는 길이 어딘지 판단할 방법이 없다고 하여 판단을 유보한다면 한 발짝도 나아가지 못해 그 자리에서 죽게 될 것이다. 대신 동전을 던져서라도 판단을 내려야만 한 쪽으로 갈 수 있어 살 확률이 절반이 된다. 이렇듯 옳은 것이 무엇인지 알 수 없지만 그래도 어떻게든 선택을 하는 것이 좋은 상황이 있다. 객관식 시험에서는 모르는 문제의 답안을 비워 놓기보다 찍기라도 해야 한다.

세계관에서도 마찬가지이다. 어떤 선택이든 하려면 특정 세계관이 전제되어야 하는 경우가 있다. 가령 의사도 포기한 말기 환자가 되었을 때 체념하고 죽음을 기다릴지 신에게 간구하는 기도를 올려볼지 선택하려면 유신론이든 무신론이든 전제해야 한다. 이렇듯 불가지론자라 할지라도 '어떤 세계관이 옳을 것이다'라고 가정해야 하는 경우가 있다. 이때의 가정된 세계관을 '가설적 세계관'이라고 불러 보자.

과학에서 과학자는 틀릴 가능성이 있다는 것을 알면서도 가설을 세운다. 그런 가설을 세워야 검증 실험을 하는 등 탐구를 진행할 수 있기 때문이다. 마찬가지로 옳은 세계관이 무엇인지 알지 못하는 상황에서 과학에서의 가설처럼 옳다고 가정해 본 것이 가설적 세계관이

302

다. 그러니 가설적 세계관은 실제로는 틀릴 수 있다는 점을 항상 기억해야 한다.

그렇다면 가설적 세계관은 어떻게 골라야 할까. 세계관의 선택은 '그 세계관이 옳은가'를 기준으로 하지만 가설적 세계관의 선택은 옳은 세계관을 알 수 없는 상황에서 이루어지므로 다른 기준이 필요하다. 여기서 우리는 사람들이 판단을 할 때 무엇을 지향하는가를 되살펴 볼 필요가 있다. 확증편향 현상에서 많이 나타나듯이 사람들은 '보고 싶은 것을 보고 믿고 싶은 것을 믿는' 경우가 많다. 즉 사실에 맞게 판단하기보다는 자기를 만족시키고 행복하게 하는 방향으로 판단하려는 경향을 많이 나타낸다.

이렇게 진실된 판단 대신에 행복한 판단을 행하려는 경향은 잘못된 것으로 극복하려고 노력해야 한다. 하지만 가설적 세계관을 선택하는 경우처럼 더 이상 옳고 그름을 구별할 수 없는 상황이라면 우리를 불행하게 하기보다는 행복하게 하는 판단을 취하는 것이 합리적일 것이다. 어떤 입장이 옳은지 객관적으로 판정할 수 없을 때는 "최선은 실용적인 것, 곧 우리가 사는 데 도움이 되는 것을 믿는 것"이[1] 될 것이다. 애초에 인류가 사고를 하기 시작한 이유 자체가 환경에 적응하고 살아남기 위한 것이었고 가설적 세계관을 세우려는 이유도 실용적인 데 있음을 생각하면 더욱 그러하다. 이렇게 가설적 세계관을 선택할 때는 실용성을 기준으로 삼을 필요가 있다. 옳고 그름의 정도에 차이가 없는 세계관들 중에서라면 나에게 행복과 이익을 주고 나의 생존에 도움을 주는 세계관을 가설적 세계관으로 골라야 한다는 것이다.

옳고 그름에 있어서는 다른 세계관들과 별 차이가 없으나 이익이나 행복의 면에서 유리한 실용적인 세계관에는 어떤 것이 있을까. 가령 다음과 같은 특징을 가진 세계관들이라면 가설적 세계관으로 채택할 만하다.

자연스러우면서 손실을 끼치지 않는 세계관

우리는 대개 어떤 세계관을 이미 갖고 있다. 그 세계관은 애초에 의식적이든 무의식적이든 옳다고 생각했기 때문에 받아들였을 것이다. 그런데 검토 결과 그 세계관이 다른 세계관들과 비교해 확실히 옳은지가 불분명하다는 것을 알게 된다. 이렇게 알게 되어도 나에게는 기존의 세계관이 다른 세계관보다 더 자연스럽게 느껴질 것이다. 이런 경우에는 기존 세계관이 자연스럽다는 것 말고 나에게 어떤 영향을 미치는지 살펴볼 필요가 있다.

그 결과 다른 세계관들에 비해 나에게 큰 손해나 나쁜 영향을 미치지 않는 것으로 보이면 그 세계관을 그대로 가설적 세계관으로 채택하면 된다. 왜냐하면 자연스럽게 느껴지는 세계관을 가설적 세계관으로 채택하는 것은 별 노력을 요하지 않은 반면 새로운 세계관으로 바꾸는 것은 상당한 정신적인 노력을 필요로 하기 때문이다. 대신 예전과는 달리 기존 세계관이 가설적 세계관으로 옳다고 가정하는 것일 뿐 정말 옳은지는 모른다는 점을 잊지 않으면 된다.

가령 '우리가 감각하는 대상들이 외부에 실제로 존재한다'는 반영론은 우리들이 대게 자연스럽게 갖고 있는 생각이다. 그리고 이 반영론은 '우리가 감각하는 대상들은 단지 우리의 관념일 뿐이다'와 같은 반대 입장과 비교할 때 우리에게 어떤 손해를 끼친다고 볼 수 없다. 따라서 이미 채택하고 있던 이 반영론을 그대로 가설적 세계관에 포함시키면 된다. 대신 반영론이 옳은지는 객관적으로 판명되지 않는다는 점을 새로 기억할 필요가 있다.

특정 종교를 믿는 집안에서 태어나 '죽은 후에 심판이 기다린다'고 줄곧 믿어왔던 사람도 있을 것이다. 그가 성장하여 검토해 보니 죽음 이후에 대한 다른 입장들에 비해 이 입장이 특별히 옳은지 알 수 없다는 사실을 발견하게 된다. 하지만 모태신앙의 힘은 커서 여전히 이렇게 바라보는 것이 더 자연스럽게 느껴진다. 그런데 이 입장은 자주 그를 심판을 통과하지 못할 수 있다는 걱정과 두려움에 시달리게 해 왔다. 그렇다면 이런 손실을 끼치는 입장을 그대로 남겨 둘 필요가 없다. 대신 죽음 이후에 대해 똑같이 옳을 수 있으면서도 마음에 평정을 주는 입장을 새로 찾아 가설적 세계관에 포함시키면 된다.

자연스럽지 않으나 이득을 주는 세계관

세계관 중에는 분명하게 틀린 것은 아닌데 자연스럽지 못한 것이 있다. 이런 세계관이 자기에게 큰 이익이나 기쁨을 준다면 부자연스러움을 감수하더라도 가설적 세계관으로 채택해 볼 만하다. 반면 부자연스러운데 별다른 이익도 주지 않는다면 가설적 세계관으로 채택할 이유가 없다.

가령 '우리 우주는 컴퓨터가 만들어 낸 시뮬레이션'이라는 입장이 있다. 이 입장은 황당해 보이나 객관적으로 반박되지는 않는다. 대신 이렇게 생각하는 것은 우리에게 기쁨을 주기보다는 모든 것을 하찮거나 허무하게 느끼게 한다. 그렇다면 이 입장을 가설적 세계관에 포함시킬 이유가 없다. "내 눈으로 직접 보고 기겁을 하기 전까지는 내가 시뮬레이션 속에 살고 있을 가능성을 심각하게 고려하지 않을 것이다"[2]라는 태도를 취하는 것이 현명할 것이다.

자연스럽게 느껴지지 않은 견해로 '우주는 지난 목요일에 만들어졌다'도 있다. 우리에게는 지난 목요일 훨씬 이전부터 살았던 기억이 있지만 이것은 지난주에 우주가 생성될 때 우연히 그런 허상의 기억이 떠오르게 뇌의 형태가 만들어져서일 뿐이라는 것이다. 이 주장 역시 거짓인지 증명할 수 없으며 "과학적인 관점에서 보면 이는 얼마든지 내세울 수도 있는 이론이다."[3] 하지만 이 견해 역시 우리에게 이득이나 만족감을 주지 못한다. 우주가 지난 목요일에 생겼다고 생각하기보다는 138억 년 전에 탄생했다고 믿는 것이 자연스러울 뿐 아니라 우주에 대해 실재감이나 신뢰감을 더 느끼게 한다. 그러니 목요일 우주탄생설도 가설적 세계관에 포함시킬 필요가 없다.

'다른 사람은 모두 자동인형일 뿐이다'라는 주장도 매우 황당하게 들리나 반박되지는 않는다. 다른 사람들이 정말 나처럼 의식을 가지고 있는지 알기 어렵다는 점을 흔히 '타인의 마음 문제'라 한다. 철학에서는 오랫동안 타인도 마음을 가지고 있다는 것을 증명하려 노력했으나 실패했다. 그래도 '다른 사람도 마음을 가지고 있다'고 생각하는 쪽이 훨씬 자연스럽고 깊은 유대감도 가능하게 하니 이 생각을 가설적 세계관에 포함시켜야 할 것이다.

하지만 다른 사람들의 시선에 지나치게 민감한 사람이라면 다를 수 있다. 다른 사람이 나를 어떻게 볼 것인가라는 생각 때문에 자주 불안하고 초조해지는 사람이라면 다른 사람이 실은 아무 의식도 감정도 갖고 있지 않는 존재라고 생각한다면 훨씬 마음이 편해질 것이다. 이런 사람이라면 다른 사람은 모두 자동인형일 뿐이라는 생각이 부자연스럽지만 자기에게 이득을 주므로 자기의 가설적 세계관 속에 포함시켜볼 만하다.

▌가설적 세계관의 종류

근대 이후 유물론은 지식인 집단의 주류 세계관으로 자리 잡았다. 유물론이 유신론 같은 다른 세계관에 비해 더 옳다고 생각되었기 때문이다. 하지만 이런 생각은 앞에서 논의했듯이 더 이상 유지되기 힘들다. 그렇다고 더 옳아 보이는 다른 세계관이 나타난 것도 아니므로 세계관에 대해서 우리는 불가지론의 입장에 서야 한다. 대신 각각의 세계관들에 대해 가설적 세계관으로 삼을 만한 것인지는 더 따져볼 수 있다. 우선 근대 이후 주도적 세계관이 된 유물론과 고중세까지 주도적 세계관이었던 유신론에 대해 가설적 세계관으로 채택할 만한지 검토해 보자.

가설적 유물론

유물론은 근대 이후 지금까지 주도적 세계관의 위치에 있었기 때문에 오늘날의 많은 사람들에게 자연스럽게 느껴진다. 이렇게 자연스러움의 조건을 만족시키므로 우리에게 손실을 끼치지만 않는다면 가설적 세계관으로 삼아도 무방할 것이다. 그런데 코페르니쿠스 혁명 등으로 유물론을 처음 수용하게 되었을 때 사람들은 일종의 공황 상태를 겪었다. 우주는 공허하고 인간은 하찮다고 느꼈으며 더 이상 절대적 의미란 없어 충분한 의미의 획득은 불가능하게 되었다고 생각했다. 이렇게 유물론은 인간에게 좋을 것 없는 세계관이지만 진실이므로 받아들일 수밖에 없다고 생각했다.

　하지만 유물론이 진실인지는 불분명하다. 따라서 세계관으로 채택해야 하는 것이 아니다. 더 나아가 우리에게 미치는 영향이 이렇게 부정적이라면 가설적 세계관의 기준도 충족시키지 못한다. 그런데 유물론의 영향을 부정적으로만 생각했던 사람들은 주로 단일우주를 전제했기 때문이다. 유물론이 단일우주를 전제하면 죽음으로 인한 의미의 단절을 극복하지 못한다. 반면 시간적 다중우주를 전제하면 유물론의 관점에서도 우리는 죽음을 뛰어넘어 충분한 의미에 이를 수 있다. 이렇게 시간적 다중우주론은 유물론이 '우리에게 손실을 끼치지 않음'의 조건을 충족하게 해 준다. 또한 앞에서 보았듯이 '나의 탄생의 희박한 확률 문제'도 더 잘 해명한다. 따라서 유물론을 가설적 세계관으로 채택하려는 사람은 단일우주보다는 시간적 다중우주를 전제하는 유물론을 채택하는 것이 더 나을 것이다.

가설적 유신론

오늘날에도 유신론을 세계관으로 삼고 있는 사람들이 많다. 이에 대해 많은 지식인들은 유신론이 참이 아닌 게 분명한데도 희망과 안정감 같은 심리적 효과 때문에 세계관으로 유지되고 있다고 여긴다. 그래서 "우리의 희망에 더 잘 맞는 세계관이 오직 진실과 무관한 신앙에 의해서만 지탱될 수 있다면 … 우리는 그 세계관을 물리칠 지적 용기를 가져야 한다"[4]라고 충고하기도 한다. 하지만 앞에서 보았듯이 유신론은 다른 세계관들에 비해 설득력이 더 크다고 할 수는 없지만 또 떨어진다고도 말하기도 어렵다. 따라서 유물론에 대해서 그렇듯이 유신론에 대해서도 우리는 불가지론의 입장을 취해야 할 것이다.

유신론을 가설적 세계관으로 선택할 수 있는가와 관련해서는 오늘날에는 유신론을 거북하고 어색하게 느끼는 사람들이 많다는 점이 눈에 띤다. 그들에게 유신론은 자연스러움의 조건을 갖추지 못했다. 그런데 실용성의 측면에서는 종교가 삶에 목적을 주고 도덕의 토대가 된다는 견해가 있다.[5] '종교적 관점이 지닌 특징적인 태도 네 가지는 겸손, 희망, 경외, 감사'라고 말하는 철학자도 있다.[6] 유신론이 이런 마음을 가져온다면 우리에게 상당한 이득을 주는 것이라고 할 수 있다. 그렇다면 '자연스럽지는 않지만 이득을 줌'이라는 기준을 만족시키므로 가설적 세계관으로 채택할 만하다.

오늘날의 많은 유신론자들은 타인들을 설득할 때 과거처럼 '신은 분명히 존재하므로 믿어야 한다'는 논리를 펴지는 않는다. 대신 그들은 자주 이런 실용주의적 근거를 들어 신을 믿을 것을 권유한다. "유신론자의 세계가 신이 존재하지 않는 세계보다 우리에게 훨씬 더 좋고 만족스럽다는 것은 명백"하므로 "신이 있다는 쪽에 도박을 거는 것이 좋다"라는 것이다.[7]

물론 유신론의 실용성에 의문을 제기하는 사람도 있다. 종교적 믿음이 강한 나라는 '유엔이 발표한 가장 살기 좋은 20개국의 목록' 같은 데에서 낮은 순위를 차지한다는 지적이 있다. 중세 1000년 동안 종교보다 과학이 발전했다면 인간은 더 오랫동안 더 윤택하게 살았을 것이라고 아쉬워하는 사람도 있다.[8] 종교의 실용성을 이렇게 평가하는 사람들에게 유신론은 가설적 세계관으로도 삼을 만한 것이 못 된다. 반면 유신론이 분명하게 긍정적인 영향을 끼치는 사람의 경우 유신론을 가설적 세계관으로 선택하는 것이 결코 비합리적이지 않다.

이상 보았듯이 유물론과 유신론은 모두 세계관으로는 부적절하지만 가설적 세계관으로는 선택할 수 있다. 이 중 어떤 것이 마땅한지는 사람에 따라 달라진다. 또 같은 가설적 세계관을 선택하는 사람이라도 그것을 선택할 만한 이유는 다를 수도 있다. 가령 유신론을 가설적 세계관으로 선택할 만한 사람 중에는 모태신앙인처럼 '자연스러우며 손실을 끼치지 않는 세계관'이어서인 사람도 있고 개종자처럼 '자연스럽지는 않지만 이득을 주는 세계관'이어서인 사람도 있다. 물론 여기서는 논의하지 않았지만 이 두 세계관이 아닌 주관적 관념론 등의 다른 세계관이 가설적 세계관으로 적절한 사람도 있을 것이다.

02 의미와 고통

우주는 많은 부분이 무지의 안갯속에 가려져 있다. 이런 초월적 우주에서 우리는 어떤 삶의 의미를 찾을 수 있을까. 앞의 9장에서 유물론 입장에서 본 삶의 의미를 살펴보았으나 유물론은 세계관이 아닌 가설적 세계관으로만 타당하다. 따라서 유물론을 가설적 세계관으로 채택하려는 사람이라면 그 의미들을 주의 깊게 보아야 한다. 하지만 우리는 할 수만 있다면 특정한 가설적 세계관의 관점을 취하기 이전에 불가지론의 관점에서 판단을 내려야 한다. 왜냐하면 불가지론이 진실에 더 부합하고 가설적 세계관은 어떻게든 선택을 해야 할 때 던진 동전처럼 임의적이기 때문이다. 그러니 여기서는 세계관에 대해 불가지론의 입장을 견지할 때 의미에 대해 어떤 태도를 취할 수 있는지 살펴보자. 또한 의미와 반대되는 고통에 대해서 취할 태도는 무엇인지도 살펴보자.

▎지금의 의미에 집중하기

우주의 숨겨진 부분에 무엇이 있는지 우리는 알지 못한다. 당장 보통 물질보다 몇 배가 많은 암흑물질이 신선 세계나 신의 나라를 이루고 있을지도 모른다. 이렇게 우주에 감춰진 것이 있다면 의미에도 그런 것이 있을 수 있다. 가령 유물론에서 보는 것과는 달리 절대적 의미도 획득 가능한 것이어서 그런 의미를 향해 '용맹정진하는 삶이 수지맞는 것'[9]일 수도 있다.

물론 순간에서 영원을 느끼게 하는 이런 절대적 의미는 설혹 존재하더라도 획득하기 쉽지 않을 것이다. 하지만 다른 제한된 의미들이라면 찾는 것이 결코 어렵지 않다. 불완전하나마 기쁨과 보람, 의욕을 느끼게 해 줄 개인적, 주관적 의미들은 자주 눈에 띤다. 우리가 꿈과 목표를 정하고 버킷리스트를 만들 수 있는 것도 이 때문이다. 그러니 절대적 의미를 찾아 나서기 막막하다면 이렇게 쉽게 발견되는 의미들을 추구하면 된다.

우주는 거대하고 복잡하고 탁월한 것으로서 개인들이 제각각 다른 의미들을 추구하는 것을 가능하게 한다. 전통적으로 유물론자들은 이런 의미 추구가 죽음으로 단절된다고 보아 왔으나 시간적 다중우주를 전제하는 유물론에서는 나의 재탄생 가능성을 인정한다. 그리고 유물론이 아닌 여러 다른 세계관들에서는 대개 죽음 이후의 삶이나 재탄생을 주장해 왔다. 따라서 어떤 세계관이 옳은지는 알 수 없지만 어떤 것이 옳든 죽음 이후 나는 계속 존재하거나 반복해서 존재할 가능성이 크다. 이렇게 나의 생이 죽음 이후에도 이어져 나간다면 보석들을 꿰어 목걸이를 만들 듯 유한한 의미들을 모아 충분한 의미에 이를 수 있다. 이 충분한 의미를 내가 직접 체험할 수는 없다 해도 분명하게 생각할 수는 있다. 그러니 의미를 추구해 나가는 데 있어서 죽음을 크게 염려할 필요가 없다. 대신 현재 자기가 의미라고 여길 수 있는 것을 찾고 그것을 획득하기 위해 노력하면 된다.

이것은 다시 불교의 안수정등 비유로 본다면 쥐가 갉아대는 덩굴에 매달렸는데 나무에서 벌꿀이 떨어질 때 그 맛에 집중하는 것이 여전히 현명할 수 있다는 것이다. 다만 이제 그 이유가 곤경을 벗어날 방법이 없어서라기보다 우물로 떨어져도 언젠가 다시 그렇게 벌꿀을 맛

보게 될 것이라고 예견하기 때문이다. 우리가 굳이 따로 노력하지 않아도 생은 지속되거나 반복될 것이다. 그러니 나는 매번의 생에서 꿀을 찾아 맛볼 생각만 하면 된다는 것이다.

그렇다면 이번의 삶에서도 다음에 나오는 타고르의 시 〈기탄잘리 60〉의 아이들처럼 눈에 띄는 의미들에 집중하면 된다. 죽음이 넘나드는 바닷가에서 놀이에만 열중하는 아이들은 안수정등의 벌꿀을 맛보는 사람과 닮았다. 그런데도 아이들의 천진난만함이 어리석음이 되지 않는 까닭은 무엇일까. 아마 그들이 노는 '가없는 세계들의 바닷가'가 영겁의 세월 동안 다중우주에서든 어디서든 끝없이 반복되어서일 것이다.

가없는 세계들^{endless worlds}의 바닷가에
아이들이 모입니다.
끝없는 하늘 그림같이 고요하고
물결은 쉴 새 없이 넘실거립니다.
가없는 세계들의 바닷가에
소리치며 춤추며 아이들이 모입니다.

모래로 집을 짓고
조개껍질 주워 놀이를 합니다.
마른 가랑잎으로 배를 만들어
넓고 깊은 바다로 띄워 보냅니다.
세계들의 바닷가에서 아이들은 놀이를 합니다.

……

가없는 세계들의 바닷가에 아이들이 모입니다.

길 없는 하늘에 폭풍이 일고
흔적 없는 물위에 배는 엎어져
죽음이 배 위에 있고 아이들은 놉니다
가없는 세계들의 바닷가에 큰 무리의 아이들이 있습니다.

▌고통에 대한 무지에 주목

삶에는 추구하고 누릴 만한 의미만 있는 것이 아니다. 삶에는 피하고
싶은 고통과 괴로움도 있다. 죽음 너머 반복되는 삶이란 의미를 모아
가는 것인 한편 고통과 번뇌의 반복일 수 있다. 그러니 삶의 반복은
보석 목걸이를 이룰 수도 있지만 가시면류관을 만들어가는 것이 될
수도 있다. 이렇게 반복되는 삶은 의미와 고통이라는 양날로 된 칼인
셈이다. 이 중 어느 날이 더 예리한지에 따라 전체적으로 볼 때 삶의
반복이 바랄 만한 것인지 아닌지가 달라진다.

서구 역사에서 주도적 세계관이 유신론에서 유물론으로 바뀌었을
때 사람들은 절대적 의미의 상실에 허무해하면서도 다른 한편으로는
더 이상 지옥의 영원한 고통에 대한 두려움에 시달릴 필요가 없다는
점에 안도했다. 그런데 유물론의 관점에 서더라도 시간적 다중우주를
전제하면 의미의 반복적 향유에 대한 희망과 함께 끝나지 않고 반복
되는 고통에 대한 두려움이 다시 살아나게 된다.

유물론의 관점에서 본다면 시간적 다중우주에서 아무리 생을 거듭
해도 이전 삶의 경험과 배움을 다음 생에 가져갈 수는 없다. 그러니
매 생애마다 다시 무방비의 상태로 세상 속에 던져져야 한다. 이것은
제우스의 벌을 받은 프로메테우스가 독수리에게 간이 쯪겨 먹히면 다
시 새 간이 돋아나 독수리의 먹이가 되길 반복하는 것과 같을 수 있

다. 이렇게 반복되는 삶이라면 그냥 무로 사라져 버리는 것에 비해 결코 낫다고 보기 힘들다. 그래서 세상을 고해로 파악한 불교에서는 윤회의 사슬로부터 벗어나는 것을 수행의 목적으로 삼았다. 유물론자들은 윤회의 사슬이 우리를 얽어매고 있음을 전혀 몰랐다가 새로 발견하게 된 셈인데 불교와 달리 그 해결책으로 제시할 만한 것도 없다.

이렇게 다중우주 유물론의 입장에서는 인간의 고통이 반복되는 삶속에서 영원히 되풀이될 것이라는 점을 받아들일 수밖에 없다. 하지만그렇다고 해서 반복되는 삶을 부정적으로만 볼 수 있는 것은 아니다. 삶에서 찾을 수 있는 의미가 고통을 상쇄하고도 남는 것이라면 삶은고통을 감수하더라도 기꺼이 받아들일 만한 것이 될 수 있다. 이때윤회는 끊어야 할 사슬이 아니라 반복하여 새로 주어지는 의미 향유기회가 될 것이다.

더 나아가, 유물론이 아니라 유신론이나 다른 종류의 관념론의 입장에서 본다면 죽음 후 나의 존재가 계속되어도 고통은 더 이상 계속되지 않을 수 있다. 그리고 지금의 삶에서 무의미하게만 여겨지는 고통도 충분한 이유가 있음을 알게 될 수 있다. 기독교 등의 종교에서이런 '복음'을 전하고 있으며, 신비주의 체험이나 임사체험에 대한 증언들은 이런 쪽의 가능성을 더 크게 볼 여지를 준다. 이런 관점에서는현실에서 의미를 알 수 없는 고통과 맞부딪히게 된다 해도 '이 고통은정말 아무 의미가 없고, 이런 무의미한 고통이 죽음 이후에도 반복될것'이라고 생각하지 않아도 된다.

대신 이 고통에 대해 내가 잘 알고 있지 못하다는 점을 떠올릴 필요가 있다. 우주는 상당한 부분이 무지에 잠겨 있다. 우주가 무지에잠겨 있으니 우주 속에서 만나는 의미와 고통 역시 마찬가지이다. 왜고통이 있는지, 그 고통의 의미는 무엇인지와 없앨 수 있는지에 대해서도 우리의 무지를 인정해야 한다. 우주를 부분적, 피상적으로만 알 뿐이고 올바른 세계관이 무엇인지도 모르는 우리 인간이 우주 속에서 느끼는 고통에 대해서만은 모든 것을 잘 알 수는 없다.

삶의 고통은 때로 극단적이고 절망적이다. 남극점 정복에 나선 로버트 스콧은 천신만고 끝에 기진맥진한 상태로 극점 가까이에 도달하였다. 그런데 남극점 쪽을 바라보았을 때 저 멀리 하얀 벌판 위에 어슴푸레 검은 점이 보였다. '자연 그대로는 저렇게 보일 만한 것이 없을텐데…' 이런 생각이 들 때 스콧의 심정이 어땠을까. 아니나 다를까 도달하여 보니 한발 앞서 남극점에 도착한 아문센 일행이 남겨 놓고 간 물품이었다. 당시 스콧이 느꼈을 고통은 아마도 삶의 바닥을 긁어 대는 듯한 것이었을 것이다. 이런 고통을 느낄 때 삶은 단지 '이러한 고통이 전부인 것'으로 느껴진다.

이러한 때 고통을 둘러싼 무지에 주의한다는 것은 그 고통이 지금은 알 수 없지만 어떤 의미를 갖고 있을지 모른다는 것을 인정한다는 것이다. 그리고 이렇게 인정할 때 피할 수 없는 고통을 묵묵히 견딜 근거가 생긴다. 이제 어떤 고통에 대해 '단지 무의미하다'는 것을 알고 있다는 듯이 한탄하거나 경멸하지 않아도 된다.[10] 대신 우주와 나와 나의 고통을 둘러싼 알지 못할 심연을 묵묵히 지켜볼 수 있다. 백석 시인의 시 〈남신의주 유동 박시봉방〉에 나오는, 바람 부는 어둠 속 쌓이는 눈을 조용히 견디는 갈매나무처럼 말이다. 무지에 둘러싸인 우주에서, 드러난 의미는 누리고 알지 못할 고통은 묵묵히 견디는 것이 마땅할 것이다.

...

더러 나줏손¹에 쌀랑쌀랑 싸락눈이 와서 문창을 치기도 하는 때도 있는데,

나는 이런 저녁에는 화로를 더욱 다가 끼며, 무릎을 꿇어 보며,

어니² 먼 산 뒷옆에 바우 섶³에 따로 외로이 서서

어두어 오는데 하이야니 눈을 맞을, 그 마른 잎새에는

쌀랑쌀랑 소리도 나며 눈을 맞을,

그 드물다는 굳고 정한 갈매나무라는 나무를 생각하는 것이었다.

*¹저녁 무렵. ²어느. ³바위 옆

맺는말: 서재 안의 고양이

현대 우주과학은 우리 우주가 한 점에서 시작하여 계속 팽창 중임을 밝혀냈다. 우주의 팽창 모습을 머릿속에 그려 보는 것은 쉬워 보인다. 불꽃놀이에서 폭죽이 터진 후 불꽃이 확 확장하는 것처럼 우주가 팽창하는 것이겠지… 하지만 실제로는 그렇지 않다. 불꽃놀이는 이미 존재하는 공간 속에서 불꽃이 팽창하며, 팽창의 중심은 한 지점인데 바로 폭죽이 터진 곳이다. 반면 우주의 팽창에서는 공간 자체가 팽창하며, 팽창의 중심이 우주의 모든 곳이다. 우리 인간은 이런 형태의 팽창을 본래대로의 모습으로는 절대 머릿속에 떠올릴 수 없다. 최대한 가깝게 그려 보려면 공간의 차원을 실제보다 낮추어 생각해야 한다.

가령 과학자들은 풍선에 바람을 불었을 때 풍선이 팽창하는 모습으로 우주 팽창을 설명한다. 이때 우주에 대응하는 것은 풍선 전체가 아니라 풍선의 표면이다. 풍선이 팽창하면 표면의 어떤 지점에서 보든 그 지점을 중심으로 다른 지점들이 멀어져 가는 것으로 보인다. 이렇게 3차원의 우주 공간을 2차원의 풍선 표면으로 '차원 낮추기'를 했을 때 비로소 그 팽창의 모습을 비슷하게 그려 볼 수 있다. 3차원 우주 공간의 팽창을 있는 그대로 그려 보려면 그것을 4차원 공간 속에서 떠올려야 하는데 인간이 떠올릴 수 있는 것은 3차원 공간밖에 없어 3차원 공간 속에 2차원 우주를 그려 보는 형태로 차원 낮추기를 한 것이다. 이렇게 그려 본 우주의 팽창 모습은 물체의 그림자가 원물체와 닮은 데가 있는 것처럼 우주의 실제 팽창 모습과 닮은 데가 있을 것이다.

물리학이나 우주과학의 설명에서는 이런 차원 낮추기가 자주 등장한다. 그만큼 우주는 차원을 낮추어 생각해야 비로소 우리가 떠올려 볼 수 있는 고차원의 대상임을 알 수 있다. 그런데 이런 차원 낮추기가 필요한 또 한 가지가 있다. 바로 우리 인간의 인식 능력이다. 우리의 인식 능력이 한계를 갖는다는 것이 어떤 상황인지 잘 이해하려면 이런 한계까지 볼 수 있는 더 고등한 인식 능력이 필요하다. 하지만 우리는 그런 인식 능력을 갖고 있지 못하다. 따라서 더 고등한 정신이 인간 정신을 바라볼 때 어떻게 보일까를 어느 정도라도 짐작하기 위해서는 인간 정신이 인간보다 열등한 정신을 바라보는 상황으로 차원 낮추기를 해 볼 필요가 있다.

가령 인간을 서재 안의 고양이로 차원 낮추기 해 보자. 서재 안의 고양이를 보면 그 공간을 잘 알고 있다는 듯이 능숙하게 행동한다. 어디를 밟으면 책상 위로 뛰어 오르기에 좋고 어느 모퉁이에 가면 몸을 숨기고 쉴 수 있는지를 안다. 하지만 고양이는 그가 밟고 지나간 《순수이성비판》과 몸을 가려 준 《종의 기원》, 떨어뜨리기 놀이를 하는 데 사용한 《토지》가 담고 있는 내용은 전혀 알지 못한다. 고양이가 세상에 대해 파악하는 정도와 그 책들에 담긴 내용만큼이나 우리가 우주에 대해 알고 있는 것과 실제 우주 간에는 큰 괴리가 있을 수 있다.

고양이는 책을 벽돌이나 널빤지 비슷한 것으로 알 뿐 무엇인지 깨닫지 못할 것이다. 설혹 깨닫는다 해도 아무리 책을 들여다본들 그 내용을 이해하지는 못할 것이다. 우리 인간은 그보다는 나아 우주에는 우리가 알지 못하는 어떤 차원이나 내용들이 많이 있다는 것을 깨닫고 있다. 그렇더라도 고양이가 결코 《순수이성비판》이나 《종의 기원》, 《토지》를 이해할 수 없듯이 우리 역시 우주에 대한 어떤 무지는 극복하지 못할 것이다.

이런 무지 앞에서 나는 어떻게 해야 하나. 물리학자들이 양자역학을 대하는 태도가 참고가 될 만하다. 양자역학의 수식이 실제 세계와 어떻게 대응하는지는 아직까지 명료하게 이해되고 있지 않다. 코펜하겐 해석, 앙상블 해석, 숨은 변수 이론, 다세계 해석 등의 많은 해석이 난무할 뿐이다. 하지만 옳은 해석이 무엇인지 몰라도 그 수식에 따라 계산만 잘 하면 미시세계 현상에 대해 완벽에 가까운 예측을 할 수 있다. 그래서 양자역학 전문가들끼리 흔히 하는 충고가 '닥치고 계산이나 해shut up and calculate'이다.[1]

나는 우주가 초월적이라는 것을 알 뿐 근본적으로는 알지 못한다. 타당한 세계관도 판별할 수 없어 불가지론을 취해야 한다. 내가 탄생한 궁극 원인을 모르며, 죽음 후 존재의 지속이나 반복 가능성이 높을 것으로 짐작하나 정확히 어떻게 될지는 모른다. 하지만 이번 생에서 나에게 소중한 것, 만족감을 주고 열정을 느끼게 하는 것들은 안다. 이런 개인적, 주관적 의미들은 알고 있으니 이것들을 추구하고 누리면 된다. 그 근본을 모른다 하여 당장 나에게 의미 있는 것을 소홀히 하거나 허무하다 여길 것은 아니다. 그런 태도는 쏜 자를 알기 전까지는 독화살을 뽑지 않겠다거나 제조 원리를 모르는 한 솜사탕을 맛보지 않겠다는 것처럼 현명하지 않다. 우주를 탐구하되 알 수 있는 것의 한계까지 이르렀다고 생각한다면 그때 내가 지침으로 삼아야 할 것은 다음과 같을 것이다.

"그만 닥치고 누려."

미주

들어가는 말

1 미치오 카쿠 저, 박병철 역, 《평행우주》, 김영사, 2006년, 540쪽.
2 미치오 카쿠 저, 박병철 역, 《마음의 미래》, 김영사, 2015년, 506쪽.
3 닐 디그래스 타이슨 저, 홍승수 역, 《날마다 천체물리》, 사이언스북스, 2018년, 212-3쪽.

1장

1 '우주관'과 달리 '우주론(Cosmology)'은 '우주의 기원, 구조, 원리 등을 사실적 차원에서 설명하는 이론'이다. 우주론은 우주에 대한 사실적 이해의 핵심을 이룬다. 그러므로 우주론은 우주관의 한 토대라 할 수 있다.
2 휴 터스톤 저, 전관수 역, 《서양의 고전 천문학》, 연세대학교 대학출판문화원, 2010년, 6쪽.
3 칼 세이건 저, 현정준 역, 《창백한 푸른 점》, 사이언스북스, 2001년, 29쪽.
4 이창일 저, 〈동아시아 우주론의 해체와 통합: 동아시아 전통 우주론의 구성 원리인 상관적 사유를 계승한 대안적 우주론의 모색〉, 《동양고전연구》 제44권 44호, 2011년, 252-4쪽.
5 칼 세이건 저, 홍승수 역, 《코스모스(특별판)》, 사이언스북스, 2006년, 116-7쪽.
6 게오르그 루카치 저, 반성완 역, 《루카치 소설의 이론》, 심설당, 1985년, 29쪽, 필자 일부 수정.
7 최성호 저, 《인간의 우주적 초라함과 삶의 부조리에 대하여》, 필로소픽, 2019년, 24쪽.
8 같은 책, 18-9쪽.
9 블레즈 파스칼 저, 이환 역, 《팡세》, 민음사, 2003년, 213쪽.
10 맥스 테그마크 저, 김낙우 역, 《맥스 테그마크의 유니버스》, 동아시아, 2017년, 38쪽.
11 "1970년대 초반 최초의 X선 망원경이 하늘을 향해 열렸을 때 사람들은 우주가 기존에는 보이지도 않고 알려지지도 않았던 천체들로 가득 찬 것을 보고 깜짝 놀랐다"(앨런 라이트먼 저, 김성훈 역, 《엑시덴탈 유니버스》, 다산북스, 2016년,

6-7쪽)

12 김상욱 저, 《김상욱의 양자공부》, 사이언스북스, 2017년, 217쪽.

13 최성호 저, 《인간의 우주적 초라함과 삶의 부조리에 대하여》, 필로소픽, 2019년, 19-20쪽.

14 레너드 서스킨드 저, 이종필 역, 《블랙홀 전쟁》, 사이언스북스, 2011년, 537쪽.

15 브라이언 그린 저, 박병철 역, 《멀티 유니버스》, 김영사, 2012년, 490쪽.

2장

1   김승호, "우주달력으로 보는 인간세상", BIKOREA, 2016. 2. 9., http://www.bi korea.net/news/articleView.html?idxno=13486.

2   "잔디용어사전", 한국잔디연구소, http://www.ktri.or.kr/News/Dictionary.asp.

3   "Mission Status-Voyager", NASA, https://voyager.jpl.nasa.gov/mission/stat us/.

4   "태양 복사 에너지", ZUM학습백과, http://study.zum.com/book/12774.

5   2003년 열린 국제천문연맹(IAU) 총회에서 호주의 사이먼 드라이버 박사팀이 발표한 내용이다("우주에는 별이 얼마나 있을까", 사이언스타임즈, 2003. 9. 26). 은하의 총개수에 대한 다른 짐작치로는 1996년에 허블 우주망원경 관측 자료를 바탕으로 계산한 '1200억 개'와 2016년 영국의 크리스토퍼 콘셀리스 연구진이 발표한 2조 개가 있다.

6   우리 은하가 품고 있는 전체 별의 개수는 추산 방법에 따라 1000억에서 7000억 개로 진폭이 큰 값들이 나오는데, 현재는 약 4000억 개라는 주장이 대세를 이루고 있다(이광식, "[이광식의 천문학+] 우리은하에는 별이 몇 개나 있을까?", 나우뉴스, 2018. 8. 7.). 그리고 어른이 양손으로 모래를 퍼 담으면 그 모래알 숫자가 약 8백만 개 정도 된다고 한다(이광식, "[아하! 우주] 별과 모래, 어떤 게 더 많을까?", 나우뉴스, 2015. 5. 17.). '400억÷800만=5만'이므로 태양이 모래 한 알이라 할 때 우리은하에 있는 별의 총수는 양손으로 모래를 5만 번 퍼 모았을 때의 모래알 개수와 같다.

7   이광식, "[아하! 우주] 별과 모래, 어떤 게 더 많을까?", 나우뉴스, 2015. 5. 17.

8   앨런 라이트먼 저, 김성훈 역, 《엑시덴탈 유니버스》, 다산북스, 2016년, 28쪽.

9   이충환, "우주기네스북 한판대결", LG사이언스랜드, http://lg-sl.net/product/s cilab/sciencestorylist/IQEX/readSciencestoryList.mvc?sciencestoryListId= IQEX2007070014.

10 브라이언 그린 저, 박병철 역, 《엘리건트 유니버스》, 승산, 2003년, 137쪽.

11 여기서 기술하고 있는 것은 항성 블랙홀의 기원이다. 2019년 최초로 사진에 찍혀 화제가 된 M87 은하 블랙홀은 항성 블랙홀이 아니라 아직 그 기원을 모르는 거대질량 블랙홀이다.

12 브라이언 그린 저, 박병철 역,《엘리건트 유니버스》, 승산, 2003년, 89-90쪽.

13 개빈 헤스케스 저, 배지은 역,《입자 동물원》, 반니, 2017년, 21-2쪽.

14 니콜라스 지생 저, 이해웅·이순철 역,《양자우연성》, 승산, 2015년, 114쪽.

15 같은 책, 37쪽.

16 김상욱 저,《김상욱의 양자공부》, 사이언스북스, 2017년, 151-6쪽.

17 일본 뉴턴프레스 저,《초신성과 블랙홀》, 아이뉴턴(뉴턴코리아), 2011년, 137쪽.

18 지구를 누르고 누르면 반지름이 1.8cm인 블랙홀이 된다(김제완, "우리는 블랙홀속에 살고 있나?", 사이언스타임즈, 2016. 12. 20).

19 스티븐 호킹 저, 이종필 역,《스티븐 호킹의 블랙홀》, 동아시아, 2018년, 25쪽.

20 김충섭 저,《블랙홀은 과연 블랙인가》, 컬처룩, 2014년, 223쪽.

21 브라이언 그린 저, 박병철 역,《우주의 구조》, 승산, 2005년, 709쪽.

22 원유집, "[사이언스프리즘] 데이터 특이점 시대를 대비하자", 세계일보, 2019. 9. 25.

23 킵 손 저, 박일호 역,《블랙홀과 시간여행》, 반니, 2016년. 618쪽.

24 같은 책, 615-6쪽.

25 김충섭 저,《블랙홀은 과연 블랙인가》, 컬처룩, 2014년, 114쪽.

26 킵 손 저, 박일호 역,《블랙홀과 시간여행》, 반니, 2016년, 644쪽.

27 리 스몰린 저, 김낙우 역,《양주 중력의 세 가지 길》, 사이언스북스, 2007년. 358-61쪽.

28 리 스몰린, 〈자연에 대한 생각〉, 존 브록만 편, 김성훈 역,《우주의 통찰》, 와이즈베리, 2016년, 204쪽.

29 김충섭 저,《블랙홀은 과연 블랙인가》, 반니, 2016년, 216쪽.

30 짐 배것 저, 박병철 역,《기원의 탐구》, 반니, 2017년, 49쪽.

31 데이브 골드버그 저, 박병철 역,《백미러 속의 우주》, 해나무, 2015년, 435쪽.

32 리 스몰린, 〈자연에 대한 생각〉, 존 브록만 편, 김성훈 역,《우주의 통찰》, 와이즈베리, 2016년, 203-4쪽.

33 같은 책, 181쪽.

34 "원소(화학)", 위키백과, https://ko.wikipedia.org/wiki/원소_(화학).

35 "CAS 등록번호", 위키백과, https://ko.wikipedia.org/wiki/CAS_등록번호.

36 이강영 저,《LHC, 현대물리학의 최전선》, 사이언스북스, 2011년, 96쪽.

37 같은 책, 146-7쪽.

38 "반입자", 위키백과, https://ko.wikipedia.org/wiki/반입자.

39 https://pdglive.lbl.gov/ParticleGroup.action?sumtab&type=B

40 "핵의 구조", 물리의 이해, 2019. 6. 15., http://physica.gsnu.ac.kr/phtml/nuclear/nuclearmodel/nuclearstruct/nuclearstruct6.html.

41 강석기, "머리 겔만과 펜타쿼크", 동아사이언스, 2015. 7. 27.

42 7월 14일, CERN에서 LHC실험을 통해 펜타쿼크 발견에 성공했다.
Matthew Chalmers, "Forsaken pentaquark particle spotted at CERN", Natu
re, 2015. 7. 14., https://www.nature.com/news/forsaken-pentaquark-par
ticle-spotted-at-cern-1.17968.

43 "별난 원자", 위키백과, https://ko.wikipedia.org/wiki/별난_원자.

44 같은 웹 사이트.

45 "뮤오늄", 위키백과, https://ko.wikipedia.org/wiki/뮤오늄.

46 필립 볼 외 저, 전영택 역,《개념 잡는 비주얼 양자역학책》, 궁리, 2018년, 83쪽.

47 브라이언 그린 저, 박병철 역,《엘러건트 유니버스》, 승산, 2003년, 191쪽.

48 브라이언 그린 저, 박병철 역,《멀티 유니버스》, 김영사, 2012년, 260쪽.

49 "초월적", Daum 사전, https://dic.daum.net/search.do?q = %EC%B4%88%E
C%9B%94%EC%A0%81.

3장

1 약 250만 광년 떨어진 것으로 나와 있는 곳도 있다("안드로메다 은하", 위키백과,
https://ko.wikipedia.org/wiki/안드로메다_은하).

2 1광년 9,460,800,000,000km x 2,600,000년 = 24,598,080,000,000,000,000km

3 닐 디그래스 타이슨 저, 홍승수 역,《날마다 천체물리》, 사이언스북스, 2018년,
175쪽.

4 칼 세이건 저, 홍승수 역,《코스모스(특별판)》, 사이언스북스, 2006년, 38-40쪽.

5 브라이언 그린 저, 박병철 역,《엘리건트 유니버스》, 승산, 2003년, 197쪽.

6 같은 책, 197쪽.

7 115억 년 전에는 암흑물질의 비율이 80.4%인데 현재는 암흑에너지의 비율이 훨
씬 커졌다. 앞으로 245억 년 정도 후에는 암흑에너지의 비율이 99%를 넘어설 것
이다(오미환, "가속 팽창하는 우주… 결국 아무 것도 남지 않는다", 한국일보,
2015. 3. 8.).

8 "Three Year Results on the Oldest Light in the Universe", NASA, https://
map.gsfc.nasa.gov/news/3yr_release.html.

9 "Five Year Results on the Oldest Light in the Universe", NASA, https://ma
p.gsfc.nasa.gov/news/5yr_release.html.

10 "WMAP PRODUCES NEW RESULTS", NASA, https://map.gsfc.nasa.gov/news/.

11 "PLANCK'S NEW COSMIC RECIPE", ESA Science & Technology, https://sc
i.esa.int/web/planck/-/51557-planck-new-cosmic-recipe.

12 2015년 플랑크 위성의 관측 결과로 보통물질 4.8%, 암흑물질 25.9%, 암흑에너
지 69.1%를 제시한 자료도 있으나(이재원 저,《우주의 빈자리, 암흑물질과 암흑

에너지》, 컬처룩, 2016년, 18쪽), 셋의 합계가 100%가 아닌 99.8%이고 그 이유가 제시되지 않아 제외시킨다. 이 자료에 따를 때 보통물질을 구성하는 것 중 별과 행성 들은 우주 전체 에너지의 0.53%를 차지하고, 성간 가스를 이루는 수소와 헬륨이 4%, 중성미자가 0.01%를 차지한다.

13 김선기, "[KISTI 과학향기]그들이 지하 700미터로 내려간 까닭은?", 대덕넷(헬로디디), 2008. 5. 20.

14 이재원 저,《우주의 빈자리, 암흑물질과 암흑에너지》, 컬처룩, 16-9쪽.

15 리사 랜들 저, 김명남 역,《암흑물질과 공룡》, 사이언스북스, 2016년, 407쪽.

16 편집부 편,《뉴턴 하이라이트, 암흑물질과 암흑에너지》, 뉴턴코리아, 2013년, 42-50쪽.

17 이강영 저, 〈중성미자, 새로운 존재론, 새로운 인식론〉,《지식의 지평》제20호, 2016년, http://www.jipyeong.or.kr/view.php?ho=20&pid=129&cpage=1.

18 개빈 헤스케스 저, 배지은 역,《입자 동물원》, 반니, 2017년, 213-4쪽.

19 이강영 저, 〈중성미자, 새로운 존재론, 새로운 인식론〉,《지식의 지평》제20호, 2016년, http://www.jipyeong.or.kr/view.php?ho=20&pid=129&cpage=1.

20 편집부 편,《뉴턴 하이라이트, 암흑물질과 암흑에너지》, 2013년, 56-8쪽.

21 초중성입자는 이름만 보면 중성미자의 초짝입자로 착각하기 쉽다. 하지만 실제로는 표준모형의 무색 중성 보손의 초짝입자이다. 중성미자의 초대칭짝은 스뉴트리노이다(리처드 파넥 저, 김혜원 역,《4퍼센트 우주》, 시공사, 2013년, 293-4쪽).

22 리사 랜들 저, 김명남 역,《암흑물질과 공룡》, 사이언스북스, 2016년, 413-5쪽.

23 Hyun Min Lee, SIMP Dark Matter, *New Physics: Sae Mulli* 66, 2016. 8., pp. 993-7.

24 이재원 저,《우주의 빈자리, 암흑물질과 암흑에너지》, 컬처룩, 2016년, 138-40쪽.

25 데이브 골드버그 저, 박병철 역,《백미러 속의 우주》, 해나무, 2015년, 460쪽.

26 리사 랜들 저, 김명남 역,《암흑물질과 공룡》, 사이언스북스, 2016년, 413-5쪽.

27 이근영, "암흑물질 새 후보 '비활성 중성미자' 없는 곳 찾았다", 한겨레, 2017. 3. 21.

28 이강영 저,《LHC, 현대물리학의 최전선》, 사이언스북스, 2011년, 245쪽.

29 개빈 헤스케스 저, 배지은 역,《입자 동물원》, 반니, 2017년, 17쪽.

30 짐 배것 저, 박병철 역,《힉스, 신의 입자 속으로》, 김영사, 2016년, 10쪽.

31 현재 과학자들은 우주의 가속 팽창에 대해서는 대부분 동의하고 있고 그 원인을 암흑에너지의 존재로 보는 사람들이 다수이나 다른 원인을 주장하는 학자들도 있다. 우주의 가속 팽창은 1a형 초신성 관측 외에 4.9광년의 '표준자'를 이용한 관측에서도 확인된다. 암흑에너지의 존재는 우주의 가속 팽창 이외에 우주 평탄을 가능케 하는 에너지 밀도의 70%를 채워 준다는 점에서도 필요하다(편집부 편, 《뉴턴 하이라이트, 암흑물질과 암흑에너지》, 뉴턴코리아, 2013년, 108-11쪽).

32 앨런 라이트먼 저, 김성훈 역, 《엑시덴탈 유니버스》, 다산북스, 2016년, 28쪽.

33 레너드 서스킨드 저, 김낙우 역, 《우주의 풍경》, 사이언스북스, 2011년, 113쪽.

34 앨런 라이트먼 저, 김성훈 역, 《엑시덴탈 유니버스》, 다산북스, 2016년, 28쪽.

35 "관측 가능한 우주", 〈위키백과〉, https://ko.wikipedia.org/wiki/관측_가능한_우주.

36 개빈 헤스케스 저, 배지은 역, 《입자 동물원》, 반니, 2017년, 263쪽.

37 김항배 저, 《우주, 시공간과 물질》, 컬처룩, 2017년, 649쪽.

38 같은 책, 647쪽.

39 데이브 골드버그 저, 박병철 역, 《백미러 속의 우주》, 해나무, 2015년, 437쪽.

40 관측값과 이론값이 차이가 날 때 보통은 관측값이 옳고 이론값이 틀리다. 하지만 반대의 경우도 있다. 가령 구스의 급팽창 이론에서 예측한 우주의 에너지 밀도에 비해 실제 관측된 밀도는 30% 정도에 그쳤다. 이에 대해 구스는 나머지 70%가 있을 터이니 잘 관측하여 찾아보라고 대응하였다. 이후 실제로 암흑에너지가 등장하여 이 70%를 채우게 되었다.

41 폴 스타인하르트 저, 〈순환우주론〉, 존 브록만 편, 김성훈 역, 《우주의 통찰》, 와이즈베리, 2016년, 35쪽.

42 로렌스 크라우스 저, 박병철 역, 《무로부터의 우주》, 승산, 2013년, 123쪽.

43 레너드 서스킨드 저, 김낙우 역, 《우주의 풍경》, 사이언스북스, 2011년, 117쪽.

44 로렌스 크라우스 저, 박병철 역, 《무로부터의 우주》, 승산, 2013년, 123쪽.

45 같은 책, 123-4쪽.

46 맥스 테그마크 저, 김낙우 역, 《맥스 테그마크의 유니버스》, 동아시아, 2017년, 184쪽.

47 브라이언 그린 저, 박병철 역, 《멀티 유니버스》, 김영사, 2012년, 17쪽.

48 같은 책, 491쪽.

49 레너드 서스킨드 저, 〈풍경〉, 존 브록만 편, 김성훈 역 《우주의 통찰》, 와이즈베리, 2016년, 218-9쪽.

50 닐 디그래스 타이슨·도널드 골드스미스 저, 곽영직 역, 《오리진》, 사이언스북스, 2018년, 109쪽.

51 토비아스 휘르터·막스 라우너 저, 김희상 역, 《평행우주라는 미친 생각은 어떻게 상식이 되었는가》, 알마, 2013년, 31쪽.

52 맥스 테그마크 저, 김낙우 역, 《맥스 테그마크의 유니버스》, 동아시아, 2017년, 189-92쪽.

53 같은 책, 365쪽.

54 같은 책, 214쪽.

55 닐 디그래스 타이슨·도널드 골드스미스 저, 곽영직 역, 《오리진》, 2018년, 107

쪽.

56 브라이언 그린 저, 박병철 역,《멀티 유니버스》, 김영사, 2012년, 500쪽.

57 맥스 테그마크 저, 김낙우 역,《맥스 테그마크의 유니버스》, 동아시아, 2017년, 186쪽.

58 같은 책, 195쪽.

59 맥스 테그마크 저, 김낙우 역,《맥스 테그마크의 유니버스》, 동아시아, 2017년, 332쪽.

60 "급팽창 이론", 위키백과, https://ko.wikipedia.org/wiki/급팽창_이론.

61 맥스 테그마크 저, 김낙우 역,《맥스 테그마크의 유니버스》, 동아시아, 2017년, 173쪽.

62 브라이언 그린 저, 박병철 역,《멀티 유니버스》, 김영사, 2012년, 115-24쪽.

63 물리학의 법칙을 근본법칙과 관찰자에 의해 추론되는 유효한 물리법칙으로 구분한다면 이런 다중우주들은 상수와 함께 유효한 물리법칙도 다를 수 있다(맥스 테그마크 저, 김낙우 역,《맥스 테그마크의 유니버스》, 2017년, 204-6쪽). 이 글에서 '물리법칙'이라고 말하는 것은 별 단서가 없다면 근본 물리법칙을 뜻한다.

64 맥스 테그마크 저, 김낙우 역,《맥스 테그마크의 유니버스》, 동아시아, 2017년, 206-7쪽.

65 같은 책, 465-7쪽.

66 같은 책, 464쪽.

67 같은 책, 461쪽.

68 브라이언 그린 저, 박병철 역,《멀티 유니버스》, 김영사, 2012년, 115쪽.

69 맥스 테그마크 저, 김낙우 역,《맥스 테그마크의 유니버스》, 동아시아, 2017년, 197쪽.

70 같은 책, 206-7쪽.

71 이언 스튜어트 저, 이충호 역,《우주를 계산하다》, 흐름출판, 2019년, 474쪽.

72 맥스 테그마크 저, 김낙우 역,《맥스 테그마크의 유니버스》, 동아시아, 2017년, 462쪽.

73 "카시미르 효과", 위키백과, https://ko.wikipedia.org/wiki/카시미르_효과.

74 리처드 노먼 저, 석기용 역,《삶의 품격에 대하여》, 돌베개, 2016년, 220-2쪽.

4장

1 존 메설리 저, 전대호 역,《인생의 모든 의미》, 필로소픽, 2016년, 245-6쪽.

2 첫 번째 단계는 물리학, 두 번째 단계는 화학 및 생물학, 세 번째 단계는 생물학 및 역사학이 그 해명에 도움을 줄 것이다(유발 하라리 저, 조현욱 역,《사피엔스》, 김영사, 2015년, 18쪽).

3 그레이엄 로턴 저, 김성훈 역,《거의 모든 것의 기원》, 프리렉, 2017년, 15쪽.

4 짐 배것 저, 박병철 역, 《기원의 탐구》, 반니, 2017년, 49쪽.

5 생명이 가능하려면 그 물리상수들의 값은 현재 우리 우주의 물리상수가 실제 갖고 있는 값에서 몇 퍼센트 이내에 있어야 한다. 우연히 그렇게 될 확률은 동전의 한 면이 6번 계속 나올 확률과 비슷한데 우주에는 그런 상수가 적어도 26개가 있다. 그러므로 상수들이 모두 적절한 범위 내에 있을 확률은 동전의 한 면이 연속으로 156번 나오는 것과 같다는 것이다(이언 스튜어트 저, 이충호 역, 《우주를 계산하다》, 흐름출판, 2019, 450쪽). 이에 대해 '대폭발의 순간 지금과 같은 우주가 생겨날 확률은 1을 10^{59}로 나눈 값'이라는 견해도 있다(이언 스튜어트 저, 이충호 역, 《우주를 계산하다》, 흐름출판, 2019년, 450쪽).

6 맥스 테그마크 저, 김낙우 역, 《맥스 테그마크의 유니버스》, 2017, 365쪽.

7 물리상수들이 여러 다른 값을 가질 경우에도 우연히 생명이 탄생할 조건이 갖추어지는 경우도 있을 수 있지만 그 가능성이 얼마나 될지는 짐작하기 힘들므로 일단 고려하지 않기로 하자.

8 "드레이크 방정식", 위키백과, https://ko.wikipedia.org/wiki/드레이크_방정식.

9 월터 앨버레즈 저, 이강환·이정은 역, 《이 모든 것을 만든 기막힌 우연들》, 아르테, 2018년, 40쪽.

10 2003년 열린 국제천문연맹(IAU) 총회에서 호주의 사이먼 드라이버 박사팀이 발표한 내용이다(민영기, "우주에는 별이 얼마나 있을까", 사이언스타임즈, 2003. 9. 26).

11 "Drake equation", English Wikipedia, https://en.wikipedia.org/wiki/Drake_equation#Current_estimates.

12 "Drake equation", English Wikipedia, https://en.wikipedia.org/wiki/Drake_equation#cite_note-NYT-20131104-24.

13 리처드 도킨스 저, 이한음 역, 《만들어진 신》, 김영사, 2007년, 214-5쪽.

14 "Drake equation", English Wikipedia, https://en.wikipedia.org/wiki/Drake_equation#Original_estimates.

15 "Global biodiversity", English Wikipedia, https://en.wikipedia.org/wiki/Global_biodiversity.

16 "결혼 위해 만난 이성 수? 男 "15명"…女는?", 동아일보, 2014. 6. 12.

17 이영훈, "12세기 고려 인구는 250만~300만명으로 추정…지배층 주식은 쌀, 서민은 조·수수같은 밭작물이었죠", 한국경제, 2019. 8. 26.

18 주영재, ""20만년 전 아프리카 여성이 시초… 모든 인종, 유전적으로 93% 같아"", 경향신문, 2011. 10. 3.

19 인류의 역사에서 내가 태어날 확률이 매우 낮다는 것은 그 수치는 다르지만 이미 잘 알려진 것이다. 가령 한 책에 따르면 두 세대 전으로 가면 오늘날 태어날 수도 있었던 사람의 수는 10^{50}명이 되고 세 세대 전으로 가면 10^{75}명, 네 세대 전으로

가면 10^{100}명이 된다고 한다(그레이엄 로턴 저, 김성훈 역,《거의 모든 것의 기원》, 프리렉, 2017년, 321쪽). 그런데 기원전 50000년 이후로 10^{77}억 명의 사람이 태어났다. 약 10^{11}명이다. 그러니 그 책에 따를 때 내가 태어날 확률은 네 세대 전부터만 따져 보아도 $\left(\dfrac{1}{10}\right)^{89}$ 보다 낮다는 결론이 나온다.

20 앨런 라이트먼 저, 김성훈 역,《엑시덴탈 유니버스》, 다산북스, 2016년, 31쪽.

21 맥스 테그마크 저, 김낙우 역,《맥스 테그마크의 유니버스》, 동아시아, 2017년, 214쪽.

22 브라이언 콕스·앤드루 코헨 저, 노태복 역,《인간의 우주》, 반니, 2018년, 269-71쪽.

23 짐 배것 저, 박병철 역,《기원의 탐구》, 반니, 2017년, 554쪽.

24 그레이엄 로턴 저, 김성훈 역,《거의 모든 것의 기원》, 프리렉, 2017년, 321쪽.

25 빌 브라이슨 저, 이덕환 역,《거의 모든 것의 역사》, 까치, 2003년, 499쪽.

26 월터 앨버레즈 저, 이강환·이정은 역,《이 모든 것을 만든 기막힌 우연들》, 318-9쪽

27 개빈 헤스케스 저, 배지은 역,《입자 동물원》, 반니, 2017년, 289쪽

28 리처드 도킨스 저, 이용철 역,《눈먼 시계공》, 사이언스북스, 2004년, 237쪽.

29 브라이언 그린 저, 박병철 역,《엘리건트 유니버스》, 승산, 2003년, 210쪽.

30 앨런 라이트먼 저, 김성훈 역,《엑시덴탈 유니버스》, 다산북스, 2016년, 23-4쪽.

31 이언 스튜어트 저, 이충호 역,《우주를 계산하다》, 흐름출판, 2019년, 451쪽.

32 브라이언 그린 저, 박병철 역,《멀티 유니버스》, 김영사, 2012년, 304쪽.

33 리처드 도킨스 저, 이한음 역,《만들어진 신》, 김영사, 2007년, 174-5쪽.

34 김정욱 등 저,《우주와 인간 사이에 질문을 던지다》, 해나무, 2007년, 98-9쪽.

35 리처드 도킨스 저, 이용철 역,《눈먼 시계공》, 사이언스북스, 2004년, 244쪽.

36 스티븐 호킹·레오나르드 플로디노프 저, 전대호 역,《위대한 설계》, 까치, 2010년, 208쪽.

37 강동진, "자연상수 역수는 n이 무한히 커질때 $(1-1/n)$의 n제곱", 〈Health & Market〉, 2018. 11. 20.

38 이상 보았듯이 다중우주에서 내가 태어날 확률은 자연상수 e와 연관이 있다. 자연상수 e는 0, 1, 원주율 π, 허수 i 등과 함께 수학의 중요한 상수 중 하나로 취급된다. '자연상수'라는 명칭은 상수 e가 자연로그의 밑에 해당하기 때문에 붙여졌을 것이다. 자연상수 e를 밑으로 하는 자연로그는 물리와 화학 등 여러 자연 과학의 변화량에서 사용된다. 가령 루트비히 볼츠만은 엔트로피 S와 다중도 g의 자연로그 값이 비례함을 보였다("자연로그의 밑", 위키백과, https://ko.wikipedia.org/wiki/자연로그의_밑). 다중우주에서의 나의 탄생 확률 계산에 e가 등장하는 것도 e와 자연현상의 연관성을 보여주는 또 다른 예가 될지 모른다.

39 맥스 테그마크 저, 김낙우 역,《맥스 테그마크의 유니버스》, 동아시아, 2017년,

199-201쪽.

40 브라이언 그린 저, 박병철 역, 《멀티 유니버스》, 김영사, 2012년, 68-70쪽.

41 같은 책, 68-72쪽.

42 데카르트 저, 김형효 역, 《방법서설/성찰/정념론 외》, 삼성출판사, 1998년. 152쪽.

43 양선숙, 〈자기서사적 접근법에 기초한 책임론 구성을 위한 시론적 고찰〉, 《법학연구》 제20권 4호, 2017년, 388쪽.

44 셸리 케이건 저, 박세연 역, 《죽음이란 무엇인가》, 엘도라도, 2012년, 180-2쪽.

45 양선숙, 〈자기서사적 접근법에 기초한 책임론 구성을 위한 시론적 고찰〉, 《법학연구》 제20권 4호, 2017년, 340쪽

46 같은 논문, 388쪽.

47 브라이언 그린 저, 박병철 역, 《우주의 구조》, 승산, 2005년, 593쪽

48 실제로 2015년 미국 예일대 에밀리 핀 박사팀은 뇌지문의 존재가능성을 보이는 실험결과를 발표했다. 실험 참가자마다 전두엽 등의 일부 영역에서 신경회로의 연결 패턴이 일정하며 사람마다 서로 달라 뇌영상만 보고도 누구의 것인지를 분간할 수 있었다는 것이다(이성규, "뇌는 네가 누군지 알고 있다", 사이언스타임즈, 2015. 10. 21).

49 토비아스 휘르터·막스 라우너 저, 김희상 역, 《평행우주라는 미친 생각은 어떻게 상식이 되었는가》, 알마, 2013년, 190쪽.

50 브라이언 그린이나 맥스 테그마크의 경우 물리주의가 참이라는 것과 내가 지각하지 못하는 복제본이 있는 동시적 다중우주가 양립 가능하다고 본다. 이것은 그들이 동시적 다중우주 속의 나의 복제본의 존재 가능성을 인정하면서도 그 복제본의 지각과 의식을 내가 갖고 있지 못하다는 점에 대해 아무 문제의식을 느끼지 않는 것을 보면 알 수 있다. 하지만 위에서 본대로 이런 양립가능성은 성립하지 않는다.

51 데이비드 핸드 저, 전대호 역, 《신은 주사위놀이를 하지 않는다》, 더퀘스트, 2016년, 112쪽. 여기서 '반증 가능하다'는 것은 '그 주장을 반박할 수 있는 관찰이나 실험을 구상할 수 있다'는 의미이다. 이때 구상한 대로 관찰이나 실험을 했지만 그 결과가 주장을 반박하는 것이 아니라면 그 주장은 반증 가능하나 반증되지 않은 것으로, 적어도 현재로는 과학적으로 참이라고 인정할 수 있다. 예를 들어 '지구는 둥글다'라는 주장은 우주에서 지구 사진을 찍는 것과 같은 관찰을 구상할 수 있다는 점에서 반증 가능하다. 사진에 찍힌 지구의 모습이 둥글지 않다면 그 주장은 반박되기 때문이다. 하지만 실제로는 사진 속 지구의 모습은 둥글다. 따라서 그 주장은 반증 가능하지만 실제로는 반증되지 않아 참이라고 인정할 수 있다. 반면 '신은 존재한다'와 같은 주장은 그 주장을 반박할 수 있는 관찰이나 실험을 구상할 수 없다. 따라서 반증 가능하지 않다.

52 크리스 임프 저, 박병철 역, 《세상은 어떻게 끝나는가》, 시공사, 2012년, 346쪽.

53 인류 역사를 보면 '일회적 우주'라는 관념이 '반복되는 우주'라는 관념과 대등한 정도로 인류를 지배했다. 유일신교의 창조와 종말의 일회적 우주관을 많은 사람들이 받아들였다. 현대에 접어들어서는 많은 물리주의자들이 '빅뱅으로 시작해서 대냉각으로 끝나는 한 번의 우주'라는 우주관을 받아들인다.

54 미치오 카쿠 저, 박병철 역, 《초공간》, 김영사, 1997년, 479쪽.

55 맥스 테그마크 저, 김낙우 역, 《맥스 테그마크의 유니버스》, 동아시아, 2017년, 525쪽.

56 같은 책, 229쪽.

57 브라이언 그린 저, 박병철 역, 《멀티 유니버스》, 김영사, 2012년, 204쪽

58 마커스 드 사토이 저, 박병철 역, 《우리가 절대 알 수 없는 것들에 대해》, 반니, 2019년, 403-6쪽.

5장

1 우종학, "[무크따 이야기] 첫번째 - 이신론의 망령에 사로잡히다", @ 별아저씨의 집 우종학의 과학 이야기 & 사는 이야기, https://solarcosmos.tistory.com/772.

2 '철학의 원리' 중 원리 36(데카르트 저, 김형효 역, 《방법서설/성찰/정념론 외》, 삼성출판사, 1990년, 373쪽).

3 앨런 라이트먼 저, 김성훈 역, 《엑시덴탈 유니버스》, 다산북스, 2016년, 69쪽.

4 리처드 도킨스 저, 이한음 역, 《만들어진 신》, 김영사, 2007년, 188쪽.

5 존 벨라미 포스터·브렛 클라크·리처드 요크 저, 박종일 역, 《다윈주의와 지적 설계론》, 인간사랑, 2009년, 16쪽.

6 존 브루만 편, 김명주 역, 《왜 종교는 과학이 되려 하는가》, 바다출판사, 2012년, 23-5쪽.

7 마이클 베히는 '환원불가능하게 복잡한 생화학적 기계'인 생명체를, 맨프레드 아이겐는 생명의 기원을, 데이비드 차머스는 인간 의식을 설계에 의한 것으로 보았다(윌리엄 뎀스키·제임스 쿠쉬너 편, 필립 존슨·마이클 베히·낸시 피어시 등 저, 현장기·도명술 역, 《위대한 설계, 그 흔적들》, 새물결플러스, 2014년, 279쪽).

8 러처드 도킨스 저, 이한음 역, 《만들어진 신》, 김영사, 2014년, 178-234쪽.

9 윌리엄 뎀스키·제임스 쿠쉬너 편, 필립 존슨·마이클 베히·낸시 피어시 등 저, 현장기·도명술 역, 《위대한 설계, 그 흔적들》, 새물결플러스, 2014년, 261-6쪽.

10 우종학, "지적 설계 운동 비판3 - 너무나 인간적인 반쪽 짜리, '지적' 설계(복음과상황 2003년 2월)", @ 별아저씨의 집 우종학의 과학 이야기 & 사는 이야기, 2003. 2. 1.

11 존 메설리 저, 전대호 역, 《인생의 모든 의미》, 필로소픽, 2016년, 264쪽.

12 "[신 존재의 증명]", 노동자의 책, laborsbook.org.

13 문정식, "교황청 "진화가 신의 부재 입증 못해"", 연합뉴스, 2009. 3. 4.

14 리처드 도킨스 저, 이한음 역, 《만들어진 신》, 김영사, 2014년, 86-7쪽

15 같은 책, 172쪽

16 같은 책, 81-2쪽

17 같은 책, 168-70쪽

18 빅터 스텐저 저, 〈미세조정과 다중우주〉, 《Korea Skeptic Vol1》, 바다출판사, 2015년, 170쪽.

19 데이비드 밀스 저, 권혁 역, 《우주에는 신이 없다》, 돋을새김, 2010년, 86쪽.

20 앨런 라이트먼 저, 김성훈 역, 《엑시덴탈 유니버스》, 다산북스, 2016년, 150쪽.

21 피터 싱어 등 저, 김병화 역, 《무신예찬》, 현암사, 2012년, 262-3쪽.

22 이강영 저, 《LHC, 현대물리학의 최전선》, 사이언스북스, 2011년, 37쪽.

23 닐 타이슨 저, 박병철 역, 《블랙홀 옆에서: 우주의 기기묘묘함에 대하여》, 사이언스북스, 2018년, 14-5쪽.

24 강대석 저, 《무신론자를 위한 철학》, 중원문화, 2015년, 304쪽

25 이언 스튜어트 저, 이충호 역, 《우주를 계산하다》, 흐름출판, 2019년, 477쪽.

26 레너드 서스킨드 저, 이종필 역, 《블랙홀 전쟁》, 사이언스북스, 2011년, 179쪽.

27 션 캐럴 저, 〈우주는 왜 지금의 모습이 되었을까?〉, 존 브록만 편, 김성훈 역, 《우주의 통찰》, 와이즈베리, 2016년, 145쪽

28 비유하자면 과학은 넓은 바다에 던진 성긴 그물과 같다. 그 그물로 신이라는 물고기를 건져 올리지는 못하는데 이것은 그런 물고기가 아예 없기 때문일 수 있다. 반면 그물이 아무리 더 커져도 그것이 닿지 않는 먼 바다에 그 물고기가 있어서일 수도 있고, 그물의 성긴 틈 사이로 빠져나갔기 때문일 수도 있다. 그러니 바다 어딘가에 그 물고기가 있다고도 없다고도 말할 수는 없다.

29 앨런 라이트먼 저, 김성훈 역, 《엑시덴탈 유니버스》, 다산북스, 2016년, 63쪽.

30 홍성욱 저, 《홍성욱의 STS, 자연을 경청하다》, 동아시아, 2006년, 238-9쪽.

31 데카르트 저, 소두영 역, 《방법서설/성찰/철학의 원리/정념론/정신지도를 위한 규칙》, 동서문화사, 2009년, 246쪽.

32 갈릴레오의 말이다. 루퍼트 셸드레이크 저, 하창수 역, 《과학의 망상》, 김영사, 2016년, 124쪽.

33 앞의 책, 120쪽. 자연법칙의 불변성이 신의 뜻이라는 견해는 현대 기독교에서도 발견된다.

34 리 스몰린 저, 〈자연에 대한 생각〉, 존 브록만 편, 김성훈 역, 《우주의 통찰》, 와이즈베리, 2016년, 194쪽.

35 데카르트 저, 김형효 역, 《방법서설/성찰/정념론 외》, 삼성출판사, 1990년, 81쪽.

36 민찬홍, 〈'논리적 악'의 문제〉, 《철학탐구》 33권, 중앙대학교 중앙철학연구소,

2013년, 88쪽.

37 《성서 왜곡의 역사》로 유명한 바트 어만이 한 말로 알려져 있다.

38 박철홍, "1분만 늦게 왔더라면, 1m만 비켜 걸었다면…", 연합뉴스, 2016. 6. 1.

39 리처드 도킨스 저, 이한음 역, 《만들어진 신》, 김영사, 2014년, 162쪽.

40 민찬홍, 〈'논리적 악'의 문제〉, 《철학탐구》 33권, 중앙대학교 중앙철학연구소, 2013년, 95쪽.

41 토비아스 휘르터·막스 라우너 저, 김희상 역, 《평행우주라는 미친 생각은 어떻게 상식이 되었는가》, 알마, 2013년, 295쪽.

42 민찬홍, 〈'논리적 악'의 문제〉, 《철학탐구》 33권, 중앙대학교 중앙철학연구소, 2013년, 104쪽

43 피터 싱어 등 저, 김병화 역, 《무신예찬》, 현암사, 2012년, 132쪽.

44 이면우 저, 《아무도 울지 않는 밤은 없다》, 창비, 2001년.

45 인류원리는 인류가 이 우주를 관찰하고 있다는 사실로부터 이 우주가 인류가 생존하기 적절한 조건을 갖추고 있을 것이라는 점을 이끌어 낸다. 이 원리와 흡사하게 이 우주에 내가 존재한다는 사실로부터 이 우주가 존재 가능한 우주 중 최선의 우주는 아니라는 점을 이끌어 낼 수 있다.

46 앨런 라이트먼 저, 김성훈 역, 《엑시덴탈 유니버스》, 다산북스, 2016년, 25쪽.

47 토비아스 휘르터·막스 라우너 저, 김희상 역, 《평행우주라는 미친 생각은 어떻게 상식이 되었는가》, 알마, 2013년, 308쪽.

48 윤선구, 〈라이프니츠 단자론〉, 《철학사상》 별책 제3권 제13호, 서울대학교 철학사상연구소, 2004년, 72쪽.

49 월터 앨버레즈 저, 이강환·이정은 역, 《이 모든 것을 만든 기막힌 우연들》, 아르테, 2018년, 320-1쪽.

50 토비아스 휘르터·막스 라우너 저, 김희상 역, 《평행우주라는 미친 생각은 어떻게 상식이 되었는가》, 알마, 2013년, 303쪽.

51 리처드 도킨스 저, 이한음 역, 《만들어진 신》, 김영사, 2007년, 83-6쪽.

52 같은 책, 83쪽.

53 "날아다니는 스파게티 괴물", 위키백과, https://ko.wikipedia.org/wiki/날아다니는_스파게티_괴물.

54 칼 세이건의 책 《악령이 출몰하는 세상》에 등장하는 비유이다.

55 김기석 저, 《종의 기원 VS 신의 기원》, 동연, 2009년, 55쪽.

56 리처드 노먼 저, 석기용 역, 《삶의 품격에 대하여》, 돌베개, 2016년, 267-8쪽.

6장

1 김승호, ""우주달력으로 보는 인간세상"", BIKOREA, 2016. 2. 9.

2 존 메설리 저, 전대호 역, 《인생의 모든 의미》, 필로소픽, 2016년, 101쪽.

3 맥스 테그마크 저, 김낙우 역, 《맥스 테그마크의 유니버스》, 동아시아, 2017년, 521쪽.
4 닐 타이슨 저, 박병철 역, 《블랙홀 옆에서》, 사이언스북스, 2018년, 28쪽.
5 데이비드 이글먼 저, 전대호 역, 《더 브레인》, 해나무, 2017년, 84쪽.
6 "연주 시차", 위키백과, https://ko.wikipedia.org/wiki/연주_시차.
7 "관측 가능한 우주", 위키백과, ttps://ko.wikipedia.org/wiki/관측_가능한_우주.
8 닐 타이슨 저, 박병철 역, 《블랙홀 옆에서》, 사이언스북스, 2018년, 29-30쪽.
9 레너드 서스킨드 저, 이종필 역, 《블랙홀 전쟁》, 사이언스북스, 2011년, 449쪽.
10 같은 책, 337-8쪽.
11 "감마선 폭발", 위키백과, https://ko.wikipedia.org/wiki/감마선_폭발.
12 리처드 노먼 저, 석기용 역, 《삶의 품격에 대하여》, 돌베개, 2016년, 218쪽.
13 아이작 아시모프 단편소설 《최후의 질문》에 나온 내용이다. 2061년 지구의 에너지 문제를 해결한 초대형 컴퓨터는 "우주는 언젠가 반드시 죽을 운명인가?"라는 질문에 "자료가 부족하여 답할 수 없음"이라고 답한다. 그 후 발전을 거듭하고 자료도 계속 수집했지만 몇백 년 후 , 몇천 년 후, 수십억 년 후에도 컴퓨터는 같은 대답을 하였다(미치오 카쿠 저, 박병철 역, 《초공간》, 김영사, 1997년, 488-91쪽). 귀납추리는 확실한 결론을 내리기에는 항상 '자료가 부족'할 운명을 넘어서기 힘들 것이다.
14 브라이언 그린 저, 박병철 역, 《멀티 유니버스》, 김영사, 2012년, 436쪽.
15 닐 디그래스 타이슨 저, 홍승수 역, 《날마다 천체물리》, 사이언스북스, 2018년, 15쪽.
16 미치오 카쿠 저, 박병철 역, 《평행우주》, 김영사, 2006년, 162쪽.
17 앨런 구스, 〈급팽창우주〉, 존 브록만 편, 김성훈 역, 《우주의 통찰》, 와이즈베리, 2016년, 46쪽.
18 맥스 테그마크 저, 김낙우 역, 《맥스 테그마크의 유니버스》, 2017년, 170쪽.
19 최무영 저, 《최무영교수의 물리학 강의》, 책갈피, 2008년, 413쪽.
20 짐 배것 저, 박병철 역, 《기원의 탐구》, 반니, 2017년, 48쪽.
21 앨런 구스, 〈우주론의 황금시대〉, 존 브록만 편, 김성훈 역 《우주의 통찰》, 와이즈베리, 2016년, 18쪽.
22 브라이언 그린 저, 박병철 역, 《멀티 유니버스》, 김영사, 2012년, 437-8쪽.
23 짐 배것 저, 박병철 역, 《기원의 탐구》, 반니, 2017년, 46쪽.
24 브라이언 그린 저, 박병철 역, 《우주의 구조》, 승산, 2005년, 705쪽.
25 이재원 저, 《우주의 빈자리, 암흑물질과 암흑에너지》, 컬처룩, 2016년, 185-6쪽.
26 브라이언 그린 저, 박병철 역, 《멀티 유니버스》, 김영사, 2012년, 437-8쪽.
27 "[에너지움]우주의 에너지(조지 스무트 노벨 물리학상 수상자)", 한국에너지기술

연구원, https://energium.kier.re.kr/sub040401/article/view/year/eNortjKx UjIyMDRSsgZcMA_HAmA%7C/id/154.

28 안드레이 린데 저, 〈풍선을 만드는 풍선을 만드는 풍선〉, 존 브록만 편, 김성훈 역,《우주의 통찰》, 와이즈베리, 2016년, 61-8쪽.

29 브라이언 그린 저, 박병철 역,《멀티 유니버스》, 김영사, 2012년, 437-8쪽.

30 로렌스 크라우스 저, 박병철 역,《무로부터의 우주》, 승산, 2013년, 28쪽.

31 브라이언 그린 저, 박병철 역,《멀티 유니버스》, 김영사, 2012년, 522쪽.

32 맥스 테그마크 저, 김낙우 역,《맥스 테그마크의 유니버스》, 2017년, 162쪽.

33 스티븐 호킹 저, 배지은 역,《호킹의 빅 퀘스천에 대한 간결한 대답》, 까치, 2019 년, 66쪽.

34 권석민 외 저,《고등학교 지구과학》, 금성출판사, 2018년, 191쪽.

35 켄 프리드먼·제프 맥나마라 저, 민건 역,《암흑물질》, 청범출판사, 2014년, 111쪽.

36 최무영 저,《최무영교수의 물리학 강의》, 책갈피, 2008년, 406-7쪽.

37 브라이언 그린 저, 박병철 역,《멀티 유니버스》, 김영사, 2012년, 51쪽.

38 "그의 주 관심사는 현재의 우주를 서술하는 것이 아니라 '수학적으로 가능한 우 주'를 있는 대로 찾아내는 것이었다. … 질량-에너지 밀도가 높으면서 팽창속도 가 느린 우주는 통상적으로 '닫혀있다'고 말한다. 이런 우주는 팽창속도가 느려지 다가 어느 시점에 이르면 팽창을 멈추고 수축되기 시작한다. 이런 우주에서 시공 간의 곡률은 양수이다. 프리드만은 시공간의 곡률이 음수인 우주도 연구했는데 이런 우주는 무한히 크면서 영원히 팽창하기 때문에 '열린 우주'로 알려져 있다" (짐 배것 저, 박병철 역,《기원의 탐구》, 반니, 2017년, 44쪽).

39 김항배 저,《우주, 시공간과 물질》, 컬처룩, 2017년, 529쪽.

40 '우주상수'는 암흑에너지의 존재 형태로 유력하게 거론되는 것이다(김성수, "경 희대학교 우주과학과 김성수 교수 강의자료" 34쪽, ap2.khu.ac.kr/down-load/lecture.doc).

41 김항배 저,《우주, 시공간과 물질》, 컬처룩, 2017년, 523-5쪽.

42 "The Coastline Paradox Explained", SubtitleList.com, https://subtitlelist.co m/en/The-Coastline-Paradox-Explained-16400.

43 미치오 카쿠 저, 박병철 역,《초공간》, 김영사, 1997년, 34쪽.

44 같은 책, 70쪽.

45 이재원 저,《우주의 빈자리, 암흑물질과 암흑에너지》, 컬처룩, 2016년, 62-3쪽.

46 리 스몰린 저, 김낙우 역,《양자 중력의 세 가지 길》, 사이언스북스, 2007년, 63쪽.

47 같은 책, 137쪽.

48 트린 주안 투안 저, 이재형 역,《마우나케아의 어떤 밤》, 파우제, 2018년, 27쪽.

49 리 스몰린 저, 〈자연에 대한 생각〉, 존 브록만 편,《우주의 통찰》, 와이즈베리, 2016년, 186쪽.

50 루퍼트 셸드레이크 저, 하창수 역, 《과학의 망상: 현대 과학이 착각하는 믿음에 대하여》, 김영사, 2016년, 120쪽.

51 브라이언 그린 저, 박병철 역, 《엘리건트 유니버스》, 승산, 2002년, 259쪽.

52 "태양계의 형성과 진화", 위키백과, https://ko.wikipedia.org/wiki/태양계의_형성과_진화#미래.

53 루퍼트 셸드레이크 저, 하창수 역, 《과학의 망상》, 김영사, 2016년, 120쪽.

54 안드레이 린데, 〈풍선을 만드는 풍선을 만드는 풍선〉, 존 브록만 편, 김성훈 역, 《우주의 통찰》, 와이즈베리, 2016년, 92쪽.

55 브라이언 그린 저, 박병철 역, 《엘리건트 유니버스》, 승산, 2002년, 259쪽.

56 리 스몰린 저, 〈자연에 대한 생각〉, 존 브록만 편, 김성훈 역, 《우주의 통찰》, 와이즈베리, 2016년, 185쪽.

57 이와 대비되는 다음과 같은 견해도 있다. "서구 합리주의의 창시자인 소크라테스, 플라톤, 아리스토텔레스는 이성과 초월성을 대립 관계로 보지 않았다. 그들은 우리 인간이 필연적 요구에 따라 이성적 능력을 그 한계까지 밀고 나가지 않을 수 없으며 그런 다음 좌절이 아닌 놀라움과 경외심과 만족감을 주는 모름의 상태로 이어지게 된다는 것을 이해했다"는 견해이다(카렌 암스트롱 저, 정준형 역, 《신을 위한 변론》, 웅진지식하우스, 2010년, 482쪽).

58 이재성, "인간 이성의 인식 능력에 한계를 긋기", 경산신문, 2014. 2. 17.

59 김재인, 《인공지능의 시대, 인간을 다시 묻다》, 동아시아, 2017년, 137-8쪽.

60 브라이언 그린 저, 박병철 역, 《멀티 유니버스》, 김영사, 2012년, 486-7쪽.

61 유발 하라리 저, 조현욱 역, 《사피엔스》, 김영사, 2015년, 356쪽.

62 이재숙 역, 《찬도기야 우파니샤드 I》, 한길사, 1996년, 405-17쪽.

63 "십사무기", 위키백과, https://ko.wikipedia.org/wiki/십사무기.

64 주현성, "10분 만에 둘러보는 근대철학", 〈채널예스〉, http://ch.yes24.com/Article/View/21038.

65 리처드 노먼 저, 석기용 역, 《삶의 품격에 대하여》, 돌베개, 2016년, 218쪽.

66 카를로 로벨리 저, 김정훈 역, 《보이는 세상은 실재가 아니다》, 쌤앤파커스, 2018년, 160-1쪽.

67 리 스몰린 저, 김낙우 역, 《양자 중력의 세 가지 길》, 사이언스북스, 2007년, 127쪽.

68 폴 처치랜드 저, 석봉래 역, 《물질과 의식》, 서광사, 1992년, 57쪽.

7장

1 빌라야누르 라마찬드란의 말이다(강석기, "맹점의 생리학", 동아사이언스, 2015. 9. 1., https://dongascience.com/news.php?idx=7967).

2 최무영 저, 《최무영교수의 물리학 강의》, 책갈피, 2008년, 172쪽.

3 브루스 로젠블룸·프레드 커트너 저, 전대호 역, 《양자불가사의》, 지양사, 2012

년, 62쪽.

4   닐 타이슨 저, 박병철 역,《블랙홀 옆에서: 우주의 기기묘묘함에 대하여》, 사이언
    스북스, 2018년, 14쪽.

5   카렌 암스트롱 저, 정준형 역,《신을 위한 변론》, 웅진지식하우스, 2010년, 404쪽.

6   리 스몰린 저, 김낙우 역,《양자 중력의 세 가지 길》, 사이언스북스, 2007년,
    347-9쪽.

7   브라이언 그린 저, 박병철 역,《엘리건트 유니버스》, 승산, 2003년, 220쪽.

8   "외계 행성", 위키백과, https://ko.wikipedia.org/wiki/외계_행성.

9   엄남석, "태양계 밖 '확인된' 외계행성 곧 4천개 넘을 듯", 연합뉴스, 2019. 3.
    25.

10 손석희, "[앵커브리핑] '윤동주는 왜 별을 헤었을까…'", jtbc 뉴스, 2019. 4. 11.

11 앨런 라이트먼 저, 김성훈 역,《엑시덴탈 유니버스》, 다산북스, 2016년, 108-9쪽.

12 에드워드 돌닉 저, 노태복 역,《뉴턴의 시계》, 책과함께, 2016년, 74-6쪽.

13 19세기의 선도적 과학자였던 츌너가 헨리 슬레이드라는 심령술사를 옹호한 데
    대해 당시 반대자들은 다음과 같이 비판했다. "마술사는 관객의 오감을 현혹시키
    고 속이는 데 도가 튼 사람들이다. 그런데 과학자는 오랜 기간 자신의 감각을 신
    봉하도록 훈련받은 사람들이므로 마술을 판단하는 데 가장 부적절한 부류이다
    (미치오 카쿠 저, 박병철 역,《초공간》, 김영사, 1997년, 97-8쪽). 물론 지금의
    과학자들이야 마술사의 속임수에 넘어가는 일은 없겠지만 그의 전문성으로 인해
    다른 어떤 지점에서 일반인보다도 더 인식의 오류를 범할 여지도 남아 있다.

14 곽경도 저,《길이팽창: 상대성이론이 더욱 강해졌다》, 좋은땅, 2017년, 9쪽.

15 2011년 유럽입자물리연구소가 빛보다 빠른 입자의 운동을 발견했다는 이후 잘못
    된 것으로 판정된 실험결과를 내놓았을 때 미국 물리학자 롭 플런킷이 한 말이다
    ("아인슈타인 '無오류신화' 깨질까", 뉴데일리, 2011. 9. 24).

16 '국소적'이란 '공간적으로 멀리 떨어져있는 두 물체는 절대 서로 직접적으로 영향
    을 줄 수 없다'는 의미이다.

17 "장이란 모든 점에서 힘의 크기와 방향을 명시하는 숫자의 집합이다." 이 장이 만
    족하는 방정식이 장 방정식으로 전기와 자기가 만족하는 장 방정식인 맥스웰 방
    정식과 아인슈타인이 발견한 중력의 장 방정식이 있다. 원자 규모에 적용되는 장
    방정식(양력과 강력)은 1970년대에 비로소 완성되었는데 양-밀스 이론이라 한
    다(미치오 카쿠 저, 박병철 역,《초공간》, 김영사, 1997년, 56-7쪽).

18 데이비드 보더스 저, 이덕환 역,《아인슈타인 일생 최대의 실수》, 까치, 2017년,
    165-6쪽.

19 킵 손 저, 박일호 역,《블랙홀과 시간여행》, 반니, 2016년, 182-4쪽.

20 스티븐 호킹 저, 이종필 역,《스티븐 호킹의 블랙홀》, 동아시아, 2018년, 17쪽.

21 Bill Andrews, "5 times Einstein was wrong", Astronomy, 2018. 9. 14.,

http://www.astronomy.com/news/2018/09/5-times-einstein-was-wrong.

22 박건형, "아차차… 아인슈타인, 중력파 부인할 뻔", 조선일보, 2016. 2. 18.

23 브라이언 그린 저, 박병철 역, 《우주의 구조》, 승산, 2005년, 653쪽.

24 김충섭 저, 《블랙홀은 과연 블랙인가》, 컬쳐북, 2014년, 19쪽.

25 조송현, "'아인슈타인 방정식'은 뭘 말하는 걸까?", 인저리타임, 2017. 6. 9.

26 브라이언 그린 저, 박병철 역, 《멀티 유니버스》, 김영사, 2012년, 41-2쪽.

27 데이비드 보더니스 저, 이덕환 역, 《아인슈타인 일생 최대의 실수》, 까치, 2017년, 165-6쪽.

28 아인슈타인은 이렇게 생각했지만 실제로는 이런 균형 상태는 오래 유지되지 못한다고 한다.

29 조지 가모프의 자서전에 따르면 "아인슈타인은 나와 만난 자리에서 우주상수에 대한 이야기를 나누다가 '그 상수를 방정식에 도입한 것은 내 인생 최대의 실수였다'고 고백했다"라고 한다(짐 배것 저, 박병철 역, 《기원의 탐구》, 반니, 2017년, 561쪽).

30 데이비드 보더니스 저, 이덕환 역, 《아인슈타인 일생 최대의 실수》, 까치, 2017년, 217쪽.

31 토머스 키다 저, 박윤정 역, 《생각의 오류》, 열음사, 2007년, 102쪽.

32 김충섭 저, 《블랙홀은 과연 블랙인가》, 컬처룩, 2014년, 16쪽.

33 킵 손 저, 박일호 역, 《블랙홀과 시간여행》, 반니, 2016년, 182-4쪽.

34 김충섭 저, 《블랙홀은 과연 블랙인가》, 컬처룩, 2014년, 17쪽.

35 같은 책, 17-8쪽.

36 레너드 서스킨드 저, 이종필 역, 《블랙홀 전쟁》, 사이언스북스, 2011년, 312쪽.

37 리 스몰린 저, 김낙우 역, 《양자 중력의 세 가지 길》, 사이언스북스, 2007년, 137쪽.

38 아인슈타인은 1936년 국제 학술지 《피지컬 리뷰》에 '중력파는 존재하지 않는다'는 내용의 논문을 제출한다. 다행히도 편집장이 거부해서 이 논문은 게재되지 않았다(박건형, "아차차… 아인슈타인, 중력파 부인할 뻔", 조선비즈, 2016. 2. 18).

39 킵 손 저, 박일호 역, 《블랙홀과 시간여행》, 반니, 2016년, 182-4쪽.

40 맥스 테그마크 저, 김낙우 역, 《맥스 테그마크의 유니버스》, 동아시아, 2017년, 354쪽.

41 아서 I. 밀러 저, 안인희 역, 《블랙홀 이야기》, 푸른숲, 2008년, 188쪽.

42 마샤 바투시액 저, 이충호 역, 《블랙홀의 사생활》, 지상의책, 2017년, 106쪽.

43 아서 I. 밀러 저, 안인희 역, 《블랙홀 이야기》, 푸른숲, 2008년, 211-2쪽.

44 레너드 서스킨드 저, 이종필 역, 《블랙홀 전쟁》, 사이언스북스, 2011년, 235쪽.

45 같은 책, 551-2쪽.

46 스티븐 호킹 저, 전대호 역, 《나, 스티븐 호킹의 역사》, 까치, 2013년. 93-6쪽

47 마샤 바투시액 저, 이충호 역,《블랙홀의 사생활》, 지상의책, 2017년, 276쪽.

48 에딩턴의 태도에 다른 이유가 있었다는 견해도 있다. 예를 들어 "에딩턴이 찬드라의 이론에 반대한 진짜 이유는 그것이 자신의 기반이론을 완전히 무너뜨리는 것이었기 때문"이라는 것이다. 어느 이론이 더 옳은가를 따지기 이전에 자신의 이론을 지키기 위해 위협이 되는 찬드라의 이론을 공격했다는 것이다(아서 I.밀러 저, 안인희 역,《블랙홀 이야기》, 푸른숲, 2008년, 196쪽).

49 마샤 바투시액 저, 이충호 역,《블랙홀의 사생활》, 지상의책, 2017년, 106쪽.

50 같은 책, 275쪽.

51 같은 책, 111쪽.

52 아서 I. 밀러 저, 안인희 역,《블랙홀 이야기》, 푸른숲, 2008년, 191쪽.

53 마샤 바투시액 저, 이충호 역,《블랙홀의 사생활》, 지상의책, 2017년, 111쪽. 그로부터도 훨씬 후인 1983년 찬드라세카르는 노벨상을 수상한다.

54 김대수, "[김대수의 수학 어드벤처] 피타고라스의 모순 … 무리수의 세계 끝까지 부인", 중앙SNUDAY, 2015. 2. 15.

55 존 메설리 저, 전대호 역,《인생의 모든 의미》, 필로소픽, 2016년, 102쪽.

56 윌리엄 뎀스키·제임스 쿠쉬너 편, 필립 존슨·마이클 베히·낸시 피어시 등 저, 현장기·도명술 역,《위대한 설계, 그 흔적들》, 새물결플러스, 2014년, 23-4쪽.

8장

1 존 메설리 저, 전대호 역,《인생의 모든 의미》, 필로소픽, 2016년, 379-84쪽.

2 데카르트 저, 김형효 역, 〈성찰〉,《방법서설/성찰/정념론 외》, 삼성출판사, 1990년, 150쪽.

3 두뇌(몸)와 마음(의식)의 관계에 대한 물음을 흔히 '심신문제'라 하는데 이에 대한 학문적 논의에서는 전제 1과 같은 입장을 '유물론'보다는 '물리주의'라는 용어로 흔히 칭한다.

4 프랜시스 크릭 저, 김동관 역,《놀라운 가설》, 궁리, 2015년, 19쪽.

5 줄리언 바지니 저, 강혜정 역,《에고 트릭》, 미래인, 2012년, 177쪽.

6 유호종 저,《떠남 혹은 없어짐》, 책세상, 2001년, 44쪽.

7 마르첼로 마시미니·줄리오 토노니 저, 박인용 역,《의식은 언제 탄생하는가?》, 한언, 2019년, 54쪽

8 줄리언 바지니 저, 강혜정 역,《에고 트릭》, 미래인, 2012년, 177쪽.

9 존 브루만 편, 김명주 역,《왜 종교는 과학이 되려 하는가》, 바다출판사, 2012년, 76쪽

10 유호종 저,《떠남 혹은 없어짐》, 책세상, 2001년, 52-6쪽.

11 맥스 테그마크 저, 김낙우 역,《맥스 테그마크의 유니버스》, 동아시아, 2017년, 201쪽.

12 셸리 케이건 저, 박세연 역, 《죽음이란 무엇인가》, 엘도라도, 2012년, 182쪽.

13 같은 책, 174-5쪽.

14 유상연, "엔트로피 '무질서가 자연스럽다'", KISTI의 과학향기 칼럼, 2004. 10. 1 1., http://legacy.www.hani.co.kr/section-010100020/2004/10/010100020 200410111503001.html.

15 이 그림은 《혼돈으로부터의 질서》(일리야 프리고진·이사벨 스텐저스 저, 신국조 역, 자유아카데미, 2011년) 337쪽에 나와 있는 '볼츠만의 생각을 칼 포퍼가 나타 낸 도표'와 《우주의 구조》(브라이언 그린 저, 박병철 역, 승산, 2005년) 249쪽에 나와 있는 그래프를 참고하여 그린 것이다.

16 안드레아스 알브레히트Andreas Albrecht와 로렌초 소르보Lorenzo Sorbo 같 은 학자들이 이런 주장을 하였다.

17 "Boltzmann brain", English Wikipedia, https://en.wikipedia.org/wiki/Boltz mann_brain.

18 "Heat death of the universe", English Wikipedia, https://enwikipedia.org/ wiki/Heat_death_of_the_universe#cite_note-13

19 미치오 카쿠 저, 박병철 역, 《평행우주》, 김영사, 2006년, 238쪽.

20 "관측 가능한 우주", 위키백과, https://ko.wikipedia.org/wiki/관측_가능한_우 주.

21 윤복원, "'빛속도 99.999999%' 우주비행, 에너지는 얼마나 필요할까", 사이언스 온, 2017. 2. 6.

22 같은 기사.

23 고장원, "냉동수면으로 성간 우주여행 도전", 사이언스타임즈, 2013. 4. 8.

24 박상준, "항성간 장거리 우주여행은 불가능한 꿈일까?", 매일경제, 2018. 3. 5.

25 감일근, "웜홀 여행은 정말 가능할까?...물리학자 '킵 손'에 물었더니", 〈노컷뉴 스〉, 2014. 11. 26.

26 이슬기, "양자 순간이동, 현실이 되다", 사이언스타임즈, 2014. 10. 2.

27 앙투안 마리 로제 드 생텍쥐페리 저, 김화영 역, 《어린 왕자》, 문학동네, 2007년, 131쪽.

28 같은 책, 124쪽.

29 다음의 성경 구절 등에 근거한 생각이다. "죄의 삯은 사망이요 하나님의 은사는 그리스도 예수 우리 주 안에 있는 영생이니라"(로마서 6:23). 물론 이 구절에 대 한 다른 해석들도 많다.

30 켄 윌버 저, 박병철 외 역, 《현대물리학과 신비주의》, 고려원미디어, 1991년, 107쪽.

31 플라톤 저, 지경자 역, 〈파이돈〉, 《소크라테스의 변명(향연·크리톤·파이돈·프 로타고라스)》, 홍신문화사, 1987년, 157쪽.

32 윌리엄 제임스 저, 김재영 역, 《종교적 경험의 다양성》, 한길사, 2000년, 505-6쪽

33 요한복음 8:31~38

34 함석헌 주석, 《바가바드 기타》, 한길사, 1996년, 195쪽

35 윌리엄 제임스 저, 김재영 역, 《종교적 경험의 다양성》, 한길사, 2000년, 498쪽.

36 "임사 체험", 위키백과, https://ko.wikipedia.org/wiki/임사_체험.

9장

1 화이트헤드의 말이다(존 메설리 저, 전대호 역, 《인생의 모든 의미》, 필로소픽, 2016년, 173쪽).

2 같은 책, 52-4쪽.

3 데이비드 런드의 말이다(같은 책, 235쪽).

4 카뮈의 말이다(브라이언 그린 저, 박병철 역, 《우주의 구조》, 승산, 2005년, 51쪽).

5 카렌 암스트롱 저, 정준형 역, 《신을 위한 변론》, 웅진지식하우스, 2010년, 407쪽.

6 존 메설리 저, 전대호 역, 《인생의 모든 의미》, 필로소픽, 2016년, 96쪽.

7 같은 책, 267쪽.

8 미치오 카쿠 저, 박병철 역 《평행우주》, 김영사, 2006년, 540-1쪽.

9 존 메설리 저, 전대호 역, 《인생의 모든 의미》, 필로소픽, 2016년, 185쪽.

10 드라마 '눈이 부시게'에서 김혜자가 한 말이다.

11 "天地不仁 以萬物爲芻狗(천지불인 이만물위추구)" 여기서 추구芻狗는 제사상에 올리던 풀로 만든 강아지 형상으로 제사 후 버려졌다고 한다.

12 트린 주안 투안 저, 이재형 역, 《마우나케아의 어떤 밤》, 파우제, 2018년, 100쪽.

13 존 메설리 저, 전대호 역, 《인생의 모든 의미》, 필로소픽, 2016년, 28쪽.

14 같은 책, 203쪽.

15 트린 주안 투안 저, 이재형 역, 《마우나케아의 어떤 밤》, 파우제, 2018년, 144-5쪽.

16 로렌스 크라우스 저, 박병철 역, 《무로부터의 우주》, 승산, 2013년, 256쪽.

17 존 메설리 저, 전대호 역, 《인생의 모든 의미》, 필로소픽, 2016년, 77쪽, 187쪽.

18 윌리엄 레인 크레이그의 말이다(같은 책, 77쪽).

19 카이 닐슨의 말이다(존 메설리 저, 전대호 역, 《인생의 모든 의미》, 필로소픽, 2016년).

20 쿠르트 바이어의 말이다(같은 책, 201쪽).

21 같은 책, 43쪽.

22 같은 책, 44쪽.

23 같은 책, 54쪽.

24 같은 책, 246-7쪽.

25 존 메설리 저, 전대호 역, 《인생의 모든 의미》, 필로소픽, 2016년, 92-3쪽.

26 일본 뉴턴프레스 저, 《뇌와 마음의 구조(Newton Highlight)》, 아이뉴턴(뉴턴코

리아), 2007년, 36쪽.

27 스티븐 호킹 저, 배지은 역,《호킹의 빅 퀘스천에 대한 간결한 대답》, 까치, 2019
    년, 74쪽.

28 존 메설리 저, 전대호 역,《인생의 모든 의미》, 필로소픽, 2016년, 354쪽.

29 "나비효과", 위키백과, https://ko.wikipedia.org/wiki/나비_효과.

30 유호종, 〈도덕적 비난과 형벌의 다양성: 도덕적 책임 문제를 중심으로〉, 서울대학
    교 대학원 박사학위논문, 1997년.

31 주애진, "익사 직전 히틀러 구해준 신부 있다", 동아일보, 2012. 1. 7.

32 존 메설리 저, 전대호 역,《인생의 모든 의미》, 필로소픽, 2016년, 284쪽.

33 폴 스타인하르트 저, 〈순환우주론〉, 존 브록만 편, 김성훈 역,《우주의 통찰》, 와
    이즈베리, 2016년, 29쪽.

10장

1 존 메설리 저, 전대호 역,《인생의 모든 의미》, 필로소픽, 2016년, 84쪽.

2 브라이언 그린 저, 박병철 역,《멀티 유니버스》, 김영사, 2012년, 483-4쪽.

3 플로리안 아이그너 저, 서유리 역,《우연은 얼마나 내 삶을 지배하는가》, 동양북
   스, 2018년, 102쪽.

4 데이비드 런드의 말이다(존 메설리 저, 전대호 역,《인생의 모든 의미》, 필로소픽,
   2016년, 237쪽).

5 같은 책, 74-6쪽.

6 철학자 존 코팅엄의 말이다(리처드 노먼 저, 석기용 역,《삶의 품격에 대하여》,
   돌베개, 2016년, 290쪽).

7 존 루이스 포즈먼의 말이다(메설리 저, 전대호 역,《인생의 모든 의미》, 필로소픽,
   2016년, 69-70쪽).

8 같은 책, 92-4쪽.

9 혜암스님의 말이다(손효림, "[부처님오신날]"용맹정진하다 죽는다면 그보다 수지
   맞는 장사는 없어"", 동아일보, 2018. 5. 17).

10 정말 무의미하기만 한 고통이라면 그에 대한 적절한 태도는 경멸일 것이다(유호
    종 저,《고통에게 따지다》, 웅진지식하우스, 2006년, 176-83쪽).

맺는말

1 이 말은 물리학자 데이비드 머민이 1989년 쓴 글에서 한 말이라고 한다(김상욱
   저,《김상욱의 양자공부》, 사이언스북스, 2017년, 292쪽).

참고문헌

감일근, "웜홀 여행은 정말 가능할까?...물리학자 '킵 손'에 물었더니", 〈노컷뉴스〉, 2014. 11. 26.

강대석 저, 《무신론자를 위한 철학》, 중원문화, 2015년.

개빈 헤스케스 저, 배지은 역, 《입자 동물원》, 반니, 2017년.

고장원, "냉동수면으로 성간 우주여행 도전", 사이언스타임즈, 2013. 4. 8.

곽경도 저, 《길이팽창: 상대성이론이 더욱 강해졌다》, 좋은땅, 2017년.

그레이엄 로턴 저, 김성훈 역, 《거의 모든 것의 기원》, 프리렉, 2017년.

김기석 저, 《종의 기원 VS 신의 기원》, 동연, 2009년.

김대수, "[김대수의 수학 어드벤처] 피타고라스의 모순 … 무리수의 세계 끝까지 부인", 중앙SNUDAY, 2015. 2. 15.

김상욱 저, 《김상욱의 양자 공부》, 사이언스북스, 2017년.

김성수, "경희대학교 우주과학과 김성수 교수 강의자료" 34쪽, ap2.khu.ac.kr/download/lecture.doc.

김재인 저, 《인공지능의 시대, 인간을 다시 묻다》, 동아시아, 2017년.

김정욱 등 저, 《우주와 인간 사이에 질문을 던지다》, 해나무, 2007년.

김충섭 저, 《블랙홀은 과연 블랙인가》, 컬처룩, 2014년.

김항배 저, 《우주, 시공간과 물질》, 컬처룩, 2017년.

니콜라스 지생 저, 이해웅·이순칠 역, 《양자우연성》, 승산, 2015년.

닐 디그래스 타이슨 저, 홍승수 역, 《날마다 천체물리》, 사이언스북스, 2018년.

닐 디그래스 타이슨·도널드 골드스미스 저, 곽영직 역, 《오리진》, 사이언스북스, 2018년.

닐 디그래스 타이슨 저, 박병철 역, 《블랙홀 옆에서》, 사이언스북스, 2018년.

데이바 소벨 저, 장석봉 역, 《코페르니쿠스의 연구실》, 웅진지식하우스, 2012년.

데이브 골드버그 저, 박병철 역,《백미러 속의 우주》, 해나무, 2015년.

데이비드 밀스 저, 권혁 역,《우주에는 신이 없다》, 돋을새김, 2010년.

데이비드 보더니스 저, 이덕환 역,《아인슈타인 일생 최대의 실수》, 까치, 2017년.

데이비드 핸드 저, 전대호 역,《신은 주사위놀이를 하지 않는다》, 더퀘스트, 2016년.

데카르트 저, 김형효 역,《방법서설/성찰/정념론 외》, 삼성출판사, 1990년.

데카르트 저, 소두영 역,《방법서설/성찰/철학의 원리/정념론/정신지도를 위한 규칙》, 동서문화사, 2009년.

러처드 도킨스 저, 이한음 역,《만들어진 신》, 김영사, 2014년.

레너드 서스킨드 저, 〈풍경〉, 존 브록만 편, 김성훈 역,《우주의 통찰》, 와이즈베리, 2016년.

레너드 서스킨드 저, 김낙우 역,《우주의 풍경》, 사이언스북스, 2011년.

레너드 서스킨드 저, 이종필 역,《블랙홀 전쟁》, 사이언스북스, 2011년.

로렌스 크라우스 저, 박병철 역,《무로부터의 우주》, 승산, 2013년.

루퍼트 셀드레이크 저, 하창수 역,《과학의 망상: 현대 과학이 착각하는 믿음에 대하여》, 김영사, 2016년.

리 스몰린 저, 〈자연에 대한 생각〉, 존 브록만 편 , 김성훈 역,《우주의 통찰》, 와이즈베리, 2016년.

리 스몰린 저, 김낙우 역,《양자 중력의 세 가지 길》, 사이언스북스, 2007년.

리사 랜들 저, 김명남 역,《암흑물질과 공룡》, 사이언스북스, 2016년.

리처드 노먼 저, 석기용 역,《삶의 품격에 대하여》, 돌베개, 2016년.

리처드 도킨스 저, 이용철 역,《눈먼 시계공》, 사이언스북스, 2004년.

리처드 도킨스 저, 이한음 역,《만들어진 신》, 김영사, 2007년.

리처드 파넥 저, 김혜원 역,《4퍼센트 우주》, 시공사, 2013년.

마거스 드 사토이 저, 박병철 역,《우리가 절대 알 수 없는 것들에 대해》, 반니, 2019년.

마르첼로 마시미니·줄리오 토노니 저, 박인용 역,《의식은 언제 탄생하는가?》, 한언, 2019년.

마샤 바투시액 저, 이충호 역,《블랙홀의 사생활: 블랙홀을 둘러싼 사소하고 논쟁적인 역사》, 지상의책, 2017년.

마틴 리스 저, 〈매트릭스 안에서〉, 존 브록만 편, 김성훈 역, 《우주의 통찰》, 와이즈
　　베리, 2016년.

맥스 테그마크 저, 김낙우 역, 《맥스 테그마크의 유니버스》, 동아시아, 2017년.

미치오 카쿠 저, 박병철 역, 《마음의 미래》, 김영사, 2015년.

미치오 카쿠 저, 박병철 역, 《초공간》, 김영사, 1997년.

미치오 카쿠 저, 박병철 역, 《평행우주》, 김영사, 2006년.

민찬홍, 〈'논리적 악'의 문제〉, 《철학탐구》 33권, 중앙대학교 중앙철학연구소,
　　2013년.

박상준, "항성간 장거리 우주여행은 불가능한 꿈일까?", 매일경제, 2018. 3. 5.

브라이언 그린 저, 박병철 역, 《멀티 유니버스》, 김영사, 2012년.

브라이언 그린 저, 박병철 역, 《엘리건트 유니버스》, 승산, 2002년.

브라이언 그린 저, 박병철 역, 《우주의 구조》, 승산, 2005년.

브라이언 콕스·앤드루 코헨 저, 노태복 역, 《인간의 우주》, 반니, 2018년.

브라이언 콕스·제프 포셔 저, 박병철 역, 《퀀텀 유니버스》, 승산, 2014년.

브루스 로젠블룸·프레드 커트너 저, 전대호 역, 《양자불가사의》, 지양사, 2012년.

빌 브라이슨 저, 이덕환 역, 《거의 모든 것의 역사》, 까치, 2003년.

셸리 케이건 저, 박세연 역, 《죽음이란 무엇인가》, 엘도라도, 2012년.

손석희, "[앵커브리핑] '윤동주는 왜 별을 헤었을까…'", jtbc 뉴스, 2019. 4. 11.

손효림, "[부처님오신날]"용맹정진하다 죽는다면 그보다 수지맞는 장사는 없어"",
　　동아일보, 2018. 5. 17.

스켑틱 편집부, 《Korea Skeptic》 Vol. 1, 바다출판사, 2015년.

스콧 R. 쇼 저, 양병찬 역, 《곤충연대기》, 행성B, 2015년.

스티븐 호킹 저, 배지은 역, 《호킹의 빅 퀘스천에 대한 간결한 대답》, 까치, 2019년.

스티븐 호킹 저, 이종필 역, 《스티븐 호킹의 블랙홀》, 동아시아, 2018년.

스티븐 호킹 저, 전대호 역, 《나, 스티븐 호킹의 역사》, 까치, 2013년.

스티븐 호킹·레오나르드 믈로디노프 저, 전대호 역, 《위대한 설계》, 까치, 2010년.

아서 I. 밀러 저, 안인희 역, 《블랙홀 이야기》, 푸른숲, 2008년.

안드레이 린데 저, 〈풍선을 만드는 풍선을 만드는 풍선〉, 존 브록만 편, 김성훈 역,
　　《우주의 통찰》, 와이즈베리, 2016년.

앨런 라이트먼 저, 김성훈 역,《엑시덴탈 유니버스》, 다산북스, 2016년.

양선숙,〈자기서사적 접근법에 기초한 책임론 구성을 위한 시론적 고찰〉,《법학연구》제20권 4호, 2017년.

엄남석, "태양계 밖 '확인된' 외계행성 곧 4천개 넘을 듯", 연합뉴스, 2019. 3.

에드워드 돌닉 저, 노태복 역,《뉴턴의 시계》, 책과함께, 2016년.

오정훈, "아인슈타인 '無오류신화' 깨질까", 뉴데일리, 2011. 9. 24.

윌리엄 뎀스키·제임스 쿠쉬너 편, 필립 존슨·마이클 베히·낸시 피어시 등 저, 현장기·도명술 역,《위대한 설계, 그 흔적들》, 새물결플러스, 2014년.

윌리엄 제임스 저, 김재영 역,《종교적 경험의 다양성》, 한길사, 2000년.

월터 앨버레즈 저, 이강환·이정은 역,《이 모든 것을 만든 기막힌 우연들》, 아르테, 2018년.

유발 하라리 저, 조현욱 역,《사피엔스》, 김영사, 2015년.

유상연, "엔트로피 '무질서가 자연스럽다'", KISTI의 과학향기 칼럼, 2004. 10. 1 1., http://legacy.www.hani.co.kr/section-010100020/2004/10/010 100020200410111503001.html.

유호종 저,〈도덕적 비난과 형벌의 다양성: 도덕적 책임 문제를 중심으로〉, 서울대 대학원 박사학위논문, 1997년.

유호종 저,〈도덕적 비난과 형벌의 다양성: 도덕적 책임 문제를 중심으로〉, 서울대학교 대학원 박사학위논문, 1997년.

유호종 저,《고통에게 따지다》, 웅진지식하우스, 2006년.

유호종 저,《떠남 혹은 없어짐》, 책세상, 2001년.

윤복원, "'빛속도 99.999999%' 우주비행, 에너지는 얼마나 필요할까", 사이언스온, 2017. 2. 6.

윤선구 저,〈라이프니츠『단자론』〉,《철학사상》별책 제3권 제13호, 서울대학교 철학사상연구소, 2004년.

이강영 저,〈중성미자, 새로운 존재론, 새로운 인식론〉,《지식의 지평》제20호, 2016년.

이강영 저,《LHC, 현대물리학의 최전선》, 사이언스북스, 2011년.

이광식 저,《천문학 콘서트》, 더숲, 2011년.

이슬기, "양자 순간이동, 현실이 되다", 〈사이언스타임즈〉, 2014. 10. 2.

이언 스튜어트 저, 이충호 역, 《우주를 계산하다》, 흐름출판, 2019년.

이재성, "인간 이성의 인식 능력에 한계를 긋기", 경산신문, 2014. 2. 17.

이재원 저, 《우주의 빈자리, 암흑물질과 암흑에너지》, 컬처룩, 2016년.

이창일 저, 〈동아시아 우주론의 해체와 통합: 동아시아 전통 우주론의 구성 원리인 상관적 사유를 계승한 대안적 우주론의 모색〉, 《동양고전연구》 제44권 44호, 2011년.

일리야 프리고진 등 저, 신국조 역, 《혼돈으로부터의 질서》, 자유아카데미, 2011년.

일본 뉴턴프레스 저, 《뇌와 마음의 구조(Newton Highlight)》, 아이뉴턴(뉴턴코리아), 2007년.

일본 뉴턴프레스 저, 《초신성과 블랙홀: 항성 대폭발이 수수께끼의 천체를 만든다(Newton Highlight)》, 아이뉴턴(뉴턴코리아), 2011년.

임일환 저, 〈악의 문제와 플란팅가의 자유의지 변신론〉, 《철학논집》 제46집, 2016년.

조지 스무트, "[에너지움]우주의 에너지(조지 스무트 노벨 물리학상 수상자)", 한국에너지기술연구원, https://energium.kier.re.kr/sub040401/article/view/year/eNortjKxUjIyMDRSsgZcMA_HAmA%7C/id/154.

존 메설리 저, 전대호 역, 《인생의 모든 의미》, 필로소픽, 2016년.

존 벨라미 포스터·브렛 클라크·리차드 요크 저, 박종일 역, 《다윈주의와 지적 설계론》, 인간사랑, 2009년.

존 브루만 편, 김명주 역, 《왜 종교는 과학이 되려 하는가》, 바다출판사, 2012년.

주애진, "익사 직전 히틀러 구해준 신부 있다", 동아일보, 2012. 1. 7.

주현성, "10분 만에 둘러보는 근대철학", 〈채널예스〉, http://ch.yes24.com/Article/View/21038.

줄리언 바지니 저, 강혜정 역, 《에고 트릭》, 미래인, 2012년.

짐 배것 저, 박병철 역, 《기원의 탐구》, 반니, 2017년.

짐 배것 저, 박병철 역, 《힉스, 신의 입자속으로》, 김영사, 2016년.

최무영 저, 《최무영교수의 물리학 강의》, 책갈피, 2008년.

최성호 저,《인간의 우주적 초라함과 삶의 부조리에 대하여》, 필로소픽, 2019년.

카렌 암스트롱 저, 배국원·유지황 역,《신의 역사 2》, 동연, 1999년.

카렌 암스트롱 저, 정준형 역,《신을 위한 변론》, 웅진지식하우스, 2010년.

카를로 로벨리 저, 김정훈 역,《보이는 세상은 실재가 아니다》, 쌤앤파커스, 2018년.

칼 세이건 저, 현정준 역,《창백한 푸른 점》, 사이언스북스, 2001년.

칼 세이건 저, 홍승수 역,《코스모스(특별판)》, 사이언스북스, 2006년.

켄 윌버 저, 박병철 외 역,《현대물리학과 신비주의》, 고려원미디어, 1991년.

켄 프리드먼·제프 맥나마라 저, 민건 역,《암흑물질》, 청범출판사, 2014년.

크리스 임프 저, 박병철 역,《세상은 어떻게 끝나는가》, 시공사, 2012년.

킵 손 저, 박일호 역,《블랙홀과 시간여행》, 반니, 2016년.

토머스 키다 저, 박윤정 역,《생각의 오류》, 열음사, 2007년.

토비아스 휘르터·막스 라우너 저, 김희상 역,《평행우주라는 미친 생각은 어떻게
    상식이 되었는가》, 알마, 2013년.

트린 주안 투안 저, 이재형 역,《마우나케아의 어떤 밤》, 파우제, 2018년.

편집부 편,《뉴턴 하이라이트, 암흑물질과 암흑에너지》, 뉴턴코리아, 2013년.

폴 스타인하르트 저, 〈순환우주론〉, 존 브록만 편, 김성훈 역,《우주의 통찰》, 와이
    즈베리, 2016년.

폴 처치랜드 저 , 석봉래 역,《물질과 의식》, 서광사, 1992년.

프랜시스 크릭 저, 김동관 역,《놀라운 가설》, 궁리, 2015년.

플로리안 아이그너 저, 서유리 역,《우연은 얼마나 내 삶을 지배하는가》, 동양북스,
    2018년.

피터 디어 저, 정원 역,《과학혁명》, 뿌리와 이파리, 2011년.

피터 싱어 등 저, 김병화 역,《무신예찬》, 현암사, 2012년.

피터 왓슨 저, 정지인 역,《무신론자의 시대》, 책과함께, 2016년.

필립 볼 등 저, 전영택 역,《개념 잡는 비주얼 양자역학책》, 궁리, 2018년.

휴 터스톤 저, 전관수 역,《서양의 고전 천문학》, 연세대학교 대학출판문화원,
    2010년.

Bill Andrews, "5 times Einstein was wrong", Astronomy, 2018. 9. 14., htt
    p://www.astronomy.com/news/2018/09/5-times-einstein-was-w

rong.

RealLifeLore, "The Coastline Paradox Explained", SubtitleList.com, https://subtitlelist.com/en/The-Coastline-Paradox-Explained-16400.

철학자의 우주산책

초판 1쇄 발행 | 2021년 10월 10일

지은이 | 유호종
펴낸이 | 이은성
편　집 | 최지은
디자인 | 백지선
펴낸곳 | 필로소픽

주　소 | 서울시 동작구 상도동 206 가동 1층
전　화 | (02) 883-9774
팩　스 | (02) 883-3496
이메일 | philosophik@hanmail.net
등록번호 | 제 379-2006-000010호

ISBN 979-11-5783-222-4 03100

필로소픽은 푸른커뮤니케이션의 출판 브랜드입니다.